国家级一流本科专业建设点配套教材
国家级特色专业会计学配套教材
普通高等教育会计专业精品课程系列教材
基于信息化技术背景创新教材

初级会计学

(第二版)

孔庆林　李国兰等／编著

何建国／主审

图书在版编目(CIP)数据

初级会计学/孔庆林,李国兰编著. —2版. —上海:立信会计出版社,2020.10(2023.4重印)
国家级一流本科专业建设点配套教材
ISBN 978-7-5429-6507-3

Ⅰ.①初… Ⅱ.①孔…②李… Ⅲ.①会计学-高等学校-教材 Ⅳ.①F230

中国版本图书馆 CIP 数据核字(2020)第 191013 号

策划编辑	孙 勇
责任编辑	孙 勇
封面设计	南房间

初级会计学(第二版)
CHUJI KUAIJIXUE

出版发行	立信会计出版社		
地　　址	上海市中山西路 2230 号	邮政编码	200235
电　　话	(021)64411389	传　真	(021)64411325
网　　址	www.lixinaph.com	电子邮箱	lixinaph2019@126.com
网上书店	http://lixin.jd.com		http://lxkjcbs.tmall.com
经　　销	各地新华书店		
印　　刷	上海万卷印刷股份有限公司		
开　　本	787 毫米×1092 毫米　1/16		
印　　张	16.5		
字　　数	420 千字		
版　　次	2020 年 10 月第 2 版		
印　　次	2023 年 4 月第 5 次		
书　　号	ISBN 978-7-5429-6507-3/F		
定　　价	42.00 元		

如有印订差错,请与本社联系调换

第二版前言

2018年国家正式取消了会计从业资格证考试,将高等院校会计学专业的入门教材的编写,从会计从业资格考试内容的桎梏中解脱出来。这是会计教育改革与发展的巨大进步,使会计教育工作者能够以更开阔的视野去思考,会计学专业入门教材(国内流行的如《基础会计》《会计基础》《初级会计学》。为衔接后续课程"中级财务会计"和"高级财务会计",本书定名为《初级会计学》)的内容究竟应包括哪些,才能适应会计人才未来发展的需要。

关于现代会计的发展,A·C·利特尔顿在《会计的再发现》中提出会计学的三个发现:第一个发现是在会计原型(资本利益会计)基础上发现了财务会计;第二个发现是管理会计;第三个发现是社会会计。A·C·利特尔顿认为,会计会朝两个方向发展:一是"科学会计";二是"技术会计"。我们也认为,会计学未来应该基于"科学"与"技术"两条道路,披荆斩棘,勇往直前,与人类社会发展同呼吸、共命运。会计学的发展离开了技术支撑(一般是指云计算、物联网、移动互联网、大数据和区块链等技术),将在传统的藩篱里徘徊,得不到飞跃;同样的道理,信息技术如果不考虑会计学的本质内涵也将失去方向。

本书以"科学会计"和"技术会计"为特色。

"科学会计"方面的特色。本书按照2006年以来的企业会计准则体系变化产生的会计学知识点进行了全面的更新,如有关会计要素的概念(如收入)与企业会计准则体系实现全面同步的适时更新。另外,本书按照我国最新的税法知识进行了更新,如增值税税率的调整等。"科学会计"是本书的根基,也是会计未来发展的首选方向。

"技术会计"方面的特色。"技术会计"带给会计的是账务流程再造与数据存储方式等的巨大改变,将传统会计人员从繁杂的账簿记录和数据输出中解放出来。传统《初级会计学》一般是基于手工会计账务处理流程进行编写的,账务处理流程主要讲授科目汇总表账务处理程序。本书基于信息技术,将"技术会计"作为方向,将账务处理流程锁定在最基本的,也是会计信息技术采用的"记账凭证账务处理程序",为后续会计学专业学生的学习奠定基础。本书将基于信息技术应用产生的会计凭证和会计账簿纳入了相关章节,新增了"电子会计凭证"和"电子账簿"等内容,为学生后续学习"会计信息化"等课程开启了指引之窗,也为学生从事会计人工智能技术的研发奠定了基础。

为支持国家级特色专业会计学专业在信息技术背景下的进一步改革和发展,重庆理工大学在2018年将会计学评定为校级品牌专业,给予了专业建设单项经费并在人才引进、课程改革、人才培养模式等方面进行了全方位的改革和探索,以培养适应信息技术背景的会计学新型人才。

《初级会计学》的编著得到了国家级一流本科专业建设点,国家级特色专业会计学专业,国家级综合人才培养模式改革示范项目,重庆市重点学科会计学和重庆理工大学校级品牌专业会计学带头人、教授、博士生导师何建国副校长的鼎力支持。同时还获得了重庆理工大学"会计学品牌专业"、重庆市一流专业会计学(2018)、重庆市唯一财会类市级重点研究基地——重庆市财会研究与开发中心的重点项目"重庆理工大学重点优秀教材著作"等的支持,在此一并致谢。

本书编著人员包括重庆理工大学孔庆林、李国兰、黄娇丹和重庆市九龙坡职业教育中心甘信。本书由何建国主审。各章分工如下:第一章、第二章、第三章由孔庆林、甘信撰写;第四章、第五章由李国兰撰写;第六章、第七章、第八章由孔庆林、黄娇丹撰写;第九章、第十章由孔庆林、弋建明撰写。在编著过程中,我们还参考了有关文献,在此向这些文献的原作者表示感谢。在有关信息技术部分的撰写过程中,我们得到了重庆理工大学会计学院信息化团队的支持,对此深表谢意。

限于时间和水平,本书还存在许多不足,欢迎读者和专家指正。联系邮箱:kql@cqut.edu.cn。

《初级会计学》编著组

2020 年 7 月

目 录

第一章　总论	1
第一节　会计的概念与目标	1
第二节　会计的职能与方法	7
第三节　会计基本假设与会计基础	13
第四节　会计信息的使用者及其质量要求	17
第五节　会计准则体系	22
本章练习题	26
第二章　会计要素与会计等式	33
第一节　会计要素	33
第二节　会计等式	40
本章练习题	47
第三章　会计科目与账户	53
第一节　会计科目	53
第二节　账户	57
本章练习题	60
第四章　会计记账方法	65
第一节　会计记账方法的种类	65
第二节　借贷记账法	66
本章练习题	79
第五章　借贷记账法下主要经济业务的账务处理	85
第一节　企业的主要经济业务	85
第二节　资金筹集业务的账务处理	86
第三节　固定资产业务的账务处理	91
第四节　材料采购业务的账务处理	97
第五节　生产业务的账务处理	105
第六节　销售业务的账务处理	113
第七节　期间费用的账务处理	119
第八节　利润形成与分配业务的账务处理	121
本章练习题	131

第六章　会计凭证 ······ 140
 第一节　会计凭证概述 ······ 140
 第二节　原始凭证 ······ 141
 第三节　记账凭证 ······ 147
 第四节　会计凭证的传递和保管 ······ 154
 本章练习题 ······ 157

第七章　会计账簿 ······ 160
 第一节　会计账簿概述 ······ 160
 第二节　会计账簿的启用与登记要求 ······ 164
 第三节　会计账簿的格式与登记方法 ······ 165
 第四节　对账与结账 ······ 173
 第五节　错账查找与更正方法 ······ 175
 第六节　会计账簿的更换与保管 ······ 179
 第七节　电子账簿 ······ 179
 本章练习题 ······ 182

第八章　账务处理程序 ······ 185
 第一节　账务处理程序概述 ······ 185
 第二节　记账凭证账务处理程序 ······ 186
 第三节　汇总记账凭证账务处理程序 ······ 187
 第四节　科目汇总表账务处理程序 ······ 189
 本章练习题 ······ 212

第九章　财产清查 ······ 215
 第一节　财产清查概述 ······ 215
 第二节　财产清查的方法 ······ 217
 第三节　财产清查结果的处理 ······ 222
 本章练习题 ······ 227

第十章　财务会计报告 ······ 230
 第一节　财务会计报告概述 ······ 230
 第二节　资产负债表 ······ 233
 第三节　利润表 ······ 238
 本章练习题 ······ 243

综合模拟试题（一） ······ 247

综合模拟试题（二） ······ 251

参考文献 ······ 256

第一章 总论

第一节 会计的概念与目标

经济越发展,会计越重要。会计作为经济管理重要的组成部分,是适应经济决策需求和强化经济管理需要而产生和发展起来的。

一、会计的概念与特征

(一)会计的概念

在实际工作中,人们既把会计理解为担任会计工作的人员,如张会计、李会计;又把会计理解为一种经济管理工作,如会计科、会计法、会计师;还把会计理解为一门科学或专业,如"学会计""会计学专业"。《现代汉语词典》中"会计"有两个义项:①监督和管理财务的工作,主要内容有填制各种记账凭证,处理账务,编制各种有关报表等;②担任会计工作的人员。从"会计"一词的起源看,根据汉代许慎的《说文解字》和后人的注释,"会"字包含集合、一点一滴都不要漏掉、有增益的意思;"计"就是计算,"直言曰计",即如实反映情况。看来,我们的祖先在创造"会计"词汇时就初步认识到会计在管理和核算方面的双重含义。

一般而言,会计是指以货币为主要计量单位,运用专门的方法和程序,对单位的经济活动进行完整的、连续的、系统的核算和监督,以提供经济信息和反映受托责任履行情况为主要目的的经济管理活动。这里的"单位"是国家机关、社会团体、公司、企业、事业单位和其他组织的统称,本书未特别说明的,均是指以营利为目的的公司或企业,它们的有关经济业务的会计处理主要以《企业会计准则》为依据。

会计已经成为现代企业一项重要的管理工作。企业的会计工作主要是通过一系列会计程序,对企业的经济活动和财务收支进行核算和监督,反映企业财务状况、经营成果和现金流量,以及企业管理层受托责任履行情况,为会计信息使用者提供决策有用的信息,并积极参与经营管理决策,提高企业经济效益,促进市场经济的健康有序发展。

(二)会计的特征

从会计的概念可以看出,会计具有如下特征。

1. 会计是一种经济管理活动

会计以货币作为主要计量单位,使用一系列专门方法,通过会计核算与会计监督两项基本职能,为会计使用者进行决策提供有用的会计信息。提供会计信息不是会计的终极目的,提供会计信息的最终目的是强化经济管理,所以会计的本质就是经济管理活动。

会计是一种经济管理活动,主要原因在于会计信息具有综合性并能为会计人员提供信息优势。综合性是会计信息的主要特点之一,它是指通过货币计量尺度将会计资料进行汇总,以求得各项总括指标,通过会计信息,反映和控制单位经济活动与会计事项。综合性包括连续性、系统性和全面性等特征。连续性就是按经济业务发生的时间顺序不间断地进行核算和监督。系统性就是运用科学的方法对经济业务进行分类和汇总,并将会计资料系统地加工整理,以取得经济管理所需要的各种指标。全面性既要求记录全部经济业务,不应遗漏,同时又要求记录清楚每笔经济业务的来龙去脉,以便全面地反映经济业务活动的全过程。通过会计信息形成的全过程可知会计的本质就是对经济业务和会计事项进行的一项管理活动。会计人员参与了会计信息形成的全过程,在第一时间内掌握了会计信息,在参与经济决策等方面就比其他管理人员更具有信息优势。

2. 会计是一个经济信息系统

会计是一个经济信息系统,它旨在向利害攸关的各个方面传送一家公司或企业的富有意义的经济信息。信息系统论认为"构成会计必不可少的内容"是:取得原始凭证→进行原始凭证的审核→设置会计账户→进行复式记账→填制记账凭证→登记会计账簿→进行费用的汇总、分配、再汇总、再分配,计算出产品或劳务成本(但这一步骤只限于那些需要进行产品或劳务成本计算的企业、单位),并据以编制有关费用结转与成本计算的分录→对账证、账款、账物和账账进行必要的检查和核对→编制并报送财务报表→对财务报表进行分析并写出分析报告→依靠会计资料控制经济活动过程。上述会计实践的十一项活动构成了一个有组织、有秩序的数据处理和生成信息的程序。这一程序,即信息从取得到输出的全过程,都服从于人们对企业经营活动进行有效控制的目的。因此,把会计定义为一个主要在微观范围内进行的、以提供财务信息为主的经济信息系统是能比较科学地说明会计的本质的。

3. 会计以货币作为主要计量单位

会计采用的计量单位有实物计量、劳动计量和价值计量三种。实物计量单位如千克、吨等,劳动计量单位如工作小时、劳动日等,货币计量单位如元、角、分等。凡是能用实物计量单位和劳动计量单位计量的,都要先用这两种计量单位进行计量,以便直接地、具体地反映其占用、耗费和产出的情况。但在商品经济发达、价值规律发挥作用的现代社会里,货币作为价值尺度,具有综合反映作用,商品的生产、交换和分配都要采用货币形式。只有通过货币形式,才能对企事业单位、各行各业中纷繁复杂的经济活动和财务收支进行全面的综合反映,并将其和国内外同类指标进行比较。所以,会计在采用实物计量单位和劳动计量单位的同时,主要采用货币计量单位,对各种经济业务进行综合的核算和监督,以便更好地进行经济管理,提高经济效益。

4. 会计具有核算和监督的基本职能

现代会计信息系统的主要任务之一就是为决策提供有用信息,因此,会计具有的基本职能之一就是进行会计核算。会计工作必须正确地、及时地进行记账、算账、报账,将本单位拥有的财产物资种类和数量,资金来源情况(包括负债与资本等),收入多少,成本费用多少,盈亏情况,资金流入与流出等情况,反映得明明白白,算得清清楚楚,并将本单位的财产、经营情况向会计信息使用者及时报告,为其提供决策有用信息。广义的会计核算还包括会计分析,即根据会计有关资料对本企业的财务状况和成本升降进行分析对比,检查计划执行情况,找出差距,分析原因,预测经济前景,提出改善工作的建议等。

现代会计信息系统的另外一项主要任务就是进行会计监督,这也是《中华人民共和国会计法》(以下简称《会计法》)规定的会计基本职能。会计监督包括参与经营决策,协同有关部门编制计划,制订定额,实行定额管理;建立、健全规章制度,实行内部控制制度,充分运用会计资料,深入实际调查研究,揭露矛盾,发现问题,总结经验,挖掘潜力,采取措施,改进工作;要对会计账目的可靠性,经济活动的合理性、合法性,以及财经纪律、会计制度的执行情况等进行会计监督。我们通过会计监督,可以堵塞"跑冒滴漏"、贪污犯罪等诸多管理漏洞与防范渎职舞弊行为,保护单位各项财产物资安全,保障会计资料的真实性与合法性,强化经济管理,促进增产节约,为全面开创社会主义现代化建设的新局面服务。

5. 会计采用的是一系列专门的方法

现代会计信息系统旨在提供经济管理所需要的各种信息,以便进行经济决策。会计方法就是提供经济决策信息的手段。它主要是根据会计对象的特点、经济管理的要求,在长期会计管理实践中形成的。会计方法有广义和狭义之分,狭义的会计方法是指会计核算方法,即对已经发生的经济业务综合地、连续地、系统地、全面地进行确认、计量、记录和报告,生成有效的会计信息。这个信息转换的过程就需要运用会计核算方法,主要包括:①设置会计科目和账户;②复式记账;③填制和审核凭证;④登记账簿;⑤成本计算;⑥财产清查;⑦编制财务会计报告等。

本书主要讲授会计方法中的"狭义"方法,即涉及会计核算的一系列专门方法。各种会计核算方法的具体内容将在以后各章详细讲授。

广义的会计方法一般包括会计核算方法、会计分析方法、会计考核方法和会计预测方法。前两种方法是会计的基本方法在"初级会计学"和后续课程中会介绍。

会计考核方法是指通过会计核算和会计分析提供的资料,通过与预定目标的比较,来考核、检查企业的生产经营过程或经营结果是否合理、合法,是否实现了预定目标,差异的数量与原因,以检验和修订经营过程,使之沿着预定的轨道运行。

会计预测方法是指通过会计核算和会计分析等提供的会计信息,结合市场环境等诸多因素,运用一定的预测技术和方法,对会计主体未来有关财务状况和经营情况的趋势作出估计,为决策提供可选择方案。会计预测属于事前会计反映或核算,具有超前性、探索性和灵活性等特点。

(三) 会计的发展历程

会计是随着人类社会生产的发展和经济管理的需要而产生、发展并不断得到完善的。其中,会计的发展可划分为古代会计、近代会计和现代会计三个阶段。

1. 古代会计

古代会计,从时间上说,就是从旧石器时代的中晚期至封建社会末期这段漫长的时期。会计起源于人类计量与记录的需要。在旧石器时代,原始人就以结绳的形式反映客观经济活动及数量关系,这是一种最原始的会计记录行为。从会计所运用的主要技术方法来看,主要涉及原始计量记录法、单式账簿法和初创时期的复式记账法等。

会计的发展在我国历史悠久。早在西周王朝（公元前11世纪至公元前771年），已经设置了庞大的会计机构——"司会"，主管国家的"百物财用"，规定了财务报表的编报制度，并对官吏的政绩进行考核。到了秦朝（公元前221年至公元前206年）时，还以法律形式对会计管理作出明确规定。元代的"四柱清册"，即"旧管＋新收＝开除＋实在"是我国最早的复式记账方法。

同一时期，在其他古国也出现了与会计有关的活动，如古巴比伦设置"专门记录官"，古埃及首先出现了"内部控制思想"，古印度与古希腊出现铸币并记录在账簿中。

这一阶段还没有形成真正意义上的"会计"，此时的"会计"仅仅是适应社会经济发展与人们管理活动的需要而产生的会计萌芽。

2. 近代会计

近代会计产生的标志是1494年意大利数学家卢卡·帕乔利（Luca Pacioli）出版的《算术、几何、比及比例概要》。一般认为，从此书出版开始直到20世纪40年代属于近代会计阶段。近代会计在技术方法和内容上有两大发展：一是复式记账法得到不断完善和推广；二是成本会计的产生和迅速发展。

《算术、几何、比及比例概要》是在意大利复式簿记的完备阶段出版的。该书中的簿记部分题为"计算与记录详论"，共37章，涉及记账主体的概念，"借""贷"记账符号，记账规则和平衡公式，会计科目和账簿的设置，试算表的编制和财产盘查的方法等内容。

成本会计萌芽于15世纪的意大利。当时意大利的一家著名银行家——梅迪尔所创办的羊毛纺织企业中的工业簿记，一般认为是成本会计的萌芽。1911年，美籍英国会计师卡特·哈里逊（Charter Harrison）首次设计出完整的标准成本体系。1920年，他又提出了成本变动分析的第一套公式，从此标准成本分析开始被运用于实践，这标志着现代成本会计的诞生。

3. 现代会计

现代会计一般认为是从20世纪50年代到目前的会计。现代会计按服务对象不同，主要分为财务会计和管理会计。在西方，管理会计萌芽于20世纪初，至今大致经历了三个阶段：一是20世纪20～50年代的成本决策与财务控制阶段。1922年，奎因坦斯在《管理会计：财务管理入门》一书中首次提出"管理会计"的名称。二是20世纪50～80年代的管理控制与决策阶段。三是20世纪90年代至今的强调价值创造阶段。财务会计与管理会计两者的主要区别如下：①基本职能不同。一般认为财务会计工作的侧重点是按照统一的会计准则等技术标准，为会计信息使用者提供企业经营成果和财务状况的信息，属于"报告型会计"。管理会计作为企业会计的内部管理系统，其工作侧重点主要是为企业内部管理服务，不受财务会计"公认会计原则"的限制和约束，使用的方法灵活多样，工作程序性较差，从企业经营管理的角度来获取数据，为责任主体制定工作目标，控制责任主体的行为。管理会计主要履行预测、决策、规划、控制和考核的职能，属于"经营型会计"。②信息特征不同。财务会计在对外公开提供信息时，其载体是具有固定格式和报告日期的财务报表。财务会计主要向企业外部利益关系集团提供以货币为计量单位的信息，并使这些信息满足全面性、系统性、连续性、综合性、真实性、准确性、合法性等原则和要求；管理会计多数以没有统一格式、没有固定报告日期和不对外公开的内部报告为其信息载体，管理会计在向企业内部管理部门提供定量信息时，除了价值单位外，还经常使用非价值单位。管理会计一般提供定性的、特定的、有选择的、不强求计算精确的，以及不具有法律效用的信息。③时间点不同。一般认为，财务会计提供的主要是过去的信息,管理会计提供的是面向未来的信息。

二、会计的对象与目标

(一) 会计对象

会计对象是指会计核算和监督的内容,具体是指社会再生产过程中能以货币表现的经济活动,即资金运动或价值运动。

工业企业用银行存款购买材料,是货币资产转化为储备资产;材料投入生产或者以货币资产支付生产费用,是材料资产或货币资产转化为生产资产;产品完工,是生产资产转化为产品资产;产成品出售得到货币,是产品资产转化为货币资产。随着经济活动或财务收支的不断进行,资产处于不停息的运动变化之中。

商业企业的职能是组织商品流通,主要的经济活动是购进商品和销售商品,在购进商品过程中货币资产转化为商品资产,在销售过程中商品资产转化为货币资产,其原理同工业企业的供应过程、销售过程大体相同。商业经营过程中还要用货币资产支付流通费用,这种资产耗费将在商品销售时收回。因而,商品流通过程中的资金运动或价值运动就是商业会计的对象。

1. 资本投入企业

任何单位要进行生产、经营活动,都必须使用一定数量的资本。投资者把资本投入企业,形成所有者权益,并使企业拥有必要的房屋、设备、工具、材料、商品、货币等资产,这是资本投入企业的价值运动。有些企业按照银行有关规定,还可以向银行借款购买商品、材料,这是信贷资本投入企业的运动。资本投入,一方面使企业的负债或所有者权益增加,说明价值运动从哪里来;另一方面使企业的资产增加,说明价值运动到哪里去。

2. 价值周转

企业有了资本,为了完成自己的生产、经营任务,就得使用资本,从事必要的经济活动。随着经济活动的不断进行,资本形态不断变化。工业企业的再生产过程分为供应过程、生产过程和销售过程,在这三个过程中,资本相应地由货币资产依次转化为储备资产、生产资产和产品资产。

在供应过程中,为了适应生产的需要,企业以货币资产(现金或银行存款)采购各种原材料,开支采购费用,形成储备资产。这样,货币资产减少了,转化为增加了的储备资产。货币资产和储备资产都是资产。

在生产过程中,将原材料投入生产,以货币资产支付职工工资和其他费用,机器设备等固定资产逐渐磨损,形成生产费用,这样,企业的储备资产、货币资产、固定资产减少了,转化为增加了的生产资产。产品完工,新的物质产品形成,生产资产减少了,转化为增加了的产品资产。所以,生产过程既是物化劳动与活劳动的耗费过程,也是产成品的形成过程。生产资产和产品资产都是企业的资产。

在销售过程中,通过产品销售换得货币,企业的产品资产减少了,转化为增加了的货币资产。

通过销售实现的货币资产又回复到货币的形式,大部分货币会被继续投入周转,用于补偿消耗了的价值,或在企业内扩大再生产。这样,从货币回到货币叫资本循环,资本的不断循环称为资本周转。资本周转如同前述的货币资产转化为材料资产,材料资产转化为生产资产……是一种资产转化为另一种资产。价值运动从哪里来?价值运动从本企业内部来,使资产减少;价值运动到哪里去?价值运动使一种资产转化为另一种资产,使资产增加。这是发生在两项资产之间的价值运动。

在价值周转过程中还会发生一种资本来源代替另一种资本来源的情况。例如,向银行借款偿还应付购货款,拿钱还账,银行借款运动到应付购货款。价值运动从哪里来?价值运动从企业外部来,使企业的资本来源增加;价值运动到哪里去?价值运动回归于原有来源之外,使资本来源减少。这是发生在两项资本来源之间的价值运动。

价值周转过程中也会发生资产和资本来源同时增加或者同时减少的情况。利润的形成,亏损的发生,往往是这样。

再生产过程既是物化劳动和活劳动的耗费过程,也是产品的创造过程,价值的形成过程。已耗费的生产资料的价值和活劳动新创造的价值,形成新的价值。通过交换,产品价值实现后还要进行会计上的基础分配:一部分用于补偿所耗费生产资料的价值和活劳动为自己劳动创造的价值,其余部分是活劳动为社会所创造的价值,以利润的形式进行分配。所以企业价值运动过程,也是价值的耗费和收回相互交替的过程。经济责任制要求企业独立核算,既要核算资本的占用和耗费,又要核算价值的形成和分配,并将所用、所费与所得进行比较,以便考核经济效益的高低。

价值的循环与周转同价值的耗费与收回,是价值运动的不同运动形式。

3. 资本退出企业

企业根据组织章程和有关法律规定,要将实现的部分利润分配给投资者,将到期的银行借款归还给银行,这些都是资本退出企业的运动,它使企业的资本来源和资产同时减少。资产减少反映价值运动从哪里来,资本来源减少反映价值运动到哪里去。这是发生在资产和资本来源之间的价值运动。

单位资金运动过程中的每一次变化都反映了价值运动的动态。而每一次运动的结果,即资金的来源与资金占用总是相等,则反映了价值运动的静态。将会计对象按照其内容进一步划分就是本书第二章讲的会计要素,它构成了财务报表的基本框架。

(二) 会计目标

我国《企业会计准则——基本准则》第四条指出,财务会计报告的目标是向财务会计报告使用者提供与企业财务状况、经营成果和现金流量等有关的会计信息,反映企业管理层受托责任履行情况,有助于财务会计报告使用者作出经济决策。财务会计报告使用者包括投资者、债权人、政府及其有关部门和社会公众等。

会计目标具体体现在会计作用上。会计职能是指会计这一事物固有的功能,是本来具有的;会计目标是应当做到的;会计作用是行使职能后产生的影响,是实际做到的。我国《会计法》第一条指出会计工作有以下作用。

1. 加强经济管理和财务管理

任何经济活动都需要管理。经济越发展,经济活动越复杂,管理越重要。作为经济管理重要组成部分的会计,在经济管理中居于重要地位。目前,在企业经济管理信息总量中,有相当大的部分来自会计。各种资产的取得和运用,费用的开支,成本的计算,收入的实现,利润的形成和分配等,都需要具有综合性、连续性、系统性、全面性的会计来核算和监督。会计部门要协同有关部门建立、健全各项规章制度，及时检查预算执行情况，监督资本运动过程，发现问题，挖掘潜力，采取措施，改进经营，更好地提高经济管理和财务管理水平。经济体制改革和经济责任制的广泛实行，日益证明会计对资本、成本、利润的核算和控制是其他管理形式无法代替的。

2．提高经济效益

经济效益是社会再生产活动中劳动占用、劳动耗用同有用劳动成果的对比关系，反映再生产过程各环节人力、物力、财力的利用效果。马克思说，用最小的预付资本生产出最大限度的剩余价值或剩余产品。这种所用、所费与所得的关系就是经济效益。不断提高经济效益是发展经济的核心问题。经济效益与会计的关系是"血缘"关系，两者共同存在于再生产过程中。提高经济效益是会计管理的目的；经济效益依靠会计来核算，来促进。要提高经济效益就必须充分发挥会计的职能。这是因为，通过会计工作，可以精打细算，厉行节约，合理使用人力、物力和财力；推行经济核算，加强财务管理，促进经济效益的提高。通过会计分析，既可发现经济管理中的经验和问题，提出争取最大经济效益的建议和方案，还可预测各项增产节约措施的经济效益。考核经济效益必须使用会计指标。通过会计，可以检查和监督经济效益的可靠性。所以，如果离开了会计，将无法计算、考核和提高经济效益，离开了经济效益，会计也就失去了目的性。

3．维护社会主义市场经济秩序

公平、效益，是社会主义市场经济的重要原则。会计是经济管理的重要工作，既要维护社会主义国家的利益，又要维护投资人、债权人、债务人和其他利害关系人的利益。

第二节 会计的职能与方法

一、会计的职能

会计的职能是指会计在经济管理过程中所具有的功能，会计具有会计核算与会计监督两项基本职能，以及预测经济前景、参与经济决策、评价经营业绩等拓展职能。

（一）基本职能

会计的基本职能是最重要的、根本性的、长期存在的功能。马克思指出，会计是对社会再生产"过程的控制和观念的总结"，即会计的基本职能包括进行会计核算和实施会计监督两个方面。我国《会计法》第五条规定，会计机构、会计人员依照本法规定进行会计核算，实行会计监督。

1．会计的核算职能

1）会计核算职能的概念

会计核算职能又称会计反映职能，是指会计以货币为主要计量单位，对特定主体的经济活动进行确认、计量和报告。

会计核算是会计工作的一项基本职能，是全部会计工作的基础。任何会计主体都有经济活动，都要求会计提供及时的、真实的、完整的、系统的会计信息，这就需要对经济活动进行记录、计算、分类、汇总和分析,将离散的经济活动内容转换为系统的会计信息。

会计核算是使用货币作为统一的价值尺度,综合地核算和分析经济活动,将经济活动记录在会计凭证、账簿、报表和分析报告里,从而提供综合的会计信息。会计核算包括确认、计量、记录和报告四个基本环节。

(1) 确认是指将符合会计要素定义和确认标准的项目纳入财务报表项目的过程。确认包括将以文字和金额表述的项目纳入财务报表的总额中。

(2) 计量是指以货币为单位,将已发生的经济活动或会计事项列示在财务报表项目中,确定其金额的过程。

(3) 记录是指通过一定的会计专业方法按照计量的金额将发生的经济业务或会计事项在会计凭证、会计账簿等载体上进行登记。

(4) 报告是指会计工作通过编制财务报表的形式向会计信息使用者提供会计信息。

2) 会计核算的具体内容

根据我国 2017 年《会计法》第十条的规定,会计核算的具体内容包括以下几个方面。

(1) 款项和有价证券的收付。在企业生产经营活动过程中,很多经济业务都是通过款项的收付完成的,如企业以银行存款购买原材料、用现金支付职工薪酬、交纳各种税费等。款项是作为支付手段的货币资金,主要包括库存现金、银行存款以及其他货币资金。其他货币资金是指视同库存现金和银行存款的银行汇票存款、银行本票存款、信用卡存款、信用证存款等。

货币资金是企业资金周转过程中以货币形式表现的那一部分流动资产,由出纳人员负责管理。出纳人员在办理库存现金收付业务时,必须严格按照中国人民银行制定的《现金管理暂行条例》和财政部等相关部门制定的有关货币资金的内部控制规范,严格管理企业库存现金,提高库存现金使用效率,保证库存现金的安全。

第一,库存现金使用范围。根据我国现行法律、法规的规定,库存现金可以支付的项目如下。

- 职工工资、津贴。
- 个人劳务报酬。
- 根据国家规定颁发给个人的科学技术、文化艺术、体育等各种奖金。
- 各种劳保、福利费用以及国家规定的对个人的其他支出。
- 向个人收购农副产品和其他物资的价款。
- 出差人员必须随身携带的差旅费。
- 结算起点(1 000 元)以下的零星支出。
- 中国人民银行确定需要支付库存现金的其他支出。

第二,库存现金收付管理的主要内容如下。

- 由开户银行根据企业实际需要,核定开户企业 3~5 天的日常零星开支所需的库存现金限额。边远地区和交通不方便地区的开户单位的库存现金限额,可以满足多于 5 天,但不得超过 15 天的日常零星开支。
- 企业必须严格遵守库存现金限额的相关规定,需要增加或者减少库存现金限额的,应当向开户银行提出申请,由开户银行核定。
- 企业当日收入的库存现金,应于当日送存银行,当日送存银行确有困难的,应由开户银行确定送存时间。
- 企业不得"坐支"现金。"坐支"现金是指企业从本单位的库存现金收入中直接支付现金。企业支付现金应从本单位库存现金限额中支付或者从开户银行提取,因特殊情况确需"坐支"现金的,应当事先报经开户银行审查批准,由开户银行核定"坐支"范围和额度,企业"坐支"情况应定期向开户银行报告。
- 不得以"白条"顶库存,不准公款私存,不准保留账外公款,不准私设"小金库"。
- 出纳人员不得兼任稽核、会计档案保管和收入、支出、费用、债权债务账目的登记工作,不得由一人办理货币资金业务的全过程。

第三,银行存款结算方式。
- 银行存款是企业存放于银行或其他金融机构的随时可用于支付的货币资金。根据国家有关规定,凡独立核算的单位都必须在企业所在地开立账户,办理存款、取款以及各种转账业务。
- 企业办理银行存款收付业务时,主要使用银行汇票、商业汇票、银行本票、支票、汇兑、委托收款、托收承付、信用卡和信用证等银行转账结算方式。
- 支票结算是企业同城结算中应用比较广泛的一种结算方式。支票是由存款人签发的,委托银行见票时无条件支付确定的金额给收款人或持票人的票据。支票分为现金支票、转账支票及普通支票。现金支票只能用于提取现金,转账支票只能用于转账;普通支票一般既可以提取现金,也可以转账,但普通支票左上角划有两条平行线的,我们称其为划线支票,划线支票和转账支票是一样的,只能用于转账,不得提取现金。
- 支票一律记名,持票人可以通过背书将支票权利转让给其他人。支票的付款期限为10天,超过期限的支票,银行不予受理。
- 严格禁止签发空头支票和远期支票。空头支票是指出票人所签发支票的金额超过付款时其银行户头实有存款数额的支票。更不得签发与印鉴和预留银行签章不符的支票。

第四,有价证券。有价证券是指表明一定财产拥有权或支配权的证券,如国库券、股票、企业债券等。
- 国库券是国家财政当局为弥补国库收支不平衡而发行的一种政府债券。因国库券属于国家信用,所以它几乎不存在信用违约风险,是金融市场风险最小的信用工具。由于期限短、流动性强、安全性高,国库券被视为零风险债券或"金边债券"。国库券采用不记名形式,无须经过背书就可以转让流通。
- 股票是股份证书的简称,是股份公司为筹集资金而发行给股东作为持股凭证并借以取得股息和红利的一种有价证券。每一股股票都代表股东对企业拥有一个基本单位的所有权。股票是股份公司资本的构成部分,可以转让、买卖或作价抵押,是资金市场的主要长期信用工具。
- 企业债券是企业(主要是公司)依照法定程序发行、约定在一定期限还本付息的有价证券。企业债券代表着发债企业和投资者之间的一种债权债务关系,债券持有人是企业的债权人,债券持有人有权按期收回本息。企业债券与股票一样,同属有价证券,可以自由转让。

企业债券是债权债务凭证,购买了企业债券就成为债券发行企业的债权人,可以定期获取利息,但无权参与公司经营决策。股票是代表所有权的凭证,购买了股票就成为股票发行公司的股东,可以参与公司的经营决策,拥有选举权和表决权。

款项和有价证券是企业流动性最强的资产。

(2) 财物的收发、增减和使用。企业的财物是具有实物形态的、企业进行生产经营活动的经济资源,是财产、物资的简称,属企业资产的范畴。为加强对企业资产的管理,需要对资产按照不同的标准进行分类。资产按照存在形态分类,可以分为有形资产和无形资产(此处为广义概念)。资产按流动性分类,可以分为流动资产、非流动资产[包括固定资产和无形资产(此处为狭义概念)等]和其他资产。

流动资产是指在1年或者超过1年的一个营业周期内变现或者耗用的资产,主要包括库存现金、银行存款、交易性金融资产、原材料、燃料、包装物、低值易耗品、在产品、库存商品等。

固定资产是指同时具有下列特征的有形资产:为生产商品、提供劳务、出租或经营管理而持有;使用寿命超过一个会计年度。固定资产主要包括房屋、建筑物、机器、设备、设施、运输工具等。

会计学上所谓的无形资产是狭义的概念,是指企业拥有或者控制的没有实物形态的可辨认非货币性资产,如专利权、非专利技术、商标权、著作权、土地使用权、特许权等。商誉因无法单独辨认,所以不是企业无形资产的范畴。

(3) 债权债务的发生和结算。债权是企业收取款项的权利,一般包括各种应收和预付款项等。债务则是指由于企业过去的交易或事项形成的需要以资产或劳务等偿付的现时义务,一般包括各项借款、应付和预收款项,以及应交款项等。

(4) 资本、基金的增减。根据我国法律、法规的规定,投资者设立企业首先必须投入资本。资本是投资者为开展生产经营活动而投入的资金。会计上的资本专指所有者权益中的投入资本。在会计学上,所有者投入资本一般表现为"实收资本"(股份公司称为"股本")和"资本公积"。

基金,主要是指机关、事业单位某些特定用途的资金,如事业发展基金、集体福利基金、后备基金等。

(5) 收入、支出、费用、成本的计算。收入是指企业在日常活动中形成的、会导致所有者权益增加的、与所有者投入资本无关的经济利益的总流入。费用是指企业在日常活动中发生的、会导致所有者权益减少的、与向所有者分配利润无关的经济利益的总流出。具体内容请参阅本书第二章会计要素部分的内容。

支出是指企业实际所发生的各项开支,以及在日常生产经营活动以外的支出和损失。支出包括非费用性支出和费用性支出。非费用性支出包括购买支出和资金退出,前者如购买原材料等流动资产支出,后者如偿还银行贷款等支出。费用性支出包括补偿性支出和非补偿性支出,前者主要由营业收入和利润补偿,后者则有专门的资金来源,如基金支出和基建支出等。

成本是指企业为生产产品、提供劳务而发生的各种耗费,是按一定的产品或劳务对象所归集的费用,是对象化了的费用。所以,成本也被称为成本费用。企业的生产成本由直接材料、直接人工和制造费用构成。直接材料是指加工后直接构成产品实体或主要部分的原料、主要材料与外购半成品,以及有助于产品形成的辅助材料等。直接人工是指在生产中对材料进行直接加工并制成产品所耗费的职工薪酬。制造费用是指在生产过程中所发生的那些除了直接材料和直接人工以外的各种费用。

(6) 财务成果的计算和处理。财务成果主要是指企业在一定时期内通过从事生产经营活动而在财务上取得的结果,具体表现为盈利或亏损。财务成果的计算和处理一般包括利润的计算、应交所得税的计算、提取盈余公积、利润分配或亏损弥补等。相关内容参阅第四章和第十章。

(7) 需要办理会计手续、进行会计核算的其他事项。会计学上除了上述需要办理会计手续、进行会计核算的事项外,还有会计期末调整事项、财产清查、企业合并等其他事项。

3) 会计核算的一般要求

根据我国《会计法》和相关法律规范的规定,会计核算的一般要求,主要包括以下六个方面的内容。

(1) 各单位必须按照国家统一的会计制度的要求设置会计科目和账户、进行复式记账、填制和审核凭证、登记账簿、进行成本计算、进行财产清查和编制财务会计报告,即本书第一章的七种狭义会计方法必须依法进行。

(2) 各单位必须根据实际发生的经济业务事项进行会计核算,编制财务会计报告。

(3) 各单位发生的各项经济业务事项应当在依法设置的会计账簿上统一登记、核算,不得违反我国《会计法》和国家统一的会计制度的规定私设会计账簿,进行登记、核算。

(4) 各单位对会计凭证、会计账簿、财务会计报告和其他会计资料应当建立档案,妥善保管。

(5) 使用电子计算机进行会计核算的,其软件及其生成的会计凭证、会计账簿、财务会计报告和其他会计资料,也必须符合国家统一的会计制度的规定,包括会计账簿的登记、更正。

(6) 会计记录的文字应当使用中文。在民族自治地区,会计记录可以同时使用当地通用的一种民族文字。在中华人民共和国境内的外商投资企业、外国企业和其他外国组织的会计记录,可以同时使用一种外国文字。

2. 会计的监督职能

会计监督职能又称会计控制职能,是指对特定主体经济活动和相关会计核算的真实性、合法性和合理性进行监督检查。会计监督是一个过程,它分为事前监督、事中监督和事后监督。

会计监督与其他经济监督形式相比,具有如下特征。

(1) 会计监督是一种全过程监督,包括事前监督、事中监督和事后监督。事前监督是指在经济活动开始前进行的监督,即通过会计预测等方法,对即将发生的经济业务,审查投资是否符合有关法律、法规及规章制度,经济上是否具有投资可行性,是否符合投入大于产出的要求,是否有利润空间等。事中监督是指对正在发生的经济活动,通过会计核算方法,在审查经济活动是否取得合法业务凭证等的基础上,通过会计系统产生的会计信息,判断经济活动与计划(或预算)等事前制定的目标是否存在偏差或失误等情况,做到"纠偏防误",使经济活动按照既定目标运行。事后监督主要是通过会计分析等方法,对已经发生的经济业务以及相应的会计核算资料进行审查、分析,主要是对经济业务进行会计诊断,提出经济决策与奖优惩劣等建议或改进措施等。

(2) 会计监督主要通过价值指标进行。会计以货币作为主要计量单位,主要提供单位价值类会计信息,包括单位资产的增减变动、资金来源的增减变动、收入与成本费用的发生及两者配比后的结果(体现为盈亏)、资金流入与流出等情况,因此会计监督主要是依据价值指标进行的。

会计监督主要是对经济业务或会计事项的真实性、合法性和合理性进行审查。真实性是指会计信息应与客观经济事实相符合,会计人员不得提供虚假会计信息,以免误导会计信息使用者作出错误的决策;合法性是指会计信息符合国家的财经法规制度,不能违背国家的相关法律制度的规定;合理性是指会计信息在符合真实性与合法性的基础上,不存在技术错误(诸如计算错误、报表数字之间的钩稽关系不吻合等)。

3. 会计核算职能与监督职能的关系

会计核算与会计监督这两种基本职能是相辅相成的:正确核算的会计资料是会计监督的依据;具备有效的会计监督才能发挥会计核算的作用。换言之,通过正确的会计核算提供会计监督需要的可靠的资料;会计监督是进行会计核算的出发点,也是目的,通过会计监督职能才能发挥会计核算职能的作用,并可进一步核实数据,弄清情况,使会计核算职能更充分地发挥。这两种职能是互相渗透的,如记账、算账属于会计核算职能,但是优秀的记账员无不进行经济管理,通过核算,揭露矛盾,发挥会计监督职能。从设计制度、制订定额、进行预测等事前角度看,从进行现场控制、参与经济决策等事中角度看,从进行检查、分析和执行奖惩等事后角度看,会计监督职能贯穿于整个会计核算过程中。

(二) 会计的拓展职能

1. 预测经济前景

会计机构和会计人员利用拥有的会计信息优势,能够预测单位经济前景,并根据预测情况,协同有关部门制订经济定额和规章制度,建立内部牵制制度,组织资金运用,加强成本管理,做好预算管理工作。

2. 参与经济决策

会计机构和会计人员可以配合单位领导和有关部门,根据会计信息和其他信息,运用定量分析和定性分析方法,对备选方案进行经济可行性分析,为企业经营管理提供决策有用信息。

3. 评价经营业绩

会计机构和会计人员可以对企业整体、部门和职工的经营业绩进行考核;加强经济责任制,提供信息,奖优罚劣;对经济活动和账务进行审核、检查;对贪污、盗窃、走私、行贿等犯罪行为应予以揭发、制止,对不执行财务计划、弄虚作假、挥霍浪费、扩大开支范围、提高开支标准以及其他违反财经纪律的行为,应予抵制或检举;按照相应的评价标准,对经营业绩进行定量及定性分析,作出客观、公正的综合评价。

二、会计核算方法

会计核算方法是指对会计对象进行连续、系统、全面、综合的确认、计量和报告所采用的各种方法。

(一) 会计核算方法体系

会计核算方法体系由设置会计科目和账户、复式记账、填制和审核凭证、登记账簿、成本计算、财产清查、编制财务会计报告等专门方法构成,它们相互联系、紧密结合,确保会计工作有序进行。会计核算方法体系即前文讲到的"狭义会计方法",将在以后的有关章节进行讲解和介绍。

(二)会计循环

会计循环是指按照一定的步骤反复运行的会计程序。从会计工作流程看,会计循环由确认、计量和报告等环节组成;从会计核算的具体内容看,会计循环由设置会计科目和账户、复式记账、填制和审核凭证、登记账簿、成本计算、财产清查、编制财务会计报告等组成。填制和审核凭证是会计核算的起点。

第三节 会计基本假设与会计基础

组织会计核算工作之前,需要解决会计核算有关的一系列会计基本假设等基础性问题,这是建立会计核算工作的基础。

一、会计基本假设

会计基本假设是会计确认、计量和报告的前提,是对会计核算所处时间、空间环境等所作的合理假定。会计基本假设包括会计主体、持续经营、会计分期和货币计量。

(一)会计主体

会计主体是指企业会计确认、计量和报告的空间范围,即会计核算和监督的特定单位或组织。会计主体又称为会计实体、会计个体。

会计工作的目标是反映一个特定单位的财务状况、经营成果和现金流量,为投资者、债权人、政府及其有关部门和社会公众等作出决策服务。会计工作所要核算的总是特定的对象,只有明确了会计核算的特定对象,才能够将会计所要反映的对象与包括投资者在内的其他经济实体区别开来,才能保证会计核算工作的正常开展,实现会计目标。

我国《企业会计准则——基本准则》第五条规定:"企业应当对其本身发生的交易或者事项进行会计确认、计量和报告。"这就是我国会计准则体系对会计主体的规范。明确了会计主体,会计核算就应当以其本身发生的各种交易或者事项为对象,反映企业本身的各项生产经营活动。会计主体基本假设为会计人员在日常的会计核算中对各项交易或事项作出会计专业判断、对会计处理方法和会计处理程序作出正确的选择提供了基本判断依据。明确会计主体对会计核算具有如下意义。

首先,划定了会计核算的空间范围。在会计核算工作中,只有那些影响会计主体本身经济利益的经济业务或会计事项才能加以确认、计量、记录和报告;反之,那些不影响会计主体本身经济利益的各项经济业务或会计事项则不能加以确认、计量、记录和报告。

其次,确定了会计核算的立场。会计主体对外销售产品或提供劳务时,一方面形成一项收入,另一方面增加一项资产或减少一项负债;用现金采购材料或商品时,一方面导致现金减少或债务增加,另一方面导致材料增加。

最后，识别了会计主体的经济业务或会计事项。当一项经济业务或会计事项发生时，识别其为会计主体的经济业务或会计事项的唯一标准，就是确认其为会计主体的经济业务或会计事项。在现实生活中，需要识别的情况主要出现在由自然人创办的独资企业或合伙企业，这两类企业不具有法人资格，企业的资产和负债在法律上被视为业主或者合伙人的资产或负债，但在会计核算上，需要将企业作为一个单独的会计主体，以便将会计主体的经济活动与会计主体所有者的经济活动区分开来。所以，必须将会计主体的经济业务或会计事项与会计主体所有者的经济业务或会计事项加以识别。

会计主体与法律主体（法人）并非对等的概念，法人可作为会计主体，但会计主体不一定是法人。例如，一个依法设立的独立承担民事责任的企业作为一个法律主体，应当作为一个会计主体，依法建立会计核算体系，独立地反映其财务状况、经营成果和现金流量。但是，会计主体不一定是法律主体。例如，在由生产不同产品的不同车间组成的一个企业，为考核企业内部各车间绩效而建立的车间会计，其会计核算对象应当是车间的资金运动。此时，车间是一个会计主体，但不是一个法律主体。

（二）持续经营

持续经营是指在可以预见的未来，企业将会按当前的规模和状态继续经营下去，不会停业，也不会大规模削减业务。

我国《企业会计准则——基本准则》第六条规定："企业会计确认、计量和报告应当以持续经营为前提。"如果说会计主体的基本假设是一种空间界定，那么持续经营则是一种时间上的界定。

企业会计确认、计量和报告应当以持续经营为前提。企业是否持续经营，对会计核算和会计监督及提供会计信息方面具有重大影响。在持续经营基本假设下，会计核算应当以企业持续、正常的生产经营活动为前提，即企业拥有的各项资产就在正常的经营过程中耗用、出售或者转换，承担的债务也在正常的经营过程中进行偿还，经营成果不断形成，如此循环。否则企业将采用破产清算会计进行会计核算。

可见，持续经营基本假设是从会计主体基本假设引申而来的。会计主体解决了为谁核算的问题，持续经营解决了核算的时间范围问题。

（三）会计分期

会计分期又称会计期间，是指将一个企业持续经营的经济活动划分为一个个连续的、长短相同的期间，以便分期结算账目和编制财务会计报告。

我国《企业会计准则——基本准则》第七条规定，"企业应当划分会计期间，分期结算账目和编制财务会计报告"。会计分期基本假设是从第二项基本假设引申出来的，也可以说是持续经营的客观要求。

会计分期的目的是将企业持续的生产经营活动划分成连续、相等的会计期间，并据以结算盈亏、按期编制财务会计报告，为会计信息使用者提供企业财务状况、经营成果和现金流量的信息。

会计分期一般按照公历时间进行划分，一个完整的会计期间往往是指一个完整的公历年度。在我国，会计年度自公历每年的1月1日起至12月31日止。会计期间分为年度和中期。中期是指短于一个完整的会计年度的报告期间，如半年、季度和月度。

会计分期基本假设要求将当期发生的收入和费用与其他会计期间相区别,从而形成本章下节讲到的"权责发生制"和"收付实现制"会计核算基础,才使会计主体有了不同类型的核算基础。

（四）货币计量

货币计量是指会计主体在会计确认、计量和报告时以货币作为计量尺度,反映会计主体的经济活动。

我国《企业会计准则——基本准则》第八条规定:"企业会计应当以货币计量。"在会计核算中采用货币作为计量单位,是由货币自身的属性决定的,也是商品经济发展的结果。货币是商品的一般等价物,是衡量一般商品价值的共同尺度,具有价值尺度、流通手段、储藏手段和支付手段等功能。会计信息具有综合性,其他计量单位,如重量、长度、容积、体积、台、件等,只能从一个侧面反映企业的生产经营情况,无法在量上进行汇总和比较,不便于管理和会计计量。

单位的会计核算应以人民币作为记账本位币。业务收支以人民币以外的货币为主的单位,可以选定其中一种货币作为记账本位币,但编制的财务会计报告应当将其记账本位币折算为人民币反映。在境外设立的中国企业向国内报送的财务会计报告,应当将其记账本位币折算为人民币。

货币计量基本假设中还隐含了货币币值稳定不变假设,即货币币值变动的幅度不大,可以忽略不计。当通货膨胀幅度较大时,需要采用通货膨胀会计对财务会计报告进行调整。当然,货币计量也存在不足,因为影响企业财务状况和经营成果的因素,有些是不能用货币来计量的,如企业未来战略、品牌、信誉、地理位置、企业的技术开发能力等。为了弥补货币计量的局限性,要求企业采用一些非货币性指标作为财务会计报告的补充。

二、会计基础

会计基本假设中的会计分期假设必然导致如下问题:会计主体发生的经济交易或会计事项应确认在哪个会计期间?例如,A企业在12月31日采用赊销方式销售一批商品,根据购销合同,企业在3个月后才能够收到该销售货款。假设该销售行为符合会计学的收入确认条件,由于跨了年度,该项收入是作为本会计年度收入确认,还是作为下一会计年度的收入确认呢?

会计基础又称会计记账基础或会计核算基础,是指会计确认、计量和报告的基础,包括权责发生制和收付实现制。会计基础是将经济业务或会计事项确认计入会计信息系统的标准。在会计主体的经济活动中,经济业务或者会计事项的发生和货币的收支并非是完全一致的,即存在着现金流动与经济活动的分离。由此产生了会计要素确认、计量和报告的两个标准:一个标准是根据资金收支是否属于本期作为收入和费用确认、计量和报告的依据,称为收付实现制;另一个标准是以经济业务或会计事项是否在本年度完成作为记录收入或费用的依据,称为权责发生制。

（一）权责发生制

权责发生制也称应计制或应收应付制,是指收入、费用的确认应当以收入和费用的实际发生作为确认的标准,合理确认当期损益的一种会计基础。

权责发生制基础要求,凡是当期已经实现的收入和已经发生或应当负担的费用,无论款项是否收付,都应当作为当期的收入和费用,计入当期损益;凡是不属于当期的收入和费用,即使款项已在当期收付,也不应当作为当期的收入和费用。因此,权责发生制属于企业会计要素确认、计量和报告的基础,它解决何时确认收入和费用及确认多少的问题。我国《企业会计准则——基本准则》第九条规定:"企业应当以权责发生制为基础进行会计确认、计量和报告。"

权责发生制的例子较多,如在某会计年度1月月初,以现金预付全年订阅报刊资料费用3 600元,则根据权责发生制,应将预付的3 600元现金支出在全年12个月份中分摊,按每月300元计入当期费用。同理,前文提及的A企业12月31日采用赊销方式产生的销售收入应确认为本期收入。

权责发生制下,应归属本期的收入和费用,可能包括本期实际收到的收入和实际支出的费用,也可能包括以后各期收到的收入和支付的费用,还可能包括在上期已经取得的收入和支出的费用。所以,在会计期末要确定本期的收入和费用,就需要根据账簿记录按照归属原则对账簿记录进行适当调整。

权责发生制要求合理划分收益性支出与资本性支出之间的界限。凡是支出的效益仅基于本会计期间(或一个营业周期)的,应当作为收益性支出;凡是支出的效益涉及几个会计期间(或一个营业周期以上)的,应当作为资本性支出。

在我国,企业会计核算采用权责发生制。本书以企业会计核算为基础,未加说明的部分,会计基础均为权责发生制。

(二)收付实现制

收付实现制也称现金制,是以实际收到或支付现金作为确认收入和费用的标准,是与权责发生制相对应的一种会计基础。

收付实现制是以款项的实际收付为标准来确认、计量和报告经济业务或者会计事项,确定本期收入和费用,计算本期盈亏的会计基础。在收付实现制基础上,凡在本期实际以现款付出的费用,不论其应否在本期收入中获得补偿均应作为本期的费用处理;凡在本期实际收到的现款收入,不论其是否属于本期均应作为本期的收入处理;反之,凡本期还没有以现款收到的收入和没有用现款支付的费用,即使它归属于本期,也不作为本期的收入和费用处理。

例如,新华公司2018年2月份收到2017年应收销货款20 000元,存入银行。尽管该项收入不是2018年2月份创造的,但因为该项收入是在2月份收到的,所以在收付实现制基础上也作为2018年2月的收入。

在收付实现制下,会计在处理经济业务时不考虑预收收入、预付费用,以及应计收入和应计费用的问题,会计期末也不需要进行账项调整,因为实际收到的款项和付出的款项均已登记入账,所以可以根据账簿记录来直接确定本期的收入和费用,并加以对比以确定本期盈亏。收付实现制会计基础的好处在于计算方法比较简单,也符合人们日常生活习惯,但按照这种方法计算的盈亏不合理、不准确。

不同类型的会计主体,由于提供会计信息的目的和经济业务的差异性,所以采用不同的会计核算基础。根据《行政单位会计制度》(财库〔2013〕218号)第九条的规定,"行政单位会计核算一般采用收付实现制,特殊经济业务和事项应当按照本制度的规定采用权责发生制核算"。根据《事业单位会计准则》第九条的规定,"事业单位会计核算一般采用收付实现制;部分经济业务或者事项采用权责发生制核算的,由财政部在相关会计制度中具体规定"。自2017年1月1日起施行的《政府会计准则——基本准则》(财政部令第78号)第三条规定,"政府会计由预算会计和财务会计构成。预算会计实行收付实现制,国务院另有规定的,依照其规定。财务会计实行权责发生制"。

第四节 会计信息的使用者及其质量要求

一、会计信息的使用者

满足会计信息使用者的信息需求是企业编制财务会计报告的出发点。会计信息的使用者包括投资者、债权人、企业管理者、政府及其有关部门和社会公众等。

(一) 投资者

投资者在上市公司中,一般被称为股东。投资者关心其投资在市场经济环境中的风险和报酬,他们需要会计信息来帮助其作出相关经济决策,如决定是否买进或者卖出企业股票或者股权,是否进行股权融资或者债权融资。他们还需要通过会计信息来评估企业的获利能力等。《企业会计准则——基本准则》将投资者放在会计信息使用者中的首位,凸显了投资者的地位,体现了保护投资者利益的要求,这是市场经济发展的必然。投资者需要会计信息评价企业的资产质量、偿债能力、盈利能力和营运效率,以作出理性的经济决策。

(二) 债权人

债权人是指为企业提供贷款或持有企业债券的单位或者机构,如企业贷款人、供应商等。一般来说,债权人按债务偿还期限不同,分为短期债权人和长期债权人。短期债权人一般是指提供的资金在1年以内的债权人,他们关注的是企业在短期内的偿债能力,因此他们需要获得资产变现能力的信息。长期债权人一般是指提供的资金在1年以上的债权人,他们需要了解企业长期偿债能力,这种能力反映在企业预期的财务状况上,如企业的资本结构、资产的流动性、资产的市场价值以及长期盈利前景。

(三) 企业管理者

企业管理者将企业内部经营管理得好与坏,不仅会影响企业在市场上的竞争力及企业经济效益,而且会严重影响企业的前途与命运。会计信息是企业内部极为重要的经济信息,会计部门提供准确可靠的信息不仅有助于企业管理者进行科学合理的决策分析,还能够帮助企业管理者强化企业内部管理。科学合理地分析会计信息可以帮助管理者制订科学的经营策略,确定正确的经营目标,从而使企业生产经营活动处于最优的运行状态,显著提高企业的管理水平及效益。

(四) 政府及其有关部门

政府及其有关部门作为经济管理和经济监管部门,通常关心经济资源分配的公平、合理及效率性等,市场经济秩序的公平、有序,宏观决策所依据信息的真实可靠性等。政府及其有关部门需要通过会计信息(或者以会计信息为基础的统计信息)来监管企业的有关经济活动,制定税收政策、进行税收征管和国民经济统计等。

(五)社会公众

社会公众作为一个庞大的群体也关心企业的市场经营活动,包括企业对所在地经济作出的贡献,如增加就业、刺激消费、提供社区服务等。社会公众还关注企业对所在地的负面影响,诸如环境污染等。因此,企业需要提供企业发展前景及盈利能力、经营效益及其效率等方面的信息,以满足社会公众的信息需要。社会公众是一个十分宽泛的概念,包括一般的群众,也包括具有专业背景知识的专家学者和志愿者、媒体人和社会评论家等。社会公众使用企业会计信息能对企业的发展起到良好的监督作用。

二、会计信息质量要求

企业对外提供的会计信息是一种满足社会公众需求的产品,任何一种产品都必须满足特定的质量要求并遵循某种特定惯例。会计信息质量要求是对企业财务会计报告中所提供的高质量会计信息的基本规范,是使财务会计报告中所提供会计信息对投资者等使用者决策有用应具备的基本特征。根据我国《企业会计准则——基本准则》的规定,为实现会计目标,满足会计信息使用者的社会需求,会计系统提供的会计信息就应当满足可靠性、相关性、可理解性、可比性、实质重于形式、重要性、谨慎性和及时性八项质量要求。

可靠性、相关性、可理解性和可比性是会计信息的首要质量要求,是企业财务报告中所提供会计信息应具备的基本质量特征;实质重于形式、重要性、谨慎性和及时性是会计信息质量的次级质量要求,是对首要质量要求的补充和完善,对某些特殊交易或者事项进行会计处理时,需要根据这些质量要求来把握会计处理原则;及时性是会计信息相关性和可靠性的制约因素,企业需要在相关性和可靠性之间寻求一种平衡,以确定会计信息及时披露的时间。

(一)可靠性

可靠性要求企业以实际发生的交易或者事项为依据进行确认、计量和报告,如实反映符合确认和计量要求的各项会计要素及其他相关信息,保证会计信息真实可靠、内容完整。会计确认必须以实际经济活动为依据;会计计量对象必须是真实的经济业务和会计事项;财务会计报告必须如实反映情况,不得掩饰。

可靠性是对会计信息质量的基本要求。会计作为一个信息系统,其提供的信息是投资者、债权人、政府及其有关部门、社会公众和企业内部信息使用者等进行决策的依据。所以,可靠性要求会计信息能够反映客观经济活动的实际情况,如果会计数据不能真实地反映企业经济活动的实际情况,势必无法满足会计信息使用者了解企业情况、进行决策的需要,甚至可能导致他们的决策错误。

(二)相关性

相关性要求企业提供的会计信息应当与财务会计报告使用者的经济决策需要相关,有助于财务会计报告使用者对企业过去和现在的情况作出评价,对未来的情况作出预测。

信息的价值在于其与决策有关,有助于决策。相关的会计信息首先有助于预测未来,并可以据以作出某种决策，从而具有预测价值；其次有助于会计信息使用者评价过去的决策，证实或修正某些决策，从而具有反馈价值。

在会计核算中坚持相关性原则，就要求在收集、加工、处理和提供会计信息过程中，充分考虑使用者的信息需求。对于特定用途的会计信息，不一定都通过财务会计报告来提供，可以采用其他形式（非货币性计量）。

（三）可理解性

可理解性要求企业提供的会计信息应当清晰明了，便于财务会计报告使用者理解和使用。

为达到可理解性质量要求，人们假定会计信息使用者具有一定的工商经济活动能力和会计方面的知识，并愿意相当努力地去研究会计信息的价值。但是，对于某些复杂的信息，因其具备可靠性和相关性质量要求，应将其列入财务会计报告，而不能仅仅因为某些会计信息使用者可能难以理解而将其排除在外。

（四）可比性

可比性要求企业提供的会计信息应当相互可比，保证同一企业不同时期的会计信息可比，不同企业相同会计期间的会计信息可比。

可比性包括横向可比性和纵向可比性两层含义：横向可比性是指不同企业发生的相同或者相似的交易或者事项，应当采用规定的会计政策，确保会计信息口径一致、相互可比；纵向可比性也称一贯性，是指同一企业不同时期发生的相同或者相似的交易或者事项，应当采用一致的会计政策，不得随意变更，确需变更的，应当在附注中说明。

可比性的目的在于提高会计信息的决策相关性，使会计主体在相互比较的基础上解释它们之间相同与差异的原因，国家可以据以进行有关的宏观经济决策，投资者与债权人也可以根据符合可比性要求的会计信息进行有关的投资与信贷决策，企业内部的管理当局可以据此进行有关的经营管理决策。要达到会计信息的可比性质量要求，要求不同会计主体对同一会计事项或类似的会计事项采用相同的会计核算方法与会计处理程序。

（五）实质重于形式

实质重于形式要求企业应当按照交易或者事项的经济实质进行会计确认、计量和报告，不应仅以交易或者事项的法律形式为依据。

如果要想会计信息如实地反映经济业务或会计事项，那就必须根据经济业务或会计事项的经济实质而不是仅仅根据经济业务或会计事项的法律形式进行核算和反映。因为经济业务或会计事项的实质并非总是和法律的外在形式或人为形式一致。比如，企业通过文件宣称将某资产的法定所有权过户给某会计主体来处置资产。然而，协议中仍存在保证企业继续享有所转让资产中所包含的未来经济利益的条款。在这种情况下，把这项资产转让作为销售来报告就不能如实地反映这笔交易。

例如，企业以融资租赁方式取得一项固定资产，融资租赁是本质上转移了与一项资产所有权有关的几乎全部风险和报酬的一种租赁。所有权最终可能转移，也可能不转移。一项租赁是归类为融资租赁还是经营租赁，依赖于交易的实质而不是合同的形式。交易和其他事项应按经济实质，而不是仅按法律形式进行反映。就融资租赁而言，租赁协议的法律形式是承租人可能没有获得租赁资产的法定所有权,而其经济实质是承租人以承担支付大致等于租赁资产的公允价值和有关融资费用的责任,换取在租赁资产大部分经济年限内使用租赁资产获得的经济利益。所以从经济实质看,融资租赁取得的固定资产,企业能够控制该项固定资产创造的未来经济利益,在会计确认、计量和报告中应当将融资租入固定资产作为本企业的资产。

(六) 重要性

重要性要求企业提供的会计信息应当反映与企业财务状况、经营成果和现金流量等有关的所有重要交易或者事项。

重要性要求企业在会计确认、计量和报告经济业务和会计事项时,应当区别其重要程度,采用不同的处理方式。对企业资产、负债、损益等具有较大影响,而且能够影响会计信息使用者据以作出合理判断的重要经济业务和会计事项,必须根据会计准则规定的会计方法和程序进行处理,在财务会计报告中予以充分、准确地披露和揭示;对次要的经济业务和会计事项,在不影响会计信息可靠性和决策有用性的前提条件下,可以归并简化处理,通过合并经济业务或会计事项进行披露和揭示。

对于会计信息提供者而言,由于根据重要性会计信息质量要求可以简化处理次要经济业务和会计事项,所以能够节约提供会计信息的成本。对于会计信息使用者而言,重要项目的提供能够减少信息阅读与理解成本。

会计信息是否具有重要性,很大程度上取决于会计人员的职业判断。一般而言,应当从数量和性质两个方面进行判断:当某经济业务和会计事项的数量达到一定的规模(包括绝对数量和相对数量),且可能对决策产生影响时,会计人员就认定其符合重要性质量要求;或者从性质上看,当经济业务或会计事项有可能对决策产生一定影响时,会计人员一般就认定其符合重要性质量要求。换言之,如果会计信息的省略或误报会影响使用者根据财务会计报告作出经济决策,这样的会计信息就具有重要性。

(七) 谨慎性

谨慎性要求企业对交易或者事项进行会计确认、计量和报告应当保持应有的谨慎,不应高估资产或者收益、低估负债或者费用。

企业生产经营活动面临的客观环境具有不确定性,始终充满着风险。因此,会计系统在处理经济业务和会计事项时,要求尽量低估企业的资产和收益,对可能发生的损失和费用要尽量估计充足。

谨慎性质量要求的例子,包括在会计期末对各种可能发生损失的资产计提减值准备,对未决诉讼达到一定标准时计提预计负债,对销售保修义务等计提预计费用,以及对企业未来或有收益不加以确认等。

(八) 及时性

及时性要求企业对于已经发生的交易或者事项,应当及时进行会计确认、计量和报告,不得提前或者延后。及时性要求包括以下三层含义。

(1) 及时收集会计信息。当企业经济业务或会计事项发生后,会计机构和会计人员要及时收集各种原始凭证。

(2) 及时对所收集到的会计信息进行加工和处理。当会计机构和会计人员收集到的原始凭证后,要按国家的规定和会计准则的规范,及时编制记账凭证、登记账簿和编制财务会计报告。

(3) 及时将会计信息传递给会计信息使用者以便供其决策使用。会计信息要在会计信息使用者作出决策之前,提供给会计信息使用者。否则,将无助于经济决策,也就不符合及时性会计信息质量要求。

及时性存在程度区别,必须注意到增加及时性固然可以提高会计信息的决策相关性,但这同时又是以牺牲会计信息的诸如可靠性、可比性等质量要求来换取的。

上述八项会计信息质量要求是一个整体,不能片面地强调任何一个会计信息质量要求,而忽略其他会计信息质量要求。会计人员需要应用会计职业判断能力,在诸多会计信息质量要求之间寻求某种平衡与和谐,真实而公允地表述财务会计报告。

三、会计惯例

人们在财务会计中碰到的问题或者产生的分歧,通过长期会计实践获得了较为圆满的解决,于是成功的实践就逐步成为会计惯例。随着时间的推移和客观经济环境的变化,有些惯例不适应新的经济环境而被淘汰,一些新的会计惯例或许会脱颖而出成为新宠。且这一发展历程至今仍在持续中,以后也将继续下去。

我国会计实务中,会计惯例除前述八项会计信息质量要求以外,主要还包括"收入与费用配比""划分收益性支出与资本性支出"两项会计惯例。

(一) 收入与费用配比

企业通过经营活动获取营业收入必然会发生相应的耗费。为了确定某一会计期间的经营收益,根据权责发生制会计核算基础,除确定本期营业收入与营业费用外,还需要将营业收入与营业费用进行配比,以计算经营收益。

"收入与费用配比"会计惯例要求企业在进行会计核算时,收入与其耗费应当相互配比,同一会计期间内的各项收入与其相关的耗费,应当在该会计期间内确认。

"收入与费用配比"会计惯例包括两层含义:一是因果配比,是指将营业收入与营业费用相配比,计算出营业利润,即"营业收入－营业费用＝营业利润";二是时间配比,是指将一定时期的收入与同期的费用相配比,而不能将本期收入与上期费用配比,这也是权责发生制会计核算基础的基本要求。

(二) 划分收益性支出与资本性支出

收益性支出是指企业所发生的仅与一个会计期间的收益相关的支出,如购买办公用品的支出、支付的当月职工工资薪酬等;资本性支出是指企业发生的不仅仅与一个会计期间的收益相关,而是和一个以上的会计期间相关的支出,如企业购建一栋厂房的支出,在该厂房使用寿命期内,企业收益都和该项支出相关。

企业在会计核算中应当正确划分收益性支出与资本性支出,两类不同性质的支出在对外财务会计报告中的列示不同:收益性支出应列入利润表中,计入当期损益,以便正确计算企业当期的经营成果;资本性支出应列入资产负债表中,作为企业资产反映,以真实地反映企业的财务状况。这主要是因为:收益性支出的效益只在一个会计期间发挥作用,而资本性支出的效益却可以在连续的一个以上的会计期间发挥作用。

第五节 会计准则体系

一、会计准则的构成

会计准则是反映经济活动、确认产权关系、规范收益分配的会计技术标准，是生成和提供会计信息的重要依据，也是政府调控经济活动、规范经济秩序和开展国际经济交往等的重要手段。会计准则具有严密和完整的体系。我国已颁布的会计准则有《企业会计准则》《小企业会计准则》《事业单位会计准则》和《政府会计准则》。

二、企业会计准则

（一）企业会计准则构成

我国的企业会计准则体系包括基本准则、具体准则、应用指南和解释等。2006年2月15日，财政部发布了《企业会计准则》，自2007年1月1日起施行。2014年财政部对包括《企业会计准则——基本准则》在内的企业会计准则体系进行了较大规模的修改。

企业会计准则体系包括《企业会计准则——基本准则》（以下简称基本准则）、具体准则、应用指南和解释等。其中，基本准则是企业会计准则体系的概念基础，是具体准则、应用指南和解释等的制定依据，地位十分重要。我国在1992年发布的《企业会计准则》的基础上，借鉴国际惯例，结合我国实际情况，根据形势发展的需要进行重大修订和调整形成现行基本准则。基本准则对于规范企业会计行为，提高会计信息质量，完善资本市场将发挥积极作用。

（二）基本准则的作用

1. 统驭具体准则的制定

基本准则规范了包括财务会计报告目标、会计基本假设、会计信息质量要求、会计要素的定义及其确认和计量原则、财务会计报告等在内的基本问题，是制定具体准则的基础，对各具体准则的制定起着统驭作用，可以确保各具体准则的内在一致性。我国基本准则第三条明确规定，"企业会计准则包括基本准则和具体准则，具体准则的制定应当遵循本准则（即基本准则）"。在企业会计准则体系的建设中，各项具体准则也都明确规定按照基本准则的要求进行制定和完善。

2. 为会计实务中出现的、具体准则尚未规范的新问题提供会计处理依据

在会计实务中，由于经济交易或事项的不断发展、创新，一些新的交易或者事项在具体准则中尚未规范但又急需处理，这时，企业不仅应当对这些新的交易或者事项及时进行会计处理，而且在处理时应当严格遵循基本准则的要求，尤其是基本准则关于会计要素的定义及其确认与计量等方面的规定。因此，基本准则不仅扮演着具体准则制定依据的角色，也为会计实务中出现的、具体准则尚未作出规范的新问题提供了会计处理依据，从而确保了企业会计准则体系对所有会计实务问题的规范作用。

（三）基本准则规范的主要内容

基本准则的制定吸收了当代财务会计理论研究的最新成果，反映了当前会计实务发展的内在需要，体现了国际上财务会计概念框架的发展动态，构建起了完整、统一的财务会计概念体系，从不同角度明确了整个会计准则需要解决的基本问题。其内容包括以下几个方面。

(1) 关于财务会计报告目标。基本准则明确了我国财务会计报告的目标是向财务报告使用者提供决策有用的信息，并反映企业管理层受托责任的履行情况。

(2) 关于会计基本假设。基本准则强调了企业会计确认、计量和报告应当以会计主体、持续经营、会计分期和货币计量为会计基本假设。

(3) 关于会计基础。基本准则坚持了企业会计确认、计量和报告应当以权责发生制为基础。

(4) 关于会计信息质量要求。基本准则建立了企业会计信息质量要求体系，规定企业财务报告中提供的会计信息应当满足会计信息质量要求。

(5) 关于会计要素分类及其确认、计量原则。基本准则将会计要素分为资产、负债、所有者权益、收入、费用和利润六个要素，同时对各要素进行严格定义。会计要素在计量时以历史成本为基础，可供选择的计量属性包括历史成本、重置成本、可变现净值、现值和公允价值等。

(6) 关于财务会计报告。基本准则为了实现财务会计报告目标，明确了财务会计报告的基本概念、应当包括的主要内容和应反映信息的基本要求等。

（四）具体准则

具体准则是在基本准则的指导下，对企业各项资产、负债、所有者权益、收入、费用、利润及其相关交易或事项的确认、计量和报告进行规范的会计准则。

2006年2月至今，财政部发布了如下企业会计准则。

《企业会计准则第1号——存货》。

《企业会计准则第2号——长期股权投资》(2014年财会〔2014〕14号予以修订)。

《企业会计准则第3号——投资性房地产》。

《企业会计准则第4号——固定资产》。

《企业会计准则第5号——生物资产》。

《企业会计准则第6号——无形资产》。

《企业会计准则第7号——非货币性资产交换》(2019年财会〔2019〕8号予以修订)。

《企业会计准则第8号——资产减值》。

《企业会计准则第9号——职工薪酬》(2014年财会〔2014〕8号予以修订)。

《企业会计准则第10号——企业年金基金》。

《企业会计准则第11号——股份支付》。

《企业会计准则第12号——债务重组》(2019年财会〔2019〕9号予以修订)。

《企业会计准则第13号——或有事项》。

《企业会计准则第14号——收入》(2017年财会〔2017〕22号予以修订)。

《企业会计准则第15号——建造合同》(2017年财会〔2017〕22号，予以取消)。

《企业会计准则第 16 号——政府补助》(2017 年财会〔2017〕15 号予以修订)。

《企业会计准则第 17 号——借款费用》。

《企业会计准则第 18 号——所得税》。

《企业会计准则第 19 号——外币折算》。

《企业会计准则第 20 号——企业合并》。

《企业会计准则第 21 号——租赁》(2018 年财会〔2019〕35 号予以修订)。

《企业会计准则第 22 号——金融工具确认和计量》(2017 年财会〔2017〕7 号予以修订)。

《企业会计准则第 23 号——金融资产转移》(2017 年财会〔2017〕8 号予以修订)。

《企业会计准则第 24 号——套期保值》(2017 年财会〔2017〕9 号予以修订,名称为《企业会计准则第 24 号——套期会计》)。

《企业会计准则第 25 号——原保险合同》。

《企业会计准则第 26 号——再保险合同》。

《企业会计准则第 27 号——石油天然气开采》。

《企业会计准则第 28 号——会计政策、会计估计变更和差错更正》。

《企业会计准则第 29 号——资产负债表日后事项》。

《企业会计准则第 30 号——财务报表列报》(2014 年财会〔2014〕7 号予以修订)。

《企业会计准则第 31 号——现金流量表》。

《企业会计准则第 32 号——中期财务报告》。

《企业会计准则第 33 号——合并财务报表》(2014 年财会〔2014〕10 号予以修订)。

《企业会计准则第 34 号——每股收益》。

《企业会计准则第 35 号——分部报告》。

《企业会计准则第 36 号——关联方披露》。

《企业会计准则第 37 号——金融工具列报》(2014 年财会〔2014〕14 号予以修订)。

《企业会计准则第 38 号——首次执行企业会计准则》。

《企业会计准则第 39 号——公允价值计量》。

《企业会计准则第 40 号——合营安排》。

《企业会计准则第 41 号——在其他主体中权益的披露》。

《企业会计准则第 42 号——持有待售的非流动资产、处置组和终止经营》。

(五) 应用指南

应用指南是指对具体准则相关条款的细化和有关重点问题提供的操作性指南,有利于会计准则的贯彻落实和指导会计实务操作。

(六) 解释

解释是对具体会计准则实施过程中出现的问题、具体准则条款规定不清楚或者尚未规定的问题作出的补充说明。截至 2019 年 12 月,财政部已印发企业会计准则解释共 13 号。

三、小企业会计准则

2011 年 10 月 18 日,财政部发布了《小企业会计准则》,要求符合适用条件的小企业自 2013 年 1 月 1 日起执行,并鼓励提前执行。《小企业会计准则》一般适用于在我国境内依法设立、经济规模较小的企业，具体标准参见《小企业会计准则》和《中小企业划型标准规定》。《小企业会计准则》的发布和实施，标志着我国涵盖所有类型企业的会计准则体系的形成。

另外，财政部还印发了《企业产品成本核算制度——钢铁行业》《企业产品成本核算制度——电网经营行业》《企业产品成本核算制度——石油石化行业》《金融负债与权益工具的区分及相关会计处理规定》《社会保险基金会计制度》《科学事业单位会计制度》《增值税会计处理规定》《企业破产清算有关会计处理规定》《高等学校会计制度》《中小学会计制度》《彩票机构会计制度》等会计技术标准。以上会计标准构成了我国企业会计核算标准较为完整的体系。

四、事业单位会计准则

2012年12月6日，财政部修订发布了《事业单位会计准则》，自2013年1月1日起在各级各类事业单位施行。该准则对我国事业单位的会计工作予以规范。2017年10月，财政部财会〔2017〕25号印发了《政府会计制度——行政事业单位会计科目和报表》，自2019年1月1日起施行。

五、政府会计准则

（一）政府会计准则

2015年10月23日，财政部发布了《政府会计准则——基本准则》，自2017年1月1日起，在各级政府、各部门、各单位施行。

我国的政府会计准则体系由政府会计基本准则、具体准则和应用指南三部分组成。

至2017年我国发布了如下政府会计具体准则。

《政府会计准则第1号——存货》。

《政府会计准则第2号——投资》。

《政府会计准则第3号——固定资产》。

《政府会计准则第4号——无形资产》。

《政府会计准则第5号——公共基础设施》。

《政府会计准则第6号——政府储备物资》。

《政府会计准则第7号——会计调整》。

《政府会计准则第8号——负债》。

《政府会计准则第9号——财务报表编制与列报》。

《政府会计准则第10号——政府与社会资本合作项目合同》。

（二）政府会计准则制度解释

为了进一步健全和完善政府会计准则制度，确保政府会计准则有效实施，财政部制订了政府会计准则制度解释。

《政府会计准则制度解释第1号》（2019年财会〔2019〕13号）。

《政府会计准则制度解释第2号》（2019年财会〔2019〕24号）。

本章练习题

姓名_____
学号_____
分数_____

一、单项选择题

1. 会计以( )为主要计量单位。
   A. 货币　　　　　B. 实物　　　　　C. 劳动量　　　　D. 工作量
2. 会计的基本职能是( )。
   A. 核算与监督　　B. 分析与考核　　C. 预测与决策　　D. 反映与预测
3. 会计监督职能的基础是( )。
   A. 会计确认　　　B. 会计计量　　　C. 会计核算　　　D. 财务报表
4. 下列关于会计核算的一般要求中,不正确的是( )。
   A. 各单位必须根据实际发生的经济业务和事项进行会计核算,编制财务会计报告
   B. 各单位必须按照国家统一的会计制度的要求设置会计科目和账户,进行复式记账
   C. 使用电子计算机进行会计核算的,会计软件及其生成的会计凭证、会计账簿、财务会计报告及其他会计资料,也必须符合国家统一的会计制度的规定
   D. 在民族自治区,会计记录使用当地通用的一种民族文字即可
5. 一般来说,会计主体与法律主体是( )。
   A. 有区别的　　　　　　　　　　　B. 相互一致的
   C. 不相关的　　　　　　　　　　　D. 相互可替代的
6. 货币计量实际上包含了另外一个重要的前提,是( )。
   A. 会计主体　　　B. 清算假设　　　C. 历史成本　　　D. 币值稳定
7. 会计主体基本假设对会计工作范围从( )范围上进行了限定。
   A. 内容　　　　　B. 空间　　　　　C. 时间　　　　　D. 人员
8. 会计核算和会计监督主要是通过( )来进行的。
   A. 数量指标　　　B. 价值量指标　　C. 实物量指标　　D. 劳动量指标
9. 会计主体是( )。
   A. 企业单位
   B. 法律主体
   C. 企业法人
   D. 对其进行独立核算的特定单位或组织
10. 下列项目中,不属于企业的有价证券的是( )。
    A. 股票　　　　　B. 国库券　　　　C. 企业债券　　　D. 信用证存款
11. 下列项目中,不属于企业货币资金范畴的是( )。
    A. 库存现金　　　B. 银行存款　　　C. 信用卡存款　　D. 应收票据
12. 持续经营基本假设对会计工作范围从( )上进行了限定。

A. 内容　　　　　　B. 人员　　　　　　C. 时间　　　　　　D. 空间

13. 会计分期是从（　　）中引申出来的。
    A. 权责发生制　　B. 会计目标　　C. 持续经营　　D. 会计主体

14. 划分企业各会计期间的收入和费用的会计基础是（　　）
    A. 权责发生制　　　　　　　　　　B. 配比惯例
    C. 历史成本　　　　　　　　　　　D. 谨慎性会计信息质量要求

15. 企业为了使各会计期间的收入与相应的费用相配比，正确地计算损益，必须采用（　　）作为记账基础。
    A. 配比性　　　　B. 历史成本　　C. 可比性　　　D. 权责发生制

16. 会计的一般对象在企业中的具体表现为（　　）。
    A. 各种人事安排　　　　　　　　　B. 会计科目
    C. 会计要素　　　　　　　　　　　D. 以货币表现的经济业务

17. 下列支出中，属于资本性支出的是（　　）。
    A. 设备购置费　　　　　　　　　　B. 材料运杂费
    C. 材料保管费　　　　　　　　　　D. 产品销售费

18. 根据我国《会计法》的规定，下列部门中有权制定国家统一的会计制度的是（　　）。
    A. 证监会　　　　B. 国家发改委　　C. 财政部　　　D. 海关

19. 下列项目中，不属于狭义会计核算方法的是（　　）。
    A. 复式记账　　　　　　　　　　　B. 成本计算
    C. 财产清查　　　　　　　　　　　D. 编制财务预算

20. 会计信息以（　　）为主。
    A. 价值信息　　　　　　　　　　　B. 经济信息
    C. 非货币信息　　　　　　　　　　D. 货币和非货币信息

21. 支票的付款期为（　　）天，超过付款期限的支票，银行不予受理。
    A. 10　　　　　　B. 7　　　　　　C. 15　　　　　　D. 5

22. 下列不属于我国会计准则体系的是（　　）。
    A.《企业会计准则》　　　　　　　B.《小企业会计准则》
    C.《企业会计制度》　　　　　　　D.《事业单位会计准则》

23. 下列各项中，不属于会计信息质量要求的是（　　）。
    A. 相关性　　　　B. 可靠性　　　　C. 通用性　　　D. 及时性

24. 下列有关我国会计记录文字的表述中，正确的是（　　）。
    A. 会计记录必须使用中文
    B. 民族自治地区，会计记录可以用当地通用的一种民族文字取代中文
    C. 使用何种文字可以由企业自行选择
    D. 在我国境内的外国企业，可以用一种外国文字取代中文

25. 会计对象是企业、事业单位的（　　）。
    A. 文艺活动　　　B. 经济资源　　　C. 资金运动　　D. 劳动耗费

26. （　　）是对会计对象进行的基本分类，是会计核算对象的具体化。
    A. 会计要素　　　B. 会计科目　　　C. 会计账户　　D. 会计对象

27. 以下不是我国《企业会计准则——基本准则》规范的内容的是(　　)。
    A. 财务会计报告目标　　　　　　　　B. 会计基本假设
    C. 会计信息质量要求　　　　　　　　D. 分部报告
28. 以下(　　)经济业务体现了实质重于形式的会计信息质量要求。
    A. 购置固定资产　　　　　　　　　　B. 交纳税金
    C. 计提资产减值准备　　　　　　　　D. 收回欠款
29. (　　)是古代会计的范畴。
    A. 结绳记事　　B. 成本会计　　C. 管理会计　　D. 财务会计
30. 我国在(　　)就开始设置"司会"一职。
    A. 夏朝　　　　B. 商代　　　　C. 西周　　　　D. 秦国
31. 外部信息使用者了解单位会计信息最主要的途径是(　　)。
    A. 财务会计报告　B. 财产清查　　C. 会计凭证　　D. 账簿
32. 企业应当按照交易或者事项的经济实质进行会计确认、计量和报告,不应仅以交易或者事项的法律形式为依据,这是(　　)会计信息质量要求。
    A. 实质重于形式　B. 可比性　　　C. 可靠性　　　D. 相关性
33. 会计核算应当按照规定的会计方法进行,会计指标应当口径一致、相互可比的依据是(　　)会计信息质量要求。
    A. 可靠性　　　B. 相关性　　　C. 可比性　　　D. 重要性
34. 实现会计目标的基础是(　　)。
    A. 会计核算　　B. 会计监督　　C. 会计职能　　D. 会计主体
35. 会计的本质之一是(　　)。
    A. 核算　　　　B. 监督　　　　C. 资金运动　　D. 管理活动

二、多项选择题

1. 以下属于会计特征的有(　　)。
    A. 以货币为主要计量单位
    B. 是一个经济信息系统
    C. 以实物为主要计量单位
    D. 以真实、合法的会计账簿为依据
    E. 具有监督和核算的基本职能
2. 在下列组织中,可以作为会计主体的有(　　)。
    A. 事业单位　　B. 分公司　　　C. 生产车间　　D. 销售部门
    E. 中国
3. 我国企业的会计期间可以有(　　)。
    A. 年度　　　　B. 半年度　　　C. 季度　　　　D. 月度
    E. 5年
4. 会计的方法包括(　　)。
    A. 会计核算方法　B. 会计分析方法　C. 会计考核方法　D. 会计预测方法
    E. 审计监督方法
5. 我国元代的"四柱清册"是我国的复式记账方法,其中的"四柱"是指(　　)。

A. 旧管　　　　　　B. 新收　　　　　　C. 开除　　　　　　D. 实在
E. 账户

6. 根据我国现行法律、法规的规定,以下可以使用库存现金支付的有(　　)。
A. 职工工资、津贴
B. 个人劳务报酬
C. 向个人收购农副产品和其他物资的价款
D. 出差人员必须随身携带的差旅费
E. 结算起点(1 000元)以下的零星支出

7. 会计核算包括(　　)等基本环节。
A. 确认　　　　　　B. 计量　　　　　　C. 记录　　　　　　D. 报告
E. 预测

8. 以下属于会计信息质量要求中的次级质量要求的有(　　)。
A. 实质重于形式　　B. 重要性　　　　　C. 谨慎性　　　　　D. 及时性
E. 相关性

9. 会计基础包括(　　)。
A. 权责发生制　　　B. 永续盘存制　　　C. 会计分期　　　　D. 收付实现制
E. 历史成本

10. 我国基本准则中规定的八项会计信息质量要求中,属于首要质量要求的有(　　)。
A. 可靠性　　　　　B. 相关性　　　　　C. 可理解性　　　　D. 可比性
E. 重要性

11. 会计信息的使用者包括(　　)。
A. 投资者　　　　　B. 债权人　　　　　C. 政府及其有关部门　D. 社会公众
E. 企业管理部门

12. 会计计量属性包括(　　)。
A. 历史成本　　　　B. 重置成本　　　　C. 可变现净值　　　D. 现值
E. 公允价值

13. 下列各项中,一般情况下属于企业资本性支出的有(　　)支出。
A. 购买办公桌　　　B. 购买汽车　　　　C. 购买原材料　　　D. 购买厂房
E. 购买机器设备

14. 下列各项中,一般情况下属于企业收益性支出的有(　　)。
A. 为生产A产品购入一批原材料的支出
B. 办公室购入一批办公用品的支出
C. 购入一批低值易耗品的支出
D. 购买商标的支出
E. 购置一栋房屋作为新办公大楼的支出

15. 下列各项中,属于会计核算的基本假设的有(　　)。
A. 会计主体　　　　B. 持续经营　　　　C. 会计分期　　　　D. 货币计量
E. 划分资本性支出与收益性支出

16. 会计核算方法具有(　　)的特点。

A. 系统性　　　　　B. 可比性　　　　　C. 连续性　　　　　D. 综合性
E. 全面性

17. 以下内容中,属于会计拓展职能的有( )。
    A. 预测经济前景　　B. 参与经济决策　　C. 评价经营业绩　　D. 会计核算职能
    E. 会计监督

18. 会计循环从会计核算的具体内容看,包括( )等内容。
    A. 填制和审核凭证　　　　　　　　B. 设置会计科目和账户
    C. 复式记账　　　　　　　　　　　D. 登记账簿
    E. 财产清查

19. 以下内容中,属于会计基本职能的有( )。
    A. 预测经济前景　　B. 参与经济决策　　C. 评价经营业绩　　D. 会计核算职能
    E. 会计监督职能

20. 下列方法中,属于会计核算方法的有( )。
    A. 填制和审核凭证　　　　　　　　B. 登记会计账簿
    C. 编制财务会计报告　　　　　　　D. 编制财务预算
    E. 预测经济前景

21. 以下属于会计信息质量要求的有( )。
    A. 及时性　　　　　B. 谨慎性　　　　　C. 实质重于形式　　D. 准确性
    E. 实事求是

22. 根据我国《会计法》等的规定,会计核算的一般要求主要包括( )。
    A. 各单位必须根据实际发生的经济业务和事项进行会计核算,编制财务会计报告
    B. 各单位发生的各项经济业务和事项应当在依法设置的会计账簿上统一登记、核算,不得违反我国《会计法》和国家统一的会计制度的规定私设会计账簿登记、核算
    C. 各单位对会计凭证、会计账簿、财务会计报告和其他会计资料应当建立档案,妥善保管
    D. 使用电子计算机进行会计核算的,会计软件及其生成的会计凭证、会计账簿、财务会计报告和其他会计资料,也必须符合国家统一的会计制度的规定
    E. 会计记录的文字应当使用中文。在民族自治地区,会计记录可以同时使用当地通用的一种民族文字

23. 以下属于狭义会计方法的有( )。
    A. 设置会计科目和账户　　　　　　B. 填制和审核凭证
    C. 成本计算　　　　　　　　　　　D. 财务报表审计
    E. 财务报表分析

24. 会计分期的划分,有利于企业及时( )。
    A. 结算账目
    B. 编制财务会计报告
    C. 提供反映企业经营情况的财务信息
    D. 查账
    E. 分清会计核算的空间范围

25. 企业办理银行存款收付业务时,可以使用(　　)等银行转账方式。
   A. 银行汇票　　　　B. 商业汇票　　　　C. 银行本票　　　　D. 支票
   E. 汇兑

三、判断题

1. 法律主体必定是会计主体,会计主体也必定是法律主体。　　　　　　　　　　(　　)
2. 会计核算只能用货币作为计量单位。　　　　　　　　　　　　　　　　　　(　　)
3. 业主张三将其私人用车库的修建费列入其所开公司的账户进行核算,这明显违反了会计主体假设。　　　　　　　　　　　　　　　　　　　　　　　　　　　　(　　)
4. 我国企业在进行会计核算时,应当以人民币为记账本位币。　　　　　　　　(　　)
5. 2010年10月,国家标准化管理委员会发布了XBRL(可扩展商业报告语言)技术规范国家标准,这是我国会计电算化发展的又一标志性进展。　　　　　　　　(　　)
6. 支票结算是企业同城结算中应用比较广泛的一种结算方式。　　　　　　　　(　　)
7. 会计人员不可以根据现实需要改变会计程序和方法。　　　　　　　　　　　(　　)
8. 会计核算必须而且只能采用价值的形式。　　　　　　　　　　　　　　　　(　　)
9. 支票的付款期为10天,超过期限的支票,银行不予受理。　　　　　　　　　(　　)
10. 企业集团不是一个独立的法人,但可以作为一个会计主体。　　　　　　　　(　　)
11. 我国企业会计准则不包括解释公告。　　　　　　　　　　　　　　　　　　(　　)
12. 谨慎性会计信息质量要求指企业要核算可能发生的收入。　　　　　　　　　(　　)
13. 企业应当按照交易或事项的法律实质进行会计核算,而不应当仅仅把它们的经济形式作为会计核算的依据。　　　　　　　　　　　　　　　　　　　　　　　(　　)
14. 若某项资产不能为企业带来经济利益,即使是由企业拥有或控制的,也不能作为企业的资产在资产负债表中列示。　　　　　　　　　　　　　　　　　　　　　(　　)
15. 会计计量属性只有历史成本、公允价值两种。　　　　　　　　　　　　　　(　　)
16. 凡是法律主体都应进行独立会计核算。　　　　　　　　　　　　　　　　　(　　)
17. 会计核算的是企业的经济活动而非企业投资者的经济活动。　　　　　　　　(　　)
18. 现代会计产生的标志是1494年意大利数学家卢卡·帕乔利(Luca Pacioli)出版的《算术、几何、比与比例概要》。　　　　　　　　　　　　　　　　　　　　　(　　)
19. 美国奎因斯坦1922年在所著的《管理会计:财务管理入门》一书中,首先提到了"管理会计"。　　　　　　　　　　　　　　　　　　　　　　　　　　　　　　　(　　)
20. 会计的发展可划分为古代会计、近代会计和现代会计三个阶段。　　　　　　(　　)
21. 会计具有会计核算和会计监督两项基本职能和预测经济前景、参与经济决策、注册会计师审计、企业经营业绩等拓展职能。　　　　　　　　　　　　　　　　　(　　)
22. 会计目标是会计工作应该达到的境地,是评价会计准则的指南针。　　　　　(　　)
23. 在公允价值计量下,资产和负债按照在公平交易中,熟悉情况的交易双方自愿进行资产交换或者债务清偿的金额计量。　　　　　　　　　　　　　　　　　　(　　)
24. 确认是指将符合会计要素定义和确认标准的项目纳入财务报表项目的过程。确认包括将以文字和金额表述的项目纳入报表的总额中。　　　　　　　　　　　　(　　)
25. 我国企业会计核算的基础一般是收付实现制。　　　　　　　　　　　　　　(　　)

四、实务题

【目的】 练习在权责发生制和收付实现制的基础上收入、费用的确认及利润的计算。

【资料】 某企业12月份发生如下经济业务：

1. 用存款预付明年财产保险费7 200元。
2. 通过银行收到上月销货款60 000元。
3. 销售产品18 000元，货款尚未收到。
4. 收到购货单位预付货款30 000元，存入银行。
5. 计算本月水电费共1 800元，因资金周转困难，暂未支付。
6. 销售产品40 000元，款项已存入银行。
7. 支付上月房租费1 500元。
8. 以银行存款支付本月份广告费2 000元。
9. 计提本月份固定资产折旧费3 000元。
10. 预提本月应负担的银行借款利息600元。

【要求】 分别采用权责发生制和收付实现制计算12月份的收入、费用和利润。

第二章
会计要素与会计等式

第一节 会计要素

一、会计要素的含义与分类

(一) 会计要素的含义

会计要素是对会计对象进行的基本分类,是会计对象的具体化。我们一般这样定义会计要素:会计要素是根据交易或者事项的经济特征所确定的财务会计对象的基本分类。

(二) 会计要素的分类

我国《企业会计准则——基本准则》将会计要素划分为资产、负债、所有者权益、收入、费用和利润六大类。其中,资产、负债和所有者权益三项会计要素表现资金运动的相对静止状态,即反映企业的财务状况,在资产负债表中列示;收入、费用和利润三项会计要素表现资金运动的显著变动状态,即反映企业的经营成果,在利润表中列示。

二、会计要素的确认

(一) 资产

1. 资产的含义与特征

企业要从事生产经营活动,必须拥有一定数量的资产,如购买商品需要现金、银行存款,生产产品需要机器设备、厂房、材料等。根据《企业会计准则——基本准则》第二十条的规定,资产是指企业过去的交易或者事项形成的、由企业拥有或者控制的、预期会给企业带来经济利益的资源。

资产的特征如下。

1) 资产是企业过去的交易或者事项形成的

资产应当是企业过去的交易或者事项(包括购买、生产、建造、捐赠或者其他交易或事项)形成的,未来将发生的交易或事项不形成企业的资产。例如,企业与某单位签订了购货合同(不可撤销合同除外),只要合同义务未履行,就可认为购买行为尚未发生,欲购的产品就不符合资产的定义,因而企业不能根据购货合同将其确认为资产。

2) 资产是企业拥有或控制的资源

从产权归属的角度看,拥有是指拥有所有权。企业拥有资产的所有权,通常表明企业能够排他性地从资产中获取未来经济利益。

控制是从使用权角度看的,企业虽然不拥有某些特定资产的控制权,仅仅拥有其使用权,但仍然要将其确认为企业的资产进行管理与控制。典型的例子就是企业以融资租赁方式租入的固定资产,尽管企业不拥有其所有权,但是如果租赁合同规定的租赁期限较长,接近于该固定资产的使用寿命,会计学中也将这类资产确认为企业控制的资产进行计量和报告。

不为企业拥有或控制的资产虽然未来有时候能够给企业带来经济利益,但也不应确认为企业的资产项目。

3) 资产预期会给企业带来经济利益

资产预期会给企业带来经济利益是指资产具有直接或者间接导致现金和现金等价物流入企业的能力。主要体现在如下几个方面。

(1) 有的资产具有直接购买力,可以用来换取其他资产,如现金、银行存款可以用来购买商品、材料和设备等。

(2) 有的资产代表一种货币性债权,企业可以于约定日期收取现金、银行存款,如应收账款等。

(3) 有的资产可以出售,从而转变为现金或者货币性债权,如商品、产成品和交易性金融资产等。

(4) 有的资产能提供某些潜在的效益、权利或劳务,对企业具有使用价值,如房屋能为企业提供固定的营业场所,机器、设备可用来生产产品。从企业角度来讲,取得这些资产主要是因为它们具有潜在的效能,企业可以从它们的使用中得到预期的利益。

企业以前已经确认为资产的项目,如果未来不能再为企业带来经济利益,也就不能再确认为企业的资产。典型代表就是发生毁损、变质的资产,或者债权人破产导致的企业无法收回的应收账款等。

2. 资产的确认条件

将一项资源确认为资产,需要符合资产的定义,还应同时满足以下两个条件:①与该资源有关的经济利益很可能流入企业;②该资源的成本或者价值能够可靠地计量。

符合资产定义和资产确认条件的项目,应当列入资产负债表;符合资产定义但不符合资产确认条件的项目,不应当列入资产负债表。

3. 资产的分类

资产按流动性进行分类,可以分为流动资产和非流动资产。

流动资产是指预计会在一个正常营业周期中变现、出售或耗用的资产。流动资产也包括主要为交易目的而持有,或者预计自资产负债表日起1年内(含1年)变现的资产,以及自资产负债表日起1年内交换其他资产或清偿负债的能力不受限制的现金或现金等价物。流动资产主要包括库存现金、银行存款、其他货币资金(会计学中将此三项统称为"货币资金")、交易性金融资产、应收票据及应收账款、预付款项、其他应收款、存货等。

非流动资产是指流动资产以外的资产。通常包括投资性房地产、长期应收款、固定资产、在建工程、工程物资、油气资产、无形资产（如专利权、商标权、著作权、土地使用权）、开发支出、商誉等。需要指出的是，无形资产是指企业拥有或者控制的没有实物形态的、可辨认的非货币性资产，商誉属于不可辨认资产。因此，会计学中的"无形资产"不包括"商誉"，这与我们的生活常识不同，需要特别注意。

一个正常营业周期是指从企业购买用于加工的资产起至实现现金或现金等价物的期间。正常营业周期通常短于1年，或在1年内有几个营业周期。但是，也存在正常营业周期长于1年的情况，在这种情况下，与生产循环相关的产成品、应收账款、原材料尽管超过1年才能变现、出售或耗用，仍应作为流动资产，如房地产企业建造的商品房等。当正常营业周期不能确定时，应当以1年（12个月）作为正常营业周期。

（二）负债

1. 负债的含义与特征

根据《企业会计准则——基本准则》第二十三条的规定，负债是指企业过去的交易或者事项形成的、预期会导致经济利益流出企业的现时义务。现时义务是指企业在现行条件下已承担的义务。未来发生的交易或者事项形成的义务，不属于现时义务，不应当确认为负债。

负债具有以下几个特征。

1) 负债是由企业过去的交易或者事项形成的

负债的此特点与资产的特点相对应（资产也有该特点），意思是只有企业过去的交易或事项才形成负债，企业将在未来发生的承诺、签订的合同等交易或者事项，不形成负债。需要指出的是，由于负债是过去的交易或事项形成的，如企业销售产品时提供的"三包"服务，虽然其义务履行是在未来，但其依附事项发生在过去，也满足此特征。

2) 负债是企业承担的现时义务

现时义务是指在现有条件下企业已承担的义务，这种义务分为法定义务和推定义务两大类。其中，法定义务是指具有约束力的合同或者法律、法规规定的义务，通常在法律意义上讲是需要强制执行的。典型的例子是企业在生产经营过程中形成的应交税费、应付职工薪酬等。推定义务是指根据商业惯例、公开的承诺或者企业公开宣布的政策等而形成的企业将承担的责任或者道义。典型的例子就是企业销售产品承诺的"三包"服务。另外一个典型的例子来自特殊行业，如石油开采企业在开采石油过程中负有环境保护与环境恢复等推定义务等。

3) 负债预期会导致经济利益流出企业

负债的偿还将导致经济利益流出企业，是负债的本质特征。企业负债的偿还有多种形式。例如，用货币资产或实物资产进行偿还，以提供劳务形式偿还，以部分资产和部分劳务进行偿还，以及借新债还旧债、将负债转为资本等形式。负债的偿还将导致企业资产的减少、权益或另一项负债的增加或两方面兼而有之。

2. 负债的确认条件

将一项现时义务确认为负债，需要符合负债的定义，还应当同时满足以下两个条件：①与该义务有关的经济利益很可能流出企业；②未来流出的经济利益的金额能够可靠地计量。

符合负债定义和负债确认条件的项目，应当列入资产负债表；符合负债定义，但不符合负债确认条件的项目，不应当列入资产负债表。

3. 负债的分类

按偿还期限长短划分,负债可分为流动负债和非流动负债。

流动负债是指预计在一个正常营业周期中偿还(如短期借款、应付票据及应付账款、预收款项、应付职工薪酬、应交税费、其他应付款等),或者自资产负债表日起1年内(含1年)到期应予以清偿的负债。流动负债也包括主要为交易目的而持有(如交易性金融负债),或者企业无权自主地将清偿推迟至资产负债表日以后1年以上的负债。

非流动负债是指流动负债以外的负债,一般也叫长期负债,是指在1年或者超过1年的一个营业周期以上偿还的债务,一般包括长期借款、应付债券、长期应付款和预计负债等。

对于自资产负债表日起1年内到期的负债,企业有意图且有能力自主地将清偿义务展期至资产负债表日后1年以上的,应当归类为非流动负债;不能自主地将清偿义务展期的,即使在资产负债表日后、财务会计报告批准报出日前签订了重新安排清偿计划协议,该项负债仍应当归类为流动负债。

(三) 所有者权益

1. 所有者权益的含义及特征

企业的资产归债权人和投资者所有,债权人和投资者对企业的资产具有求偿权或所有权。这种对企业资产的所有权或求偿权在会计上称为"权益"。其中,属于债权人的部分,称为"债权人权益",通常称为"负债";属于所有者的部分,称为"所有者权益"。

根据《企业会计准则——基本准则》第二十六条的规定,所有者权益是指企业资产扣除负债后由所有者享有的剩余权益。公司的所有者权益又称为股东权益。

所有者权益具有以下特征。

(1) 除非发生减资、清算或分派现金股利,企业不需要偿还所有者权益。

(2) 企业清算时,只有在清偿所有的负债后,所有者权益才返还给所有者。

(3) 所有者凭借所有者权益能够参与企业利润的分配。

2. 所有者权益的确认条件

所有者权益没有单独的确认、计量标准,其确认标准主要取决于资产、负债、收入和费用等其他会计要素的确认和计量。所有者权益在数量上等于企业资产总额扣除债权人权益后的净额,即为企业的净资产,反映所有者(股东)在企业资产中享有的经济利益。

3. 所有者权益的分类

所有者权益按照来源不同分为所有者投入的资本、其他综合收益和留存收益等,具体表现为实收资本(或股本)、资本公积(含资本溢价或股本溢价、其他资本公积)、其他综合收益、盈余公积和未分配利润。留存收益是盈余公积和未分配利润的统称。

所有者投入的资本是指所有者投入企业的资本部分,它既包括构成企业注册资本(实收资本)或者股本部分的金额,也包括投入资本超过注册资本或者股本部分的金额,即资本溢价或者股本溢价,这部分投入资本在我国企业会计准则体系中被计入了资本公积,并在资产负债表中的资本公积项目反映。

其他综合收益是指企业根据会计准则规定未在当期损益中确认的各项利得和损失。其中,利得是指由企业非日常活动所形成的、会导致所有者权益增加的、与所有者投入资本无关的经济利益的流入;损失是指由企业非日常活动所形成的、会导致所有者权益减少的、与向所有者分配利润无关的经济利益的流出。

对非日常活动产生的利得或者损失的详细内容感兴趣的非会计学专业学生,可进一步学习会计学专业的相关课程。会计学专业的学生将在以后的"中级财务会计""高级财务会计"等课程中进一步学习利得和损失的内容。本书主要讲授企业日常活动的会计核算。

(四) 收入

1. 收入的含义与特征

根据《企业会计准则——基本准则》第三十条的规定,收入是指企业在日常活动中形成的、会导致所有者权益增加的、与所有者投入资本无关的经济利益的总流入。日常活动是指企业为完成其经营目标所从事的经常性活动以及与之相关的活动。企业取得收入意味着要么增加了资产,要么减少了负债,要么两者兼而有之。例如,企业销售产品收到货款并存入银行,则意味着企业银行存款的增加;又如,企业以生产的产品偿还以前的欠款,则意味着企业债务的减少。收入将导致所有者权益的增加,这种所有者权益的增加并不是由投资者投入资本所导致的。

收入具有以下特征。

(1) 收入是企业在日常活动中形成的。例如,工商企业销售商品取得的销售收入就是日常活动形成的,属于其收入的范畴。非日常活动导致的企业经济利益增加,一般属于利得的范畴,如工商企业处置报废的固定资产的收益等。

(2) 收入会导致所有者权益的增加。

(3) 收入是与所有者投入资本无关的经济利益的总流入。

2. 收入的确认条件

企业收入的来源渠道多种多样,来源不同的收入的特征虽有差别,但其确认条件却是相同的。当企业与客户之间的合同同时满足以下条件时,企业应当在客户取得商品控制权时确认收入:①合同各方已批准该合同并承诺将履行各自义务;②该合同明确了合同各方与所转让商品或提供劳务相关的权利和义务;③该合同有明确的与转让商品或提供劳务相关的支付条款;④该合同具有商业实质,即履行该合同将改变企业未来现金流量的风险、时间分布或金额;⑤企业因向客户转让商品或提供劳务有权取得的对价很可能收回。

3. 收入的分类

收入有狭义和广义之分,我国现行会计准则中定义的收入概念为狭义概念,广义的收入包括利得部分。本书未特别指明的收入,均为狭义概念,即收入就是指狭义的营业收入。

收入包括主营业务收入和其他业务收入。主营业务收入是由企业的主营业务所带来的收入。其他业务收入是指除主营业务活动以外的其他经营活动实现的收入。收入按性质不同,可分为销售商品收入、提供劳务收入和让渡资产使用权收入等。收入的形式因企业类型不同而有所差异,如销售商品收入属于工商企业的收入,利息收入属于金融企业的收入等。

(五) 费用

1. 费用的含义与特征

费用是与收入相对应的一个概念,是企业为取得收入而付出的代价。根据《企业会计准则——基本准则》第三十三条的规定,费用是指企业在日常活动中发生的、会导致所有者权益减少的、与向所有者分配利润无关的经济利益的总流出。

费用具有以下特征。

(1) 费用是企业在日常活动中发生的。
(2) 费用会导致所有者权益的减少。
(3) 费用是与向所有者分配利润无关的经济利益的总流出。

费用的发生会导致资产的减少或负债的增加,从而导致所有者权益的减少,但资产的减少或负债的增加并不一定都形成费用。例如,购买资产而支付银行存款,是资产内部项目的变动,并不发生费用,对所有者权益没有影响;用于偿还负债的现金支出也不是费用,不会导致所有者权益的减少。

2. 费用的确认条件

一个项目要确认为费用,除了应当符合费用定义外,至少应当符合以下条件。
(1) 与费用相关的经济利益很可能流出企业。
(2) 经济利益流出企业的结果会导致资产的减少或者负债的增加。
(3) 经济利益的流出额能够可靠地计量。符合费用定义和费用确认条件的项目,应当列入利润表。更为详细的费用确认标准将在"中级财务会计"等课程中讲解。

3. 费用的分类

在会计学中,费用的概念有广义和狭义之分。狭义的费用是指与取得营业收入对应的营业费用,广义的费用按是否能够直接补偿分为补偿性费用和非补偿性费用。

非补偿性费用主要包括基金支出与基建支出,如购置办公大楼、生产经营设备等发生的支出。

补偿性费用包括生产费用与期间费用。生产费用是指与企业日常生产经营活动有关的费用,包括生产成本①(生产成本按其经济用途分为直接材料、直接人工和制造费用)和销售税金;对于生产几种产品共同发生的生产费用,应当按照受益原则,采用适当的方法和程序分配计入相关产品的生产成本。期间费用是指企业本期发生的、不能直接或间接归入产品生产成本,而应直接计入当期损益的各项费用,包括管理费用、销售费用和财务费用。

(六) 利润

1. 利润的定义与特征

根据《企业会计准则——基本准则》第三十七条的规定,利润是指企业在一定会计期间的经营成果。通常情况下,如果企业实现了利润,表明企业的所有者权益将增加,业绩得到了提升;反之,如果企业发生了亏损(即利润为负数),表明企业的所有者权益将减少,业绩下降了。利润是评价企业管理层业绩的指标之一,也是投资者等财务会计报告使用者进行决策的重要参考依据。

2. 利润的确认条件

利润反映收入减去费用后的净额、直接计入当期利润的利得减去损失后的净额。利润的确认主要依赖收入和费用,以及直接计入当期利润的利得和损失的确认,所以利润和所有者权益一样,没有单独的确认条件,其金额的确定也主要取决于收入、费用、直接计入当期利润的利得和损失金额的计量。

3. 利润的分类

利润包括收入减去费用的净额、直接计入当期利润的利得和损失等。其中,收入减去费

---

① 生产成本在产品销售以后转化为销售成本。

用后的净额反映企业日常活动的经营业绩;直接计入当期损益的利得和损失反映企业非日常活动的业绩。比如,处置固定资产时,假设一项毁损固定资产的净残值为 800 元,处置净收入为 1 000 元,则处置净收入与固定资产净残值之间的差额 200 元就是直接计入当期利润的利得。

利润按照不同的收入与费用配比范畴,分为营业利润、利润总额和净利润等。具体内容参见第十章第三节。

直接计入当期利润的利得和损失是指应当计入当期损益、最终会引起所有者权益发生增减变动的、与所有者投入资本或者向所有者分配利润无关的利得或者损失。企业应当严格区分收入和利得、费用和损失,以便全面反映企业的经营业绩。

三、会计要素的计量

会计要素的计量是为了将符合确认条件的会计要素登记入账并列报于会计报表及会计报表附注等而确定其金额的过程。企业应当按照规定的会计计量属性进行计量,确定相关金额。

(一) 会计计量属性及其构成

会计计量属性是指会计要素的数量特征或外在表现形式,反映了会计要素金额的确定基础,主要包括历史成本、重置成本、可变现净值、现值和公允价值等。

1. 历史成本

历史成本又称实际成本,是指为取得或制造某项财产物资实际支付的现金或其他等价物。

在历史成本计量下,资产按照购置时支付的现金或者现金等价物的金额,或者按照购置时所付出代价的公允价值计量;负债按照因承担现时义务而实际收到的款项、资产的金额,或者承担现时义务的合同金额计量,也可以按照日常活动中为偿还负债预期需要支付的现金或者现金等价物的金额计量。

2. 重置成本

重置成本又称现行成本,是指按照当前市场条件,重新取得同样一项资产所需要支付的现金或者现金等价物金额。

在重置成本计量下,资产按照现在购买相同或者相似资产所需支付的现金或者现金等价物的金额计量;负债按照现在偿付该项债务所需支付的现金或者现金等价物的金额计量。

3. 可变现净值

可变现净值是指在正常的生产经营过程中,以预计售价减去进一步加工成本和预计销售费用以及相关税费后的净值。

在可变现净值计量下,资产按照其正常对外销售所能收到现金或者现金等价物的金额扣减该资产至完工时估计将要发生的成本、估计的销售费用以及相关税费后的金额计量。

4. 现值

现值是指对未来现金流量以恰当的折现率进行折现后的价值,是考虑货币时间价值的一种计量属性。

在现值计量下,资产按照预计从其持续使用和最终处置中所产生的未来净现金流入量的折现金额计量;负债按照预计期限内需要偿还的未来净现金流出量的折现金额计量。

5. 公允价值

公允价值是指市场参与者在计量日发生的有序交易中,出售一项资产所能收到或者转移一项负债所需支付的价格。

(二) 计量属性的运用原则

如果会计实务中五种计量属性对同一经济业务或会计事项进行计量的结果是一致的,则不存在孰先使用的问题,但计量的结果如果不一致,就存在先使用哪种计量属性的问题。企业在对会计要素进行计量时,一般应当采用历史成本。采用重置成本、可变现净值、现值、公允价值计量的,应当保证所确定的会计要素金额能够取得并能够可靠地计量。换言之,在五种计量属性中,优先采用历史成本计量方式。

企业优先采用历史成本计量主要是因为历史成本具有以下优点。

(1) 历史成本是在市场上通过正常交易,由正当的交易双方通过客观交易确定下来的。所以,历史成本具有客观性,能满足会计信息质量可靠性的要求。

(2) 历史成本数据最容易取得。

(3) 历史成本数据具有可验证性。交易完成后只需检查交易产生的有关凭证即可验证数据的真实性,最容易被人们接受。

(4) 在客观经济环境未发生变化时,历史成本较接近于资产购置、负债产生时的价值。

除法律、行政法规和国家统一规定的会计制度另有规定外,企业一律不得自行调整其资产或负债的账面价值。例如,某企业期初资产账面价值为 100 万元,1 年以后该项资产的价值上升为 110 万元,若无国家政策规定等特殊情况,该项资产的价值在期末仍然记为 100 万元。

第二节 会 计 等 式

会计等式又称会计恒等式、会计方程式或会计平衡公式,它是表明各会计要素之间基本关系的等式,是复式记账法的理论基础,也是编制资产负债表的依据。

一、会计等式的表现形式

(一) 财务状况等式

财务状况等式亦称基本会计等式或静态会计等式,是用来反映企业某一特定时点资产、负债和所有者权益三者之间平衡关系的会计等式。即:

$$资产=负债+所有者权益$$

企业创始之初的资产来源包括所有者投入的资本和从债权人借入的资本两部分。在会计学中,归属于所有者部分的权益称为"所有者权益",归属于债权人部分的权益称为"负债"。所有者权益与债权人权益是广义的"权益"概念。例如,甲公司创立之初,投资者投入500万元,向债权人借入资金500万元,因此甲公司创立时拥有资产1 000万元,广义权益＝所有者权益(500万元)＋债权人权益(500万元)＝1 000(万元)。企业创始之初,资产＝权益,即资产＝负债＋所有者权益。

企业通过一定时间的生产经营活动,投入与产出之间会形成盈亏。比如,某企业投入资本100万元(其中借入资本为40万元,自有资本为60万元),通过1年的生产经营活动,产出为120万元。产出与投入之间的差额为20万元,即盈利为20万元。假设借入资本年利率为5%,则企业需要支付2万元的利息。也就是说,盈利20万元的分配是:2万元归债权人,18万元归所有者。企业经过一定时期的生产经营活动后,拥有资产120万元,广义权益＝所有者权益(78万元)＋债权人权益(42万元)＝120(万元),资产＝权益,即资产＝负债＋所有者权益。

一个企业的资产与权益是从两个不同的角度观察和分析的结果,资产和权益是相互依存的,有一定数量的资产,就必然有与之对应数量的权益;反之,亦然。

(二) 经营成果等式

经营成果等式亦称动态会计等式,是用来反映企业一定时期收入、费用和利润之间有关数量关系的会计等式。一般把收入、费用和利润这三个会计要素称为动态要素,因为它们三者从动态的角度描述了企业在一定会计期间经营活动的成果。

费用是为了获取收入而发生的,它应当由收入来补偿。也就是说,一个期间发生的费用要从费用所带来的收入中扣除,收入扣除费用的结果如果不考虑直接计入当期利润的利得和损失则是营业利润。假设不考虑直接计入当期利润的利得和损失,营业利润等于营业收入减去营业费用,营业费用包括营业成本、期间费用和各种流转税及附加税费。用公式表示为:

$$营业利润＝营业收入－营业费用 \qquad (2-1)$$

式(2-1)计算了企业营业活动实现的营业利润。该公式说明了企业投入与产出、所耗与所得的比较成果。在日常生活中,也被简记为"收入－费用＝利润"。

如果考虑直接计入当期利润的利得和损失,则式(2-1)可转换为:

$$\begin{aligned}利润总额＝&营业利润＋利得－损失\\＝&(营业收入－营业费用)＋(利得－损失)\end{aligned} \qquad (2-2)$$

从理论上讲,利润总额应该属于所有者。根据式(2-2),如果结果为正数,即盈利,将增加所有者权益;反之,如果结果为负数,则是亏损,将减少所有者权益。结合会计恒等式,可以将上述会计要素之间的关系表述为:

$$\begin{aligned}资产＝&负债＋所有者权益＋利润\\＝&负债＋所有者权益＋(营业收入－营业费用)＋(利得－损失)\end{aligned} \qquad (2-3)$$

本书以后章节均不考虑非日常活动产生的利得和损失,即一般采用公式"营业利润＝营业收入－营业费用"为基础进行讲解。

收入、费用和利润之间的上述关系反映了利润的实现过程,是企业编制利润表的基础。

二、经济业务对会计等式的影响

经济业务又称会计事项,是指在经济活动中使会计要素发生增减变动的交易或者事项。

企业经济业务按对会计等式(这里主要指财务状况等式)的影响不同,可以分为9种基本类型。下面以一个具体的例子详细说明。

假设某公司年初共有房屋、机器、材料、产品、银行存款等各种财产计90万元,这些财产的构成和明细如表2-1所示。

表2-1 某公司资产和权益明细

单位:元

资产	金额	负债和所有者权益		金额
库存现金	1 000	负债	短期借款	30 000
银行存款	17 000		应付账款	120 000
应收账款	102 000		应交税费	20 000
原材料	80 000		应付债券	10 000
库存商品	50 000		长期借款	80 000
固定资产	650 000	所有者权益	实收资本	600 000
			盈余公积	40 000
总计	900 000	总计		900 000

1. 一项资产增加、另一项资产等额减少的经济业务

【例2-1】 从银行提取现金10 000元,以备发放职工薪酬。

该项经济业务发生后,作为资产的库存现金增加10 000元,作为资产的银行存款将减少10 000元,如表2-2所示。可以看出,会计等式两端的总额没有发生变化,平衡关系没有改变。

表2-2 资产和权益明细(1)

单位:元

资产	金额	负债和所有者权益	金额
库存现金	11 000	短期借款	30 000
银行存款	7 000	应付账款	120 000
应收账款	102 000	应交税费	20 000
原材料	80 000	应付债券	10 000
库存商品	50 000	长期借款	80 000
固定资产	650 000	实收资本	600 000
		盈余公积	40 000
总计	900 000	总计	900 000

2. 一项负债增加、另一项负债等额减少的经济业务

【例2-2】 从银行借入周转用款20 000元,用于偿还前欠先锋公司货款。

该项经济业务发生后,作为负债的短期借款增加20 000元,作为负债的应付账款将减少20 000元,如表2-3所示。可以看出,会计等式两端的总额没有发生变化,平衡关系没有改变。

表2-3 资产和权益明细(2)

单位:元

资产	金额	负债和所有者权益	金额
库存现金	11 000	短期借款	50 000
银行存款	7 000	应付账款	100 000
应收账款	102 000	应交税费	20 000
原材料	80 000	应付债券	10 000
库存商品	50 000	长期借款	80 000
固定资产	650 000	实收资本	600 000
		盈余公积	40 000
总计	900 000	总计	900 000

3. 一项所有者权益增加、另一项所有者权益等额减少的经济业务

【例2-3】 经公司股东大会批准,将公司盈余公积20 000元转增实收资本。

该项经济业务发生后,作为所有者权益的实收资本将增加20 000元,作为所有者权益的盈余公积减少20 000元,如表2-4所示。可以看出,会计等式两端的总额没有发生变化,平衡关系没有改变。

表2-4 资产和权益明细(3)

单位:元

资产	金额	负债和所有者权益	金额
库存现金	11 000	短期借款	50 000
银行存款	7 000	应付账款	100 000
应收账款	102 000	应交税费	20 000
原材料	80 000	应付债券	10 000
库存商品	50 000	长期借款	80 000
固定资产	650 000	实收资本	620 000
		盈余公积	20 000
总计	900 000	总计	900 000

4. 一项资产增加、一项负债等额增加的经济业务

【例2-4】 公司借入基本建设资金500 000元,款项已存入公司开户行。

该项经济业务发生后,作为资产的银行存款增加500 000元,作为负债的长期借款增加

500 000元,如表2-5所示。可以看出,会计等式两端的总额变为140万元,但左右两边的平衡关系没有改变。

表2-5 资产和权益明细(4)

单位:元

资　产	金　额	负债和所有者权益	金　额
库存现金	11 000	短期借款	50 000
银行存款	507 000	应付账款	100 000
应收账款	102 000	应交税费	20 000
原材料	80 000	应付债券	10 000
库存商品	50 000	长期借款	580 000
固定资产	650 000	实收资本	620 000
		盈利公积	20 000
总　计	1 400 000	总　计	1 400 000

5. 一项资产减少、一项负债等额减少的经济业务

【例2-5】 公司用银行存款交纳应交税费20 000元,已办妥有关手续。

该项经济业务发生后,作为资产的银行存款减少20 000元,作为负债的应交税费减少20 000元,如表2-6所示。可以看出,会计等式两端的总额变为138万元,但左右两边的平衡关系没有改变。

表2-6 资产和权益明细(5)

单位:元

资　产	金　额	负债和所有者权益	金　额
库存现金	11 000	短期借款	50 000
银行存款	487 000	应付账款	100 000
应收账款	102 000	应交税费	0(以下略)
原材料	80 000	应付债券	10 000
库存商品	50 000	长期借款	580 000
固定资产	650 000	实收资本	620 000
		盈余公积	20 000
总　计	1 380 000	总　计	1 380 000

6. 一项资产增加、一项所有者权益等额增加的经济业务

【例2-6】 公司接受股东以固定资产追加投资,固定资产按评估价值100 000元入账,已办妥有关手续。

该项经济业务发生后,作为资产的固定资产增加100 000元,作为所有者权益的实收资本增加100 000元,如表2-7所示。可以看出,会计等式两端的总额变为148万元,但左右两

边的平衡关系没有改变。

表 2-7 资产和权益明细(6)

单位:元

资产	金额	负债和所有者权益	金额
库存现金	11 000	短期借款	50 000
银行存款	487 000	应付账款	100 000
应收账款	102 000	应付债券	10 000
原材料	80 000	长期借款	580 000
库存商品	50 000	实收资本	720 000
固定资产	750 000	盈余公积	20 000
总　计	1 480 000	总　计	1 480 000

7. 一项资产减少、一项所有者权益等额减少的经济业务

【例 2-7】 公司股东之间因战略投资方向发生分歧,甲股东决定退出公司,经公司股东大会批准,公司以银行存款 400 000 元支付甲股东有关款项,同时办理工商行政登记,减少了公司注册资本 400 000 元,公司已办妥有关手续。

该项经济业务发生后,作为资产的银行存款减少 400 000 元,作为所有者权益的实收资本减少 400 000 元,如表 2-8 所示。可以看出,会计等式两端的总额变为 108 万元,但左右两边的平衡关系没有改变。

表 2-8 资产和权益明细(7)

单位:元

资产	金额	负债和所有者权益	金额
库存现金	11 000	短期借款	50 000
银行存款	87 000	应付账款	100 000
应收账款	102 000	应付债券	10 000
原材料	80 000	长期借款	580 000
库存商品	50 000	实收资本	320 000
固定资产	750 000	盈余公积	20 000
总　计	1 080 000	总　计	1 080 000

8. 一项负债增加、一项所有者权益等额减少的经济业务

【例 2-8】 经股东大会批准,公司将以盈余公积发放现金股利 20 000 元,现金股利尚未发放到股东账户(假设以盈余公积 20 000 元发放股利没有法律障碍)。

该项经济业务发生后,作为负债的应付股利增加 20 000 元,作为所有者权益的盈余公积减少 20 000 元,如表 2-9 所示。可以看出,会计等式两端的总额未发生变化,左右两边平衡关系没有改变。

表 2-9　资产和权益明细(8)

单位:元

资　产	金　额	负债和所有者权益	金　额
库存现金	11 000	短期借款	50 000
银行存款	87 000	应付账款	100 000
应收账款	102 000	应付股利	20 000
原材料	80 000	应付债券	10 000
库存商品	50 000	长期借款	580 000
固定资产	750 000	实收资本	320 000
		盈余公积	0
总　计	1 080 000	总　计	1 080 000

9. 一项负债减少、一项所有者权益等额增加的经济业务

【例 2-9】　公司按规定将应付债券 10 000 元转换为实收资本。

该项经济业务发生后,作为负债的应付债券减少 10 000 元,作为所有者权益的实收资本增加 10 000 元,如表 2-10 所示。可以看出,会计等式两端的总额未发生变化,左右两边平衡关系没有改变。

表 2-10　资产和权益明细(9)

单位:元

资　产	金　额	负债和所有者权益	金　额
库存现金	11 000	短期借款	50 000
银行存款	87 000	应付账款	100 000
应收账款	102 000	应付股利	20 000
原材料	80 000	应付债券	0
库存商品	50 000	长期借款	580 000
固定资产	750 000	实收资本	330 000
总　计	1 080 000	总　计	1 080 000

从以上实例可以看出,不管企业发生什么经济业务,引起会计要素的具体项目发生怎样的增减变动,都不会破坏"资产＝负债＋所有者权益"这一会计等式。

本章练习题

姓名_____
学号_____
分数_____

一、单项选择题

1. 下列各项中,不属于收入的是( )。
   A. 销售商品收入　　B. 劳务收入　　C. 代收款项　　D. 租赁收入
2. 企业在计量会计要素时,应该优先选择的是( )。
   A. 公允价值　　B. 历史成本　　C. 重置成本　　D. 现值
3. 某企业月初资产总额为300万元,本月发生下列经济业务:①赊购材料10万元;②用银行存款偿还短期借款20万元;③收到购货单位偿还的欠款15万元并存入银行。该企业月末资产总额为( )万元。
   A. 310　　B. 290　　C. 295　　D. 305
4. 企业5月月末负债总额为100万元,6月份收回应收账款5万元,收到购货单位预付的货款8万元,6月月末计算出应交产品销售税金0.5万元。该企业月末负债总额为( )万元。
   A. 108.5　　B. 103.5　　C. 113.5　　D. 106.5
5. 以下属于流动资产的是( )。
   A. 工程物资　　　　　　　　　　B. 油气资产
   C. 在建工程　　　　　　　　　　D. 交易性金融资产
6. 下列各项中,属于反映企业财务状况的会计要素是( )。
   A. 收入　　B. 所有者权益　　C. 费用　　D. 利润
7. 下列项目中,属于流动负债的是( )。
   A. 短期借款　　B. 预付账款　　C. 银行存款　　D. 应付债券
8. 下列各项中,属于流动资产的是( )。
   A. 机器设备　　B. 预收账款　　C. 财务费用　　D. 预付账款
9. 下列各项中,属于流动资产的是( )。
   A. 厂房　　B. 运输设备　　C. 专利权　　D. 库存现金
10. 下列项目中,不属于资产要素的是( )。
    A. 应收账款　　B. 预收账款　　C. 应收票据　　D. 专利权
11. 预付账款属于会计要素中的( )。
    A. 资产　　B. 负债　　C. 费用　　D. 所有者权益
12. 负债是指企业由于过去的交易或事项形成的( )。
    A. 过去义务　　B. 现时义务　　C. 将来义务　　D. 永久义务
13. 下列各项中,属于所有者权益项目的是( )。
    A. 长期股权投资　　B. 长期应付款　　C. 资本公积　　D. 固定资产

14. 下列各项中,属于制造业企业营业收入的是( )。
    A. 销售商品收入　　　　　　　　　　B. 销售材料收入
    C. 转让无形资产收入　　　　　　　　D. 包装物出租收入
15. 下列属于金融企业营业收入的是( )。
    A. 销售商品收入　　　　　　　　　　B. 销售材料收入
    C. 转让无形资产收入　　　　　　　　D. 利息收入
16. 下列属于长期负债的是( )。
    A. 应付账款　　　B. 预付账款　　　C. 应付债券　　　D. 应付股利
17. 下列属于收入的是( )。
    A. 销售商品收入　　B. 劳务收入　　C. 租金收入　　　D. 代收款项
18. 下列不属于企业流动资产的是( )。
    A. 交易性金融资产　B. 原材料　　　C. 低值易耗品　　D. 建筑物
19. 下列不属于企业固定资产的是( )。
    A. 房屋　　　　　　B. 机器　　　　C. 设备　　　　　D. 土地使用权
20. 下列不属于会计学上所谓的无形资产的是( )。
    A. 专利权　　　　　B. 非专利技术　C. 商誉　　　　　D. 商标权
21. 下列项目中,属于流动负债的是( )。
    A. 交易性金融负债　B. 土地使用权　C. 资本公积　　　D. 销售费用
22. 在下列项目中,不属于期间费用的是( )。
    A. 财务费用　　　　B. 制造费用　　C. 管理费用　　　D. 销售费用
23. 下列项目中,不属于企业非流动资产的是( )。
    A. 持有至到期投资　　　　　　　　　B. 可供出售金融资产
    C. 交易性金融资产　　　　　　　　　D. 长期应收款
24. 下列各项中,属于流动负债的是( )。
    A. 应付债券　　　　B. 预付账款　　C. 应付账款　　　D. 预收账款
25. 下列经济活动中,会引起资产和负债同时减少的是( )。
    A. 以银行存款偿还前欠货款　　　　　B. 以现金支付办公费用
    C. 购买材料但货款尚未支付　　　　　D. 收回应收账款
26. 某大型企业资产总额为 500 万元,负债为 100 万元,以银行存款 50 万元偿还借款,并以银行存款 50 万元购买固定资产后,该企业的资产总额为( )万元。
    A. 400　　　　　　B. 300　　　　　C. 450　　　　　D. 200
27. 某企业向银行借款 200 万元用于偿还前欠外单位货款,该项经济业务将引起企业( )。
    A. 资产增加　　　　　　　　　　　　B. 负债增加
    C. 资产与负债同时增加　　　　　　　D. 负债总额不变
28. 企业用银行存款购买固定资产,表现为( )。
    A. 一项资产增加,另一项资产减少　　B. 一项资产增加,一项负债增加
    C. 一项资产减少,一项负债增加　　　D. 一项资产减少,一项负债减少
29. 企业以银行存款偿还债务,表现为( )。
    A. 一项资产增加,另一项资产减少　　B. 一项负债增加,另一项负债减少

C. 一项资产减少,一项负债增加　　　D. 一项资产减少,一项负债减少

30. 最基本的会计等式是( )。
    A. 资产＋负债＝所有者权益　　　B. 资产＝负债＋所有者权益
    C. 收入－费用＝利润　　　　　　D. 收入－成本＝利润

二、多项选择题

1. 所有者权益与负债有着本质的不同,表现在( )。
   A. 两者的性质不同　　　　　　　B. 两者的偿还期不同
   C. 两者享受的权利不同　　　　　D. 两者风险程度不同
   E. 两者对企业资产享有要求权的顺序不同

2. 下列会计要素中,能够反映企业财务状况的会计要素(静态要素)有( )。
   A. 资产　　　B. 负债　　　C. 所有者权益　　　D. 收入
   E. 费用

3. 下列各项中,属于期间费用的有( )。
   A. 制造费用　　　B. 销售费用　　　C. 管理费用　　　D. 财务费用
   E. 所得税费用

4. 资产具有的特征包括( )。
   A. 资产是过去的交易或事项形成的
   B. 资产是投资者投入或向债权人借入的
   C. 资产是企业拥有或控制的
   D. 资产预期能给企业带来经济利益
   E. 资产能以货币计量

5. 利润包括的内容主要有( )。
   A. 营业利润　　　B. 利润总额　　　C. 净利润　　　D. 代收款
   E. 制造费用

6. 下列属于流动负债的有( )。
   A. 应付债券　　　B. 预付账款　　　C. 应付账款　　　D. 预收账款
   E. 应收账款

7. 下列属于流动资产的有( )。
   A. 库存现金　　　B. 预付账款　　　C. 预收账款　　　D. 应付账款
   E. 无形资产

8. 企业取得收入时可能会使( )。
   A. 资产增加　　　B. 负债减少　　　C. 资产减少　　　D. 负债增加
   E. 费用增加

9. 下列属于企业流动资产的有( )。
   A. 银行存款　　　B. 交易性金融资产　　　C. 包装物　　　D. 低值易耗品
   E. 固定资产

10. 下列属于企业固定资产的有( )。
    A. 房屋　　　B. 建筑物　　　C. 机器　　　D. 运输工具

11. 下列属于会计学意义上的无形资产的有( )。

A. 非专利技术　　　　B. 著作权　　　　C. 土地使用权　　　　D. 商誉
12. 下列属于企业债务的有（　　）。
   A. 银行借款　　　　B. 应付账款　　　　C. 预收款项　　　　D. 应交税费
13. 企业的生产成本是由（　　）构成的。
   A. 直接材料　　　　B. 直接人工　　　　C. 财务费用　　　　D. 制造费用
14. 下列经济业务中，会引起资产和负债同时增加的有（　　）。
   A. 赊购材料　　　　　　　　　　　B. 从银行提取现金
   C. 以银行存款购入材料　　　　　　D. 向银行借款并将款项存入银行
15. 经济业务的发生，一方面引起资产增加，另一方面还可能引起（　　）。
   A. 负债增加　　　　　　　　　　　B. 负债减少
   C. 所有者权益增加　　　　　　　　D. 所有者权益减少
16. 下列经济业务中，不会使资产和权益同时增加的有（　　）。
   A. 以现金发放工资
   B. 生产产品领用材料
   C. 以资本公积转增资本
   D. 收到购货单位预付的款项并存入银行
17. 下列经济业务中，会引起等式左右两边同时发生增减变动的有（　　）。
   A. 收到应收销货款存入银行　　　　B. 购进材料尚未付款
   C. 用存款偿还长期借款　　　　　　D. 接受投资人追加投资
18. 下列经济业务中，不会引起会计等式左右两边同时发生增减变动的有（　　）。
   A. 收到应收的货款存入银行
   B. 从银行提取现金以备发放工资
   C. 购进材料但尚未付款
   D. 从银行取得借款，直接偿付企业所欠货款
19. 下列经济业务中，使资产与权益同时减少的有（　　）。
   A. 以银行存款支付应付股利　　　　B. 以银行存款预付购货款
   C. 以银行存款偿付应付货款　　　　D. 取得短期借款并存入银行
20. 下列经济业务中，不会使资产和权益同时增加的有（　　）。
   A. 销售人员小王借差旅费　　　　　B. 生产产品完工入库
   C. 以盈余公积弥补亏损　　　　　　D. 借入流动资金借款存入银行
21. 以下会计等式中，正确的有（　　）。
   A. 资产＝权益
   B. 资产＝负债＋所有者权益
   C. 收入－费用＝利润
   D. 资产＋费用＝负债＋所有者权益＋收入
   E. 资产＋负债－费用＝所有者权益＋收入
22. 以下会引起会计等式左右两边会计要素金额变动的经济业务有（　　）。
   A. 收到某单位前欠货款并存入银行　　B. 以银行存款偿还1年期借款
   C. 收到某单位投入的设备一台　　　　D. 以银行存款偿还前欠购料款

E. 将现金存入银行
23. 以下经济业务中,只引起会计等式左边会计要素金额变动的有( )。
    A. 采购材料未付款　　　　　　　B. 从银行提取现金
    C. 将资本公积转增资本　　　　　D. 职工周讯借医药费,以现金支付
    E. 购买汽车并用银行存款支付价款
24. 下列经济业务中,不会引起会计等式左右两边同时发生增减变动的有( )。
    A. 将收到应收的货款存入银行
    B. 从银行提取现金以备发放工资
    C. 购进材料但尚未付款
    D. 从银行取得借款,直接偿付应付工资款
25. 一项资产的增加,可能引起( )。
    A. 另一项资产的减少　　　　　　B. 一项负债的增加
    C. 一项所有者权益的增加　　　　D. 一项负债的减少

三、判断题

1. "收入－费用＝利润"这一会计等式,是复式记账的理论基础,也是编制资产负债表的依据。( )
2. 资产、负债和所有者权益的平衡关系反映企业资金运动的静态要素,如考虑收入和费用等动态要素,则资产与权益总额的平衡关系必然被破坏。( )
3. 不管企业发生何种经济业务,会计等式左右两边金额永远不变,永远相等。( )
4. 企业接受投资者投入实物,能引起资产和所有者权益同时增加。( )
5. 所有经济业务的发生,都会引起会计等式两边同时发生变化。( )
6. 商誉无法单独辨认,所以它不属于会计学上无形资产的范畴。( )
7. 企业生产成本与生产费用是没有任何关系的两个概念。( )
8. 某些经济业务会引起资产增加与所有者权益增加的变化。( )
9. 交易性金融资产是企业的流动资产。( )
10. 负债与过去和将来的经济业务都有关,负债是一种将来需用资产偿还的经济责任。( )
11. 权益表明谁对经济资源拥有要求权,而所有者权益则表明一种产权关系,即企业归谁所有。( )
12. 负债也叫债权人权益,债权人对企业资产拥有优先求偿权,所有者权益是一种剩余权益。( )
13. 收入是指企业在日常活动中形成的、会导致所有者权益增加的、与所有者投入资本无关的经济利益的总流入。( )
14. 资产是一种经济资源,具体表现为只有各种实物形态的财产。( )
15. 若某项资产不能为企业带来经济利益,即使是由企业拥有或控制的,也不能作为企业的资产在资产负债表中列示。( )
16. 所有者权益是指企业投资者对企业全部资产的要求权。( )
17. 收入是实现利润的前提,没有收入就没有利润;取得收入,意味着企业利润表中的利润为正。( )

18. 资产、负债和所有者权益是反映企业资金运动静态的三大会计要素。（ ）
19. 在公允价值计量下，资产和负债按照在公平交易中，熟悉情况的交易双方自愿进行资产交换或者债务清偿的金额计量。（ ）
20. 对于在资产负债表日起1年内到期的负债，企业有意图且有能力自主地将清偿义务展期至资产负债表日后1年以上的，应当归类为非流动负债。（ ）
21. 直接计入所有者权益的利得和损失，是指不应计入当期损益、会导致所有者权益发生增减变动的、与所有者投入资本或者向所有者分配利润无关的利得或者损失。（ ）
22. 利得是指由企业非日常活动所形成的、会导致所有者权益增加的、与所有者投入资本无关的经济利益的流入。（ ）
23. 损失是指由企业非日常活动所形成的、会导致所有者权益减少的、与向所有者分配利润无关的经济利益的流出。（ ）
24. 销售商品收入属于工商企业的收入，利息收入属于金融企业的收入。（ ）
25. 公允价值是指市场参与者在计量日发生的有序交易中，出售一项资产所能收到或者转移一项负债所需支付的价格。（ ）

四、实务题

判断以下内容属于哪种具体会计要素的内容，并在相应的会计要素下画"√"（见表2-11）。

表2-11 会计要素判断表

资料内容	资产	负债	所有者权益
1. 生产用机器设备			
2. 存放产品的仓库			
3. 预付的材料款			
4. 职工欠企业的借款			
5. 厂房			
6. 应付给供应单位的材料款			
7. 库存的原料			
8. 采购员暂借的差旅费			
9. 单位的小轿车			
10. 向银行所贷5年期借款			
11. 存放在仓库中的柴油			
12. 生产车间里的未完工产品			
13. 国家投入的资本			
14. 购货单位未付的产品货款			
15. 财务部门保险柜中的现金			
16. 尚未分配的利润			
17. 应交未交的税金			
18. 管理用电脑			
19. 企业的银行存款			
20. 企业发行的5年期债券			

第三章
会计科目与账户

第一节 会 计 科 目

一、会计科目的概念与分类

（一）会计科目的概念

将会计要素分为资产、负债、所有者权益、收入、费用和利润六大类,难以满足会计信息使用者对会计信息的需要。例如,债权人关心其债务能否按时收回并获得利息,需要关注企业资产的构成情况。短期债权人关注企业的短期偿债能力,会关注企业的库存现金、银行存款等;而长期债权人关注企业的长期偿债能力,会关注企业的资产规模及构成、企业资产的收益能力等信息。换言之,必须对会计要素作进一步分类。

会计科目简称科目,是对会计要素的具体内容进行分类核算的项目,也是按管理要求归类后的经济业务的名称。每一会计科目都有它的经济意义和经济内容。例如,为了反映和监督企业各项资产的增减变动,需要设置"库存现金""银行存款""原材料""固定资产""无形资产"等会计科目。又如,为了反映和监督所有者权益变动情况,需要设置"实收资本（股本）""资本公积""盈余公积"和"未分配利润"等会计科目。

（二）会计科目的分类

企业的资金运动需要有一个完整的会计科目体系来全面反映。会计科目之间既有严格的区别,又有紧密的联系。会计科目按不同的标准有不同的分类。

1. 按反映的经济内容分类

会计科目按其所反映的经济内容不同,可分为资产类科目、负债类科目、共同类科目、所有者权益类科目、成本类科目和损益类科目。

（1）资产类科目是对资产要素的具体内容进行分类核算的项目,按资产的流动性分为反映流动资产的科目和反映非流动资产的科目。核算流动资产的会计科目属于流动资产类科目,如"库存现金""交易性金融资产""银行存款""应收账款""应收票据"等科目;核算非流动资产的会计科目属于非流动资产类科目,如"固定资产""无形资产""投资性房地产""持有至到期投资"等科目。

（2）负债类科目是对负债要素的具体内容进行分类核算的项目，按负债的偿还期限分为反映流动负债的科目和反映非流动负债的科目。核算流动负债的会计科目属于流动负债类科目，如"短期借款""交易性金融负债""应付票据""应付账款""预收账款""应付职工薪酬""应交税费""应付利息""应付股利"等科目。核算非流动负债的会计科目属于非流动负债类科目，如"长期借款""应付债券""其他长期应付款"等科目。

（3）共同类科目是既有资产性质又有负债性质的科目，主要有"清算资金往来""货币兑换""外汇买卖""衍生工具""套期工具""被套期项目"等科目。

（4）所有者权益类科目是对所有者权益要素的具体内容进行分类核算的项目，按所有者权益的形成和性质可分为反映资本的科目和反映留存收益的科目。反映资本的科目有"实收资本"（或者股本）"资本公积"等，反映留存收益的会计科目有"本年利润""利润分配""盈余公积"等。

（5）成本类科目是对可归属于产品生产成本、劳务成本等的具体内容进行分类核算的项目，按成本的内容和性质的不同可分为反映制造成本的科目和反映劳务成本的科目。反映制造成本的会计科目有"生产成本""制造费用"，反映劳务成本的会计科目有"劳务成本"等。

（6）损益类科目是对收入、费用等的具体内容进行分类核算的项目。按损益的不同内容可以分为反映收入的科目和反映费用的科目。反映收入的会计科目有"主营业务收入""其他业务收入"等，反映费用的会计科目有"主营业务成本""其他业务成本""销售费用""财务费用""管理费用""资产减值损失""所得税费用"等。

2. 按提供信息的详细程度及其统驭关系分类

会计科目按其所提供信息的详细程度及其统驭关系，分为总分类科目和明细分类科目。

（1）总分类科目又称总账科目或一级科目，是对会计要素的具体内容进行总括分类，提供总括信息的会计科目。总分类科目概括反映各种经济业务的情况，是进行总分类核算的依据。例如，"原材料""固定资产""应付账款"等都是总分类科目。本书重点介绍总分类科目。

（2）明细分类科目又称明细科目，是对总分类科目作进一步分类，提供更详细、更具体的会计信息的科目。如果某一总分类科目所属的明细分类科目较多，可在总分类科目下设置二级明细科目，在二级明细科目下设置三级或多级明细科目。例如，在"原材料"总分类科目下，可以按照原材料的类别设置"原料及主要材料""辅助材料""燃料""低值易耗品"等明细分类科目。明细分类科目可以再作进一步的分类，如"原材料"在上述分类基础上，还可以按材料的品种、规格设置更细的明细科目。

总分类科目和明细分类科目的关系是，总分类科目对其所属的明细分类科目具有统驭和控制的作用，而明细分类科目是对其所归属的总分类科目的补充和说明。

3. 按照与财务报表的关系分类

会计科目按照与财务报表的关系分为表内科目和表外科目。表内科目是指用来核算会计主体的资产、负债、所有者权益、收入、费用和利润等，直接构成资产负债表、利润表等财务报表项目的会计科目，如"库存现金""银行存款""固定资产""无形资产"等会计科目。表外科目一般是用来核算不属于本会计主体会计要素的会计科目，如"代管商品物资"会计科目就是表外科目。本书未特别说明的会计科目，均是指表内科目。

二、会计科目的设置

(一) 会计科目设置的原则

各单位由于规模大小、经济业务活动的具体内容与业务繁简程度等情况不尽相同,在具体设置会计科目时,应考虑其自身特点和具体情况,但设置会计科目时都应遵循以下原则。

(1) 合法性原则是指所设置的会计科目应当符合国家统一的会计制度的规定。企业在设置会计科目时,要根据国家有关规定进行选择,符合合法性要求,如总分类账的会计科目的名称、编号、核算内容、账务处理程序等应符合国家的统一规定,不得擅自改变,以保证提供的会计信息口径一致。

(2) 相关性原则是指所设置的会计科目应为有关各方提供所需要的会计信息服务,满足对外报告与对内管理的要求。会计信息使用者包括投资者、债权人、企业管理者、政府及其相关部门和社会公众等。会计信息使用者需要的信息包括企业盈利能力、资产运营水平、偿债能力和可持续发展能力等信息,这些信息主要是由通用财务会计报告和内部财务会计报告等载体提供的。会计信息系统提供的会计信息应尽量满足会计信息使用者的需要,符合相关性原则。

(3) 实用性原则是指所设置的会计科目应符合单位自身特点,满足单位实际需要。会计主体在能够提供统一会计信息的前提下,应根据本单位自己的具体情况,结合会计信息使用者的要求,删减或者增补会计科目。一般而言,金融企业与工商企业所使用的会计科目就有很大的差异,如"清算资金往来""货币兑换"等会计科目一般是金融企业使用的会计科目,而"应收分包账款""应付分包账款"等会计科目一般是保险企业使用的会计科目。

(二) 常用会计科目

我国现行会计准则体系下,常用会计科目表包含了几乎所有类型企业的会计科目。企业常用的会计科目按反映的经济内容的具体分类如表3-1所示。

表3-1 常用会计科目表

编号	名 称	编号	名 称
	一、资产类	1401	材料采购
1001	库存现金	1402	在途物资
1002	银行存款	1403	原材料
1012	其他货币资金	1404	材料成本差异
1101	交易性金融资产	1405	库存商品
1121	应收票据	1406	发出商品
1122	应收账款	1407	商品进销差价
1123	预付账款	1408	委托加工物资
1131	应收股利	1471	存货跌价准备
1132	应收利息	1481	持有待售资产
1221	其他应收款	1482	持有待售资产减值准备
1231	坏账准备	1511	长期股权投资

(续表)

编号	名　称	编号	名　称
1512	长期股权投资减值准备	3002	货币兑换
1521	投资性房地产	3101	衍生工具
1531	长期应收款	3201	套期工具
1601	固定资产	3202	被套期项目
1602	累计折旧		四、所有者权益类
1603	固定资产减值准备	4001	实收资本
1604	在建工程	4002	资本公积
1605	工程物资	4101	盈余公积
1606	固定资产清理	4102	其他综合收益
1701	无形资产	4103	本年利润
1702	累计摊销	4104	利润分配
1703	无形资产减值准备		五、成本类
1711	商誉	5001	生产成本
1801	长期待摊费用	5101	制造费用
1811	递延所得税资产	5201	劳务成本
1901	待处理财产损溢	5301	研发支出
	二、负债类		六、损益类
2001	短期借款	6001	主营业务收入
2201	应付票据	6051	其他业务收入
2202	应付账款	6101	公允价值变动损益
2203	预收账款	6111	投资收益
2211	应付职工薪酬	6115	资产处置损益
2221	应交税费	6117	其他收益
2231	应付利息	6301	营业外收入
2232	应付股利	6401	主营业务成本
2241	其他应付款	6402	其他业务成本
2245	持有待售负债	6403	税金及附加
2501	长期借款	6601	销售费用
2501	应付债券	6602	管理费用
2701	长期应付款	6603	财务费用
2711	专项应付款	6701	资产减值损失
2801	预计负债	6711	营业外支出
2901	递延所得税负债	6801	所得税费用
	三、共同类	6901	以前年度损益调整
3001	清算资金往来		

(三) 会计科目编号

会计科目编号就是用来确定会计科目的号码。对会计科目进行编号是为了确定会计科目类别和位置,便于查阅和书写,并满足信息化条件下会计管理信息化的需要。我国会计准则体系中,对会计科目实行的是四位数字编码法。其中,编码首位的"1"代表资产类,"2"代表负债类,"3"代表共同类,"4"代表所有者权益类,"5"代表成本类,"6"代表损益类。

第二节 账 户

一、账户的概念与分类

(一) 账户的概念

设置会计科目只是预先规定了对会计对象具体内容进行分类核算的项目,为了完整、连续、系统地记录由于经济业务的发生而引起的会计要素的增减变动,提供各种会计信息,还必须根据规定的会计科目在账簿中开设账户。

账户是根据会计科目设置的,具有一定格式和结构,用于分类反映会计要素增减变动情况及其结果的载体。设置账户是会计核算的重要方法。

(二) 账户的分类

同会计科目的分类相对应,账户可根据其核算的经济内容、提供信息的详细程度及其统驭关系进行分类。

(1) 根据核算的经济内容,账户分为资产类账户、负债类账户、共同类账户、所有者权益类账户、成本类账户和损益类账户六类。

其中,有些资产类账户、负债类账户和所有者权益类账户存在备抵账户。备抵账户又称抵减账户,是指用来抵减被调整账户余额,以确定被调整账户实有数额而设置的独立账户。表3-1中科目对应的账户里,备抵账户主要包括"坏账准备""存货跌价准备""累计折旧""固定资产减值准备""无形资产减值准备"等。

(2) 根据提供信息的详细程度及其统驭关系,账户分为总分类账户和明细分类账户。总分类账户是指根据总分类科目设置的、用于对会计要素具体内容进行总括分类核算的账户,简称总账账户或总账。明细分类账户是根据明细分类科目设置的、用来对会计要素具体内容进行明细分类核算的账户,简称明细账。总账账户称为一级账户,总账以下的账户称为明细账户。

总分类账户和所属明细分类账户核算的内容相同,只是反映内容的详细程度有所不同,两者相互补充,相互制约,从而可以相互核对。总分类账户统驭和控制所属明细分类账户,明细分类账户从属于总分类账户,是对总分类账户的补充和详细说明,是反映某一个总分类账户详细情况的账户。把总分类账户和明细分类账户结合起来,就能既总括又详细地反映某一方面的情况,这对于加强经济管理具有重要意义。例如,"原材料"是一个总分类账户,它能够反映全部材料的增减变动和结存情况,这些数据对于分析材料储备资金的占用和周转情况是必要的,但从材料管理角度看,仅靠这些数据是不够的。因此,还必须在"原材料"账户下按材料品种设置明细分类账户,反映每种材料的增减变动和结存情况。

由于总分类账户只反映总括情况,因此它只能用货币进行金额核算;明细分类账户反映每种材料的增减变动和结存情况,因此除了进行金额核算外,还应用实物度量进行数量核算。

在总分类账户和明细分类账户之间,还可以根据实际需要开设二级账户。例如,在"原材料"总分类账户下,可以按材料类别如"主要材料""辅助材料"等开设二级账户,在二级账户下可按材料品种开设明细分类账户。总分类账户是所属明细分类账户的统驭账户,明细分类账户是总分类账户的从属账户,二级账户是介于总分类账户和明细分类账户之间的账户。账户按提供信息详细程度的分类如表3-2所示。

表3-2 账户按提供信息详细程度的分类

总分类账户(一级账户)	明细分类账户	
	二级账户(子账户)	明细账户(细账户)
生产成本	××车间	××产品
应交税费	应交增值税	进项税额
		销项税额
主营业务收入	家电类	彩电

二、账户的功能与结构

(一)账户的功能

账户的功能在于连续、系统、完整地提供企业经济活动中各会计要素增减变动及其结果的具体信息。其中,会计要素在特定会计期间增加和减少的金额,分别称为账户的"本期增加发生额"和"本期减少发生额",两者统称为账户的"本期发生额";会计期末会计要素的增减变动结果,称为账户的"余额",具体表现为期初余额和期末余额,账户上期的期末余额转入本期,即为本期的期初余额;账户本期的期末余额转入下期,即为下期的期初余额。账户的期初余额、期末余额、本期增加发生额和本期减少发生额统称为账户的四个金额要素。对于同一账户而言,它们之间的基本关系如下:

$$期末余额=期初余额+本期增加发生额-本期减少发生额$$

(二)账户的结构

为了正确记录和反映各项经济业务引起的资产、负债、所有者权益、收入、费用和利润的增减变动及其结果,账户不但要有明确的核算内容,而且要有一定的结构。账户的结构是指账户的组成部分及其相互关系。从账户名称、记录增加额和减少额的左右两方来看,账户结构在整体上类似于汉字"丁"和大写的英文字母"T"。因此,账户的基本结构在实务中被形象地称为"丁"字账户或者T形账户。简化的T形账户的基本结构如图3-1所示。

由于经济业务的发生所引起的各项会计要素的变动,从数量上看存在增加和减少两种

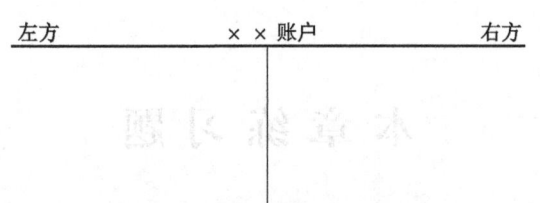

图 3-1 账户的基本结构

情况,因此,账户基本结构也分为左右两个基本部分:一方登记增加额;另一方登记减少额。至于哪一方登记增加额、哪一方登记减少额,取决于所记录的经济业务和账户的性质。如何登记账户的具体内容将在第四章"会计记账方法"中作详细介绍。账户中登记的本期增加的金额,称为本期增加发生额;登记的本期减少的金额,称为本期减少发生额。

如图 3-2 所示,账户通常包含以下内容:①账户名称,即会计科目;②日期(年、月、日),即登记账户所依据的记账凭证中注明的日期;③凭证种类和编号,即登记账户所依据的记账凭证种类和编号;④摘要,即经济业务的简要说明;⑤金额,即增加额、减少额和余额。

账户名称(会计科目)

年		凭 证		摘 要	金 额		
月	日	种类	编号		增加金额	减少金额	余额

图 3-2 账户的一般格式

三、会计科目与账户的关系

从理论上讲,会计科目与账户是两个不同的概念,两者既有联系,又有区别。会计科目与账户都是对会计对象具体内容的分类,两者核算内容一致,性质相同。会计科目是账户的名称,也是设置账户的依据。没有会计科目,账户便失去了设置的依据;没有账户,就无法发挥会计科目的作用。

两者的区别是:账户是会计科目的具体运用,具有一定的结构和格式,并通过其结构反映某项经济内容的增减变动及其余额。会计科目仅仅是账户的名称,不存在结构;在实际工作中,对会计科目和账户不加严格区分,两者可以相互通用。

本章练习题

姓名_____
学号_____
分数_____

一、单项选择题

1. (　　)是对会计对象进行的基本分类,是会计核算对象的具体化。
   A. 会计要素　　　　B. 会计科目　　　　C. 会计账户　　　　D. 会计对象

2. 会计科目是(　　)。
   A. 账户的名称　　　　　　　　　　　B. 财务报表名称
   C. 会计等式　　　　　　　　　　　　D. 经济业务名称

3. 会计科目与账户的本质区别在于(　　)。
   A. 会计账户有结构,而会计科目无结构
   B. 反映的经济内容不同
   C. 记录资产和权益的方法不同
   D. 记录资产和权益的内容不同

4. 下列各项中,不属于会计科目设置原则的是(　　)。
   A. 相关性　　　　B. 实用性　　　　C. 原则性　　　　D. 合法性

5. 下列各项中,属于流动资产类会计科目的是(　　)。
   A. "机器设备"　　B. "预收账款"　　C. "预提费用"　　D. "预付账款"

6. 下列会计科目中,属于损益类会计科目的是(　　)。
   A. "生产成本"　　B. "应收账款"　　C. "应付职工薪酬"　　D. "营业收入"

7. 下列会计科目中,属于会计成本类会计科目的是(　　)。
   A. "财务费用"　　B. "生产成本"　　C. "原材料"　　D. "库存现金"

8. 下列项目中,属于流动负债类会计科目的是(　　)。
   A. "短期借款"　　B. "预付账款"　　C. "银行存款"　　D. "应付债券"

9. 下列会计科目中,属于所有者权益类会计科目的是(　　)。
   A. "应付职工薪酬"　　　　　　　　B. "固定资产"
   C. "应付利润"　　　　　　　　　　D. "利润分配"

10. 下列会计科目中,属于资产类会计科目的是(　　)。
    A. "应收账款"　　B. "预收账款"　　C. "资本公积"　　D. "盈余公积"

11. 下列项目中,属于会计账户的金额要素的是(　　)。
    A. 本期借方发生额　　　　　　　　B. 本期贷方发生额
    C. 本期增加发生额　　　　　　　　D. 借方余额

12. 会计科目必须全面反映(　　)的内容。
    A. 会计本质　　　B. 会计职能　　　C. 会计对象　　　D. 会计概念

13. 总分类账户是指根据(　　)设置的,用于对会计要素具体内容进行总括分类核算的账户。
   A. 明细分类科目   B. 会计对象   C. 会计科目   D. 总分类科目
14. 按照反映经济信息的( )程度不同,将会计科目分为总分类科目和明细分类科目。
   A. 内容   B. 用途   C. 详细   D. 结构
15. 会计科目是对( )的具体内容进行分类核算的项目。
   A. 经济业务   B. 会计要素   C. 会计对象   D. 会计主体
16. 下列会计科目中,属于负债类会计科目的是( )。
   A. "应收账款"   B. "销售费用"   C. "预收账款"   D. "盈余公积"
17. 企业账户的本期增加发生额是指( )。
   A. 本期某一增加的数额
   B. 本期增加金额合计减本期减少金额合计
   C. 本期期初余额加本期增加金额合计
   D. 本期增加金额合计
18. 下列会计科目中,属于负债类会计科目的是( )。
   A. "银行存款"   B. "管理费用"   C. "应付账款"   D. "资本公积"
19. 下列会计科目中,属于损益类会计科目的是( )。
   A. "生产成本"   B. "主营业务收入"   C. "应收账款"   D. "应付利润"
20. 在下列项目中,属于会计账户的金额要素的是( )。
   A. 本期借方发生额   B. 本期贷方发生额
   C. 本期减少发生额   D. 贷方余额
21. 明细分类账户是根据( )设置的,用来对会计要素具体内容进行明细分类核算的账户。
   A. 会计主体   B. 会计科目
   C. 总分类科目   D. 明细分类科目
22. 下列项目中,与"管理费用"属于同一类会计科目的是( )。
   A. "固定资产"   B. "利润分配"
   C. "应付账款"   D. "公允价值变动损益"
23. 下列各项中,不属于会计计量属性的是( )。
   A. 历史成本   B. 可变现净值   C. 沉没成本   D. 重置成本
24. 以下会计科目中,属于"共同类"会计科目的是( )。
   A. "交易性金融资产"   B. "交易性金融负债"
   C. "清算资金往来"   D. "资本公积"
25. 短期借款应按( )设置明细账。
   A. 借款的性质   B. 借款的数额   C. 债权人   D. 借款日期
26. 以下属于所有者权益类的会计科目是( )。
   A. "预计负债"   B. "货币兑换"
   C. "盈余公积"   D. "所得税费用"
27. 下列账户中,年末结算应无余额的是( )。
   A. "应交税费"   B. "生产成本"

C. "盈余公积"   D. "所得税费用"
28. 下列项目中,与"管理费用"属于同一类会计科目的是( )。
    A. "在建工程"   B. "盈余公积"   C. "预定账款"   D. "投资收益"
29. 生产车间发生的制造费用分配后,一般应转入( )账户。
    A. "库存商品"   B. "本年利润"
    C. "生产成本"   D. "主营业务成本"
30. 下列各项中,和"待处理财产损溢"会计科目是同一类别的会计科目的是( )。
    A. "坏账准备"   B. "应付股利"
    C. "资本公积"   D. "以前年度损益调整"

二、多项选择题

1. 我国会计准则体系下,会计科目分类包括( )。
    A. 资产类   B. 负债类   C. 所有者权益类   D. 共同类
    E. 成本类
2. 下列说法中,正确的有( )。
    A. 设置会计科目是会计核算的基本方法
    B. 会计科目的名称也就是账户的名称
    C. 账户是分类核算经济业务的工具
    D. 会计科目和账户所反映的经济内容是相同的
3. 会计科目在会计核算中的重大意义有( )。
    A. 是复式记账的基础
    B. 是编制记账凭证的基础
    C. 是成本计算和财产清查的前提条件
    D. 为编制财务报表提供了方便
4. 下列会计科目中,属于资产类的有( )。
    A. "应收账款"   B. "应付账款"   C. "预收账款"   D. "预付账款"
    E. "持有至到期投资"
5. 下列会计科目中,属于所有者权益类的有( )。
    A. "资本公积"   B. "盈余公积"   C. "应付股利"   D. "实收资本"
    E. "库存股"
6. 下列会计科目中,属于损益类的有( )。
    A. "财务费用"   B. "管理费用"   C. "制造费用"   D. "抵债资产"
    E. "投资收益"
7. 会计账户中各项金额的关系可用( )表示。
    A. 期末余额＝期初余额＋本期增加发生额－本期减少发生额
    B. 期末余额－期初余额＝本期增加发生额－本期减少发生额
    C. 期末余额＋本期减少发生额＝期初余额＋本期增加发生额
    D. 期末余额－期初余额－本期增加发生额＝本期减少发生额
8. 下列会计科目中,属于负债类的有( )。
    A. "短期借款"   B. "预付账款"   C. "应付账款"   D. "应交税费"

E. "预计负债"

9. 下列属于非流动资产的有（　　）。
   A. 长期应收款　　　B. 工程物资　　　C. 在建工程　　　D. 无形资产
10. 以下属于"共同类"会计科目的有（　　）。
    A. "清算资金往来"　B. "货币兑换"　　C. "外汇买卖"　　D. "衍生工具"
11. 账户的基本内容一般应包括（　　）。
    A. 账户名称　　　　B. 凭证号数　　　C. 日期和摘要　　D. 增加金额
    E. 减少金额
12. 会计科目与会计账户的相同点有（　　）。
    A. 结构相同　　　　　　　　　　　　B. 名称相同
    C. 作用相同　　　　　　　　　　　　D. 反映经济内容相同
    E. 同属会计核算方法
13. 账户所记录的金额,可以分为（　　）。
    A. 期初余额　　　　　　　　　　　　B. 本期增加额
    C. 本期减少额　　　　　　　　　　　D. 期末余额
14. 设置会计科目应考虑的原则包括（　　）。
    A. 全面地反映会计主体、会计对象的内容和特点
    B. 满足会计信息使用者的需要
    C. 统一性和灵活性相结合
    D. 保持相对的稳定性
    E. 会计科目的确定要简明扼要,通俗易懂
15. 会计科目按其所提供信息的详细程度及其统驭关系不同,可分为（　　）科目。
    A. 明细分类　　　　B. 资产类　　　　C. 总分类　　　　D. 损益类
    E. 成本类
16. 关于总分类会计科目与明细分类会计科目,下列表述中,正确的有（　　）。
    A. 总分类科目对明细分类科目具有控制作用
    B. 明细分类科目是对总分类科目的补充和说明
    C. 明细分类科目详细地反映会计对象的具体内容
    D. 总分类科目和明细分类科目没有任何关系
    E. 总分类科目概括地反映会计对象的具体内容
17. 下列会计科目中,属于资产类的有（　　）。
    A. "固定资产"　　B. "应付股利"　　C. "预收账款"　　D. "预付账款"
    E. "可供出售金融资产"
18. 下列各项中,属于所有者权益主要来源的有（　　）。
    A. 资本溢价
    B. 直接计入所有者权益的利得和损失
    C. 留存收益
    D. 长期股权投资减值准备
19. 下列会计科目中,属于资产类会计科目的有（　　）。

A. "银行存款" B. "应收账款" C. "投资性房地产" D. "无形资产"
E. "长期股权投资"

20. 以下属于总分类科目的有（　　）。
A. "原材料" B. "燃料" C. "应付职工薪酬" D. "动力"
E. "生产成本"

21. 以下属于明细分类科目的有（　　）。
A. "原材料" B. "燃料" C. "应付职工薪酬" D. "动力"
E. "生产成本"

22. 下列各项中，属于总分类科目的有（　　）。
A. "原材料" B. "应收账款" C. "应交税费" D. "库存商品"

23. 企业收支现金，不得（　　）。
A. 坐支现金   B. 从本企业的现金收入中直接支取
C. 从企业库存现金限额中支付   D. 从开户银行中提取支付

24. 下列各项中，应计入企业产品成本的有（　　）。
A. 生产工人的工资   B. 车间管理人员的工资
C. 企业行政管理人员的工资 D. 在建工程人员的工资

25. 以下属于备抵账户的有（　　）。
A. "坏账准备"   B. "存货跌价准备"
C. "累计折旧"   D. "固定资产减值准备"

三、判断题

1. 所有账户的左边均记录增加，右边则记录减少。（　　）
2. 会计科目仅是名称而已，若要体现会计要素的增减变化及结果则要借助账户。（　　）
3. 对于明细科目较多的会计科目，可在总分类科目下设置二级或多级明细分类科目。（　　）
4. 所有账户都是依据会计科目开设的。（　　）
5. 会计科目按提供信息的详细程度不同可分为总分类科目和明细分类科目。（　　）
6. 会计科目与账户都是对会计对象具体内容的科学分类，两者口径一致，性质相同，具有相同的格式和结构。（　　）
7. 某些经济业务会引起资产增加与所有者权益增加的变化。（　　）
8. 为了保证核算资料完整和便于利用，所有总分类账户都必须设置明细分类账户。（　　）
9. 为了保证会计核算指标能够在一个部门，乃至全国范围内进行综合汇总，所有会计科目及其明细分类科目都应由国家统一规定。（　　）
10. 会计科目表中的会计科目与会计账户相互独立，没有任何联系。（　　）
11. 会计科目是按照会计要素具体内容进行进一步科学分类而确定的会计核算项目。（　　）
12. 账户期末余额的方向，大多与本期增加额登记的方向是一致的。（　　）
13. 资产类账户、负债类账户和所有者权益类账户的结构是相同的。（　　）
14. 会计科目是由国家统一规定的，各单位必须严格执行，不能增设或减并。（　　）
15. 账户的基本格式分为左右两方，其中左方表示增加，右方表示减少。（　　）

第四章 会计记账方法

第一节 会计记账方法的种类

经济业务的发生会引起各会计要素发生增减变动,为了对会计对象进行核算和监督,在按一定原则设置了会计科目并开设了账户之后,就需要采用一定的记账方法将会计要素的增减变动按一定的规则登记在账户中。

记账方法就是根据一定的原理、记账符号,采用一定的计量单位,利用文字和数字,将交易或事项发生所引起的各会计要素的增减变动在有关账户中进行记录的方法。记账方法按记录方式不同,分为单式记账法和复式记账法。

一、单式记账法

单式记账法是指对所发生的每一项经济业务,只在一个账户中加以登记的记账方法。例如,用银行存款购买原材料的业务,只在账户中记录银行存款付出业务,而对原材料的收入业务却不在账户中登记,即使在原材料保管账中也有登记,与银行存款的付出业务也没有对应关系。

单式记账法是一种比较简单、不完整的记账方法。采用这种方法记账,一般只是单方面反映现金、银行存款和债权债务方面发生的经济业务,而对与此相联系的另一方面却不予反映。因此,在账户设置上比较简单,只设置"库存现金""银行存款""应收账款"和"应付账款"等账户,没有一套完整的账户体系,账户之间也未形成相互对应的关系,不能全面、系统地反映经济业务的来龙去脉,也不便于检查账户记录的正确性。

二、复式记账法

(一)复式记账法的概念

随着社会生产的进一步扩大,经济活动日益频繁,经济业务更加复杂,记账的对象增多,单式记账法已不能满足管理的要求。因此,产生了科学的复式记账方法。

复式记账法是以资产与权益平衡关系作为记账基础,对每一笔经济业务,都必须用相等的金额在两个或两个以上相互联系的账户中进行登记,全面系统地反映会计要素增减变化的一种记账方法。每一笔经济业务客观上都要引起至少两个方面的变化。例如,用银行存款购买原材料的业务,一方面是银行存款发生减少的变化;另一方面是原材料发生增加的变化。因此,为了客观地反映经济业务,按复式记账法的要求,不仅要在"银行存款"账户中记录银行存款的付出,而且还要在"原材料"账户中记录原材料的收入,并且两个账户中所登记的金额相等。这样,在"银行存款"账户和"原材料"账户之间形成了一种相互对应的关系。

(二) 复式记账法的优点

复式记账法被世界各国公认为是一种科学的记账方法。与单式记账法相比,复式记账法的优点主要有:①能够全面反映经济业务内容和资金运动的来龙去脉;②能够进行试算平衡,便于查账和对账。复式记账法对于每一项经济业务,都以相等的金额在有关账户中进行登记。因此,对一定时期账户记录的金额,可以通过试算平衡的方法,检查账户记录的正确性。

(三) 复式记账法的种类

复式记账法既有科学的理论依据,又具备诸多优点,因而被世界各国广泛采用。复式记账法可分为借贷记账法、增减记账法和收付记账法等。借贷记账法是目前国际上通用的记账方法。目前,我国的企业和行政事业单位采用的记账方法也是借贷记账法。

第二节 借贷记账法

一、借贷记账法的概念

借贷记账法是以"借""贷"作为记账符号,反映各会计要素增减变动信息的一种记账方法,是复式记账法中应用最广泛的一种方法。

借贷记账法在13世纪初创始于意大利。在这个时期,西方的商品经济有了较大发展,在商品交换中,为了适应借贷资本管理者的需要,逐渐形成了借贷记账法。"借""贷"两个字的含义最初就是从借贷资本家的角度来解释的,即用来表示债权和债务的增减变动。借贷资本家对于收进的存款,记在贷主名下,表示债务;对于付出的放款,记在借主名下,表示债权。这时,"借""贷"两字表示债权债务的变化。随着社会经济的发展,经济活动的内容日益复杂,记录的经济业务已不再局限于货币资金的借贷业务,逐渐扩大到财产物资、经营损益等。为了求得账簿记录的统一,对于非货币资金借贷业务,也以"借""贷"两字记录其增减变动信息。这样,"借""贷"两字就逐渐失去最初债权债务的含义,转化为纯粹的记账符号。

借贷记账法是以会计恒等式为依据的一种记账方法。企业的经济业务千变万化,但经济业务发生后,从对资产、负债和所有者权益构成的会计恒等式的影响来看,永远都不会破坏资产总额等于负债和所有者权益总额的平衡关系。复式记账法正是适应这一客观要求,把每一项经济业务引起的两个或两个以上要素项目的变化记录到两个或两个以上相互联系的账户中,因为每一要素项目的变化从价值量上看,只有增加和减少两种信息,从变化的结果看,会计恒等式必然保持平衡。

二、借贷记账法下账户的结构

(一) 借贷记账法下账户的基本结构

借贷记账法下,账户的左方称为借方,右方称为贷方。所有账户的借方和贷方按相反方向记录增加数和减少数,即一方登记增加额,另一方就登记减少额。至于"借"表示增加,还是"贷"表示增加,则取决于账户的性质与所记录经济内容的性质。

通常而言,资产、成本和费用类账户的增加用"借"表示,减少用"贷"表示;负债、所有者权益和收入类账户的增加用"贷"表示,减少用"借"表示。备抵账户的结构与所调整账户的结构正好相反。

(二) 资产类账户的结构

资产类账户的期初余额登记在借方,本期的增加额与资产类账户期初余额在同一方向,即登记在借方,本期的减少额登记在贷方,期末余额一般在借方(有些账户有时可能无余额)。其余额计算公式如下:

$$资产类账户的期末借方余额 = 期初借方余额 + 本期借方发生额 - 本期贷方发生额$$

在借贷记账法下,资产类账户的结构如图 4-1 所示。

借方	资产类账户		贷方
期初余额	×××		
本期增加额	×××	本期减少额	×××
……		……	
本期借方发生额	×××	本期贷方发生额	×××
期末借方余额	×××		

图 4-1 资产类账户的结构

(三) 负债和所有者权益类账户的结构

负债和所有者权益类账户的期初余额登记在贷方,本期的增加额也登记在贷方,本期的减少额登记在借方,期末余额一般在贷方(有些账户有时可能无余额)。其余额计算公式如下:

$$负债和所有者权益类账户的期末贷方余额 = 期初贷方余额 + 本期贷方发生额 - 本期借方发生额$$

在借贷记账法下负债和所有者权益账户的结构如图 4-2 所示。

借方	负债和所有者权益类账户		贷方
		期初余额	×××
本期减少额	×××	本期增加额	×××
……		……	
本期借方发生额	×××	本期贷方发生额	×××
		期末贷方余额	×××

图 4-2 负债和所有者权益类账户的结构

(四)成本类账户的结构

成本类账户是记录企业各项生产费用的发生及其转销情况的账户。由于发生的生产费用将形成产成品或在产品的成本,而产成品和在产品都属于企业的资产,因而成本类账户与资产类账户的结构基本相同。即借方登记增加数,贷方登记减少数,若有余额也在借方,反映尚未完工的在产品成本。

成本类账户的期初余额、本期借方发生额、本期贷方发生额、期末余额的关系用公式表示如下:

(借方)期初余额＋本期借方发生额－本期贷方发生额＝(借方)期末余额

成本类账户的结构如图 4-3 所示。

借方	成 本 类 账 户	贷方
期初余额　　　　　　　　　　×× ×	本期减少额　　　　　　　　　　×× ×	
⋮	⋮	
本期发生额　　　　　　　　　　×× ×	本期发生额　　　　　　　　　　×× ×	
期末余额　　　　　　　　　　×× ×		

图 4-3　成本类账户的结构

(五)损益类账户的结构

损益类账户是记录企业各项收入(如营业收入、利得等)和各项费用(如营业费用、损失等)的账户。损益类账户按反映的具体内容不同,又可分为反映各项收入的账户(即收入类账户)和反映各项费用的账户(即费用类账户)。

1. 收入类账户的结构

企业在生产经营过程中不断地取得各项收入,收入是实现利润的源泉。收入增加会导致利润增加,利润在未分配之前可以将其看作所有者权益的增加。因此,收入类账户的结构与所有者权益类账户的结构基本相同,即贷方登记各项收入的增加数,借方登记收入的减少或转出数,由于贷方登记的收入增加合计数在期末时一般都要从借方转出,因此收入类账户通常没有期末余额。收入类账户的结构如图 4-4 所示。

借方	收 入 类 账 户	贷方
本期减少额　　　　　　　　　　×× ×	本期增加额　　　　　　　　　　×× ×	
……	……	
本期借方发生额　　　　　　　　×× ×	本期贷方发生额　　　　　　　　×× ×	

图 4-4　收入类账户的结构

收入类账户在期末时,本期借方发生额和本期贷方发生额是相等的,因此,无论是期末还是期初,通常都无余额。

2. 费用类账户的结构

企业在生产经营过程中必然会发生各项费用支出,费用是为取得收入而付出的代价,因而需要从收入中得到弥补。费用增加会导致企业利润减少。因此,费用类账户的结构应与所有者权益类账户的结构相反,即借方登记各项费用的增加数,贷方登记费用的减少或转出数,由于借方登记的费用增加合计数在期末时一般都要从贷方转出,费用类账户通常没有期末余额。费用类账户的结构如图 4-5 所示。

借方	费用类账户		贷方
本期增加额 ……	×××	本期减少额 ……	×××
本期借方发生额	×××	本期贷方发生额	×××

图 4-5　费用类账户的结构

费用类账户在期末时,本期借方发生额和本期贷方发生额是相等的,因此,无论是期末还是期初,通常无余额。

借贷作为记账符号,标示着账户记录的方向。一般来说,各类账户的期末余额与记录增加额的方向一致,即资产类账户的期末余额一般在借方,负债和所有者权益类账户的期末余额一般在贷方。因此,可以根据账户余额的方向来判断账户的性质。归纳起来,全部账户的结构如图 4-6 所示。

借方	账户结构汇总	贷方
资产的增加 负债的减少 所有者权益的减少 成本的增加 收入转出 费用增加		资产的减少 负债的增加 所有者权益的增加 成本的减少 收入增加 费用转出
借方期末余额:资产余额		贷方期末余额:负债和所有者权益余额

图 4-6　账户结构汇总

三、借贷记账法的记账规则

记账规则是指采用某种记账方法登记具体经济业务时应当遵循的规律。借贷记账法的记账规则是"有借必有贷,借贷必相等"。每一项经济业务都必然引起两个或两个以上会计要素项目发生变化,经济业务的发生不外乎 9 种类型,运用借贷记账法将 9 种类型的经济业务在两个或两个以上相互联系的账户中记录的情况如下所述。

【例 4-1】 用银行存款 12 500 元购买材料。

这笔经济业务的发生使原材料和银行存款一增一减。"原材料"和"银行存款"都属于资产类账户。原材料的增加应记在借方,银行存款的减少应记在贷方。借贷金额相等,如图 4-7 所示。

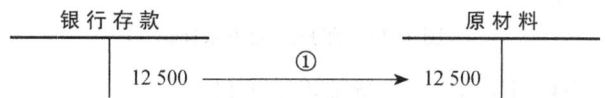

图 4-7　账户对应关系(1)

【例 4-2】 借入短期借款直接偿还应付账款 5 000 元。

这笔经济业务的发生使短期借款和应付账款一增一减。"短期借款"和"应付账款"都属于负债类账户。短期借款的增加应记在贷方,应付账款的减少应记在借方。借贷金额相等,如图 4-8 所示。

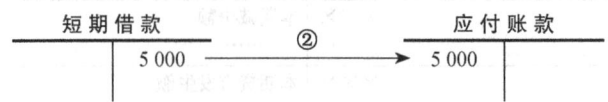

图 4-8　账户对应关系(2)

【例 4-3】　企业将资本公积 30 000 元转增实收资本。

这笔经济业务的发生使实收资本和资本公积一增一减。"实收资本"和"资本公积"都属于所有者权益类账户。实收资本的增加应记在贷方,资本公积的减少应记在借方。借贷金额相等,如图 4-9 所示。

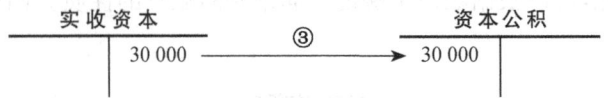

图 4-9　账户对应关系(3)

【例 4-4】　根据合同规定,甲公司将收回对本企业的投资 100 000 元,并将这 100 000 元转为对本企业的长期借款。

这笔经济业务的发生使长期借款和实收资本一增一减。"长期借款"属于负债类账户,负债增加应记在贷方;"实收资本"属于所有者权益类账户,所有者权益减少应记在借方。借贷金额相等,如图 4-10 所示。

图 4-10　账户对应关系(4)

【例 4-5】　投资方乙公司把借给企业的长期借款 150 000 元转为对本企业的投资。

这笔经济业务的发生使实收资本和长期借款一增一减。"实收资本"属于所有者权益类账户,所有者权益增加应记在贷方;"长期借款"属于负债类账户,负债减少应记在借方。借贷金额相等,如图 4-11 所示。

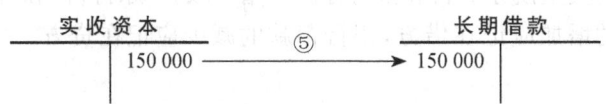

图 4-11　账户对应关系(5)

【例 4-6】　购买原材料 15 000 元,货款尚未支付。

这笔经济业务的发生使原材料和应付账款同时增加。"原材料"属于资产类账户,资产的增加应记在借方;"应付账款"属于负债类账户,负债的增加应记在贷方。借贷金额相等,如图 4-12 所示。

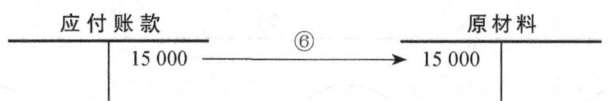

图 4-12 账户对应关系(6)

【例 4-7】 用银行存款偿还长期借款 100 000 元。

这笔经济业务的发生使银行存款和长期借款同时减少。"银行存款"是资产类账户,资产的减少应记在贷方;"长期借款"属于负债类账户,负债的减少应记在借方。借贷金额相等,如图 4-13 所示。

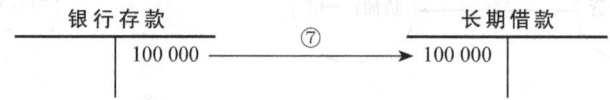

图 4-13 账户对应关系(7)

【例 4-8】 接受其他单位投入新设备 1 台,价值 38 000 元。

这笔经济业务的发生使固定资产和实收资本同时增加。"固定资产"属于资产类账户,资产增加应记在借方;"实收资本"属于所有者权益类账户,所有者权益增加应记在贷方。借贷金额相等,如图 4-14 所示。

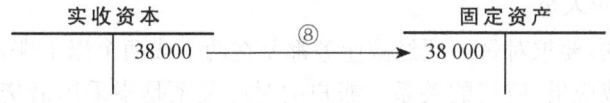

图 4-14 账户对应关系(8)

【例 4-9】 根据合营合同的规定,合营期满投资方收回对本企业的投资 250 000 元,从银行存款中划出。

这笔经济业务的发生使银行存款和实收资本同时减少。"银行存款"属于资产类账户,资产减少应记在贷方;"实收资本"属于所有者权益类账户,所有者权益减少应记在借方。借贷金额相等,如图 4-15 所示。

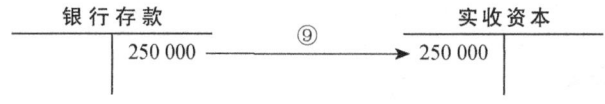

图 4-15 账户对应关系(9)

上面 9 种经济业务类型的借贷规律如图 4-16 所示。当每一笔经济业务发生后,在记入一个账户借方的同时,记入另一个账户的贷方,而且记入借、贷双方的金额相等。由此,可以归纳出借贷记账法的记账规则是"有借必有贷,借贷必相等"。

"有借必有贷"是指每一项经济业务的发生,在记入一个或几个账户借方的同时,还必须同时记入一个或几个账户的贷方;"借贷必相等"是指每一项经济业务发生后,记在账户借方的金额和记在账户贷方的金额必须相等。根据借贷记账法的规则,对于每一笔经济业务都要在两个或两个以上相互联系的账户中以借方和贷方相等的金额进行登记。记账规则是记

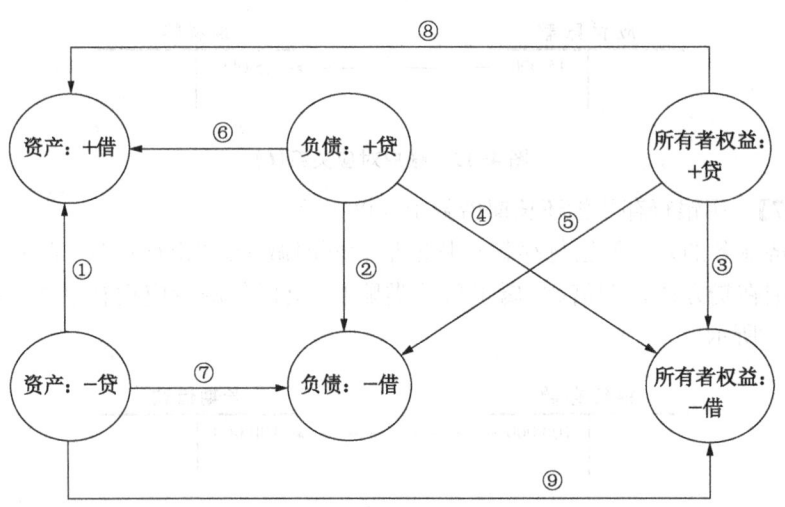

图 4-16 借贷记账规律

账的依据,也是核对账目的依据。

四、借贷记账法下的账户对应关系与会计分录

(一)账户的对应关系

采用借贷记账法,要求对每一项经济业务都要在两个或两个以上账户中进行登记,所登记的账户之间会形成应借、应贷的关系。账户的对应关系是指采用借贷记账法对每笔交易或事项进行记录时,相关账户之间形成的应借、应贷的相互关系。存在对应关系的账户称为对应账户。

例如,将 2 000 元现金存入银行,就要在"银行存款"账户的借方和"库存现金"账户的贷方进行登记。这样"银行存款"与"库存现金"账户就产生了对应关系,这两个账户也就彼此成了对应账户。

掌握账户的对应关系很重要,通过账户的对应关系,可以了解经济业务的来龙去脉,完整地反映一项经济业务的内容;还可以检查对经济业务的处理是否合理、合法。

(二)会计分录

1. 会计分录的含义

为了方便记账工作,保证账户记录的正确性,登账前应先根据经济业务所涉及的账户名称、借贷方向和金额,编制会计分录,然后再据以登记入账。会计分录简称分录,是对每项经济业务列示出应借、应贷的账户名称及其金额的一种记录。会计分录由应借应贷方向、相互对应的科目及其金额三个要素构成。在我国,会计分录记载于记账凭证中。

2. 会计分录的编制步骤

第一,分析经济业务、事项涉及的账户。

第二,确定账户的性质。

第三,确定涉及的账户是增加还是减少。

第四,确定哪个(或哪些)账户记借方,哪个(或哪些)账户记贷方。

第五，编制会计分录，并检查是否符合记账规则。

下面以前面所举9类经济业务为例编制会计分录。

[例4-1]　借：原材料　　　　　　　　　　　　　　　　　12 500
　　　　　　　贷：银行存款　　　　　　　　　　　　　　　　12 500

[例4-2]　借：应付账款　　　　　　　　　　　　　　　　　5 000
　　　　　　　贷：短期借款　　　　　　　　　　　　　　　　 5 000

[例4-3]　借：资本公积　　　　　　　　　　　　　　　　　30 000
　　　　　　　贷：实收资本　　　　　　　　　　　　　　　　30 000

[例4-4]　借：实收资本　　　　　　　　　　　　　　　　　100 000
　　　　　　　贷：长期借款　　　　　　　　　　　　　　　　100 000

[例4-5]　借：长期借款　　　　　　　　　　　　　　　　　150 000
　　　　　　　贷：实收资本　　　　　　　　　　　　　　　　150 000

[例4-6]　借：原材料　　　　　　　　　　　　　　　　　　15 000
　　　　　　　贷：应付账款　　　　　　　　　　　　　　　　15 000

[例4-7]　借：长期借款　　　　　　　　　　　　　　　　　100 000
　　　　　　　贷：银行存款　　　　　　　　　　　　　　　　100 000

[例4-8]　借：固定资产　　　　　　　　　　　　　　　　　38 000
　　　　　　　贷：实收资本　　　　　　　　　　　　　　　　38 000

[例4-9]　借：实收资本　　　　　　　　　　　　　　　　　250 000
　　　　　　　贷：银行存款　　　　　　　　　　　　　　　　250 000

从以上会计分录的排列可以总结出会计分录的格式，即借方科目在上，贷方科目在下，而且借方、贷方科目及金额错开一至两个字位，借方靠前，贷方靠后。这种排列方式以借贷记账法的记账规则为依据，便于检查会计分录的借贷是否平衡。

3. 会计分录的分类

按照所涉及账户的多少，会计分录分为简单会计分录和复合会计分录。

(1) 简单会计分录。简单会计分录是指只涉及一个账户借方和另一个账户贷方的会计分录，即一借一贷的会计分录。上述[例4-1]至[例4-9]的会计分录所涉及的账户都只有两个，都是简单会计分录。

(2) 复合会计分录。复合会计分录是指由两个以上（不含两个）对应账户组成的会计分录，即一借多贷、多借一贷或多借多贷的会计分录。复合会计分录实际上是由若干个简单会计分录合并而成的，凡是复合会计分录都可以拆分为若干个简单会计分录。编制复合会计分录可以集中反映某项经济业务的全面信息，且账户对应关系清楚，还可以达到简化记账手续的目的。

【例4-10】　购进原材料40 000元，其中25 000元用银行存款支付，其余15 000元尚未支付。

编制会计分录如下：

借：原材料	40 000
贷：银行存款	25 000
应付账款	15 000

【例 4-11】 企业收回购货单位前欠货款 37 000 元，其中 35 000 元存入银行，2 000 元为现金。

编制会计分录如下：

借：银行存款	35 000
库存现金	2 000
贷：应收账款	37 000

【例 4-12】 销售产品一批，计货款 48 000 元，随货销售单独计价的包装物 1 500 元，收到全部货款，其中存入银行 46 500 元，收到现金 3 000 元。

编制会计分录如下：

借：银行存款	46 500
库存现金	3 000
贷：主营业务收入	48 000
其他业务收入	1 500

编制多借多贷的复合会计分录，可以全面、集中地反映某项经济业务的全面信息，同时也可以简化会计分录的编制工作，提高会计人员的记账效率。但是，一般不宜把两项或两项以上不同类型的经济业务合并在一起编制多借多贷的复合会计分录，否则将造成会计分录中的对应关系不清，不能明确反映经济业务的实际信息。

编制会计分录要求账户之间的对应关系明确，以正确反映经济业务之间的实际联系；反之，了解和掌握会计分录中账户的对应关系，就可以了解经济业务的具体内容和来龙去脉。

五、借贷记账法下的试算平衡

（一）试算平衡的含义

为了保证一定时期内发生的经济业务在账户中登记的正确性，需要在一定时期终了，对账户记录进行试算平衡。试算平衡是指根据借贷记账法的记账规则和资产与权益的恒等关系，通过对所有账户的发生额和余额的汇总计算和比较，来检查记录是否正确的一种方法。

（二）试算平衡的分类

1. 发生额试算平衡法

发生额试算平衡是指全部账户本期借方发生额合计与全部账户本期贷方发生额合计保持平衡。它是根据本期所有账户借方发生额合计与贷方发生额合计的恒等关系，检验本期发生额记录是否正确的方法。当经济业务发生时，运用借贷记账法的记账规则编制会计分录，借、贷双方的发生额必然是相等的。当一定期间内的全部会计分录都记入有关账户后，全部账户的借方发生额合计数与贷方发生额合计数也必然相等。因此，发生额试算平衡的公式如下：

全部账户本期借方发生额合计＝全部账户本期贷方发生额合计

发生额试算平衡的直接依据是借贷记账法的记账规则。

2. 余额试算平衡法

余额试算平衡法是指全部账户借方期末(初)余额合计与全部账户贷方期末(初)余额合计保持平衡。它是根据本期所有账户借方余额合计与贷方余额合计的恒等关系，检验本期账户记录是否正确的方法。根据余额的时间不同，又分为期初余额平衡与期末余额平衡两类。期初余额平衡是指期初所有账户借方余额合计与贷方余额合计相等，期末余额平衡是指期末所有账户借方余额合计与贷方余额合计相等，这是由"资产＝负债＋所有者权益"的恒等关系决定的。在借贷记账法下，凡是借方余额的账户都是资产类账户，凡是贷方余额的账户都是负债和所有者权益类账户。根据会计平衡公式，全部账户借方余额合计和全部账户贷方余额合计也必然相等，因此，全部账户余额试算平衡的公式如下：

全部账户的借方期初余额合计＝全部账户的贷方期初余额合计
全部账户的借方期末余额合计＝全部账户的贷方期末余额合计

余额试算平衡的直接依据是财务状况等式。

（三）试算平衡表的编制

试算平衡是通过编制试算平衡表进行的。试算平衡表通常是在期末结出各账户的本期发生额合计和期末余额后编制的，试算平衡表中一般应设置"期初余额""本期发生额"和"期末余额"三大栏目，其下分设"借方"和"贷方"两个小栏。各大栏中的借方合计与贷方合计应该平衡相等，否则，便存在记账错误。为了简化表格，试算平衡表也可只根据各个账户的本期发生额编制，不填列各账户的期初余额和期末余额。在借贷记账法下，试算平衡利用全部账户发生额试算平衡公式和全部账户余额试算平衡公式来对本期账户记录的正确性进行验算。

可以分别编制总分类账户本期发生额试算平衡表（如图4-17所示）和总分类账户余额试算平衡表（如图4-18所示），也可以将两张表合成一张总分类账户本期发生额及余额试算平衡表（如图4-19所示）。

总分类账户本期发生额试算平衡表

20××年×月　　　　　　　　　　　　　　　　　　单位：元

账户名称	借方本期发生额	贷方本期发生额
合计		

图 4-17　总分类账户本期发生额试算平衡表的格式

总分类账户余额试算平衡表

20××年×月　　　　　　　　　　　　　　　　　　单位：元

账户名称	借方余额	贷方余额
合计		

图 4-18　总分类账户余额试算平衡表的格式

总分类账户本期发生额及余额试算平衡表

20××年×月   单位:元

账户名称	期初余额		本期发生额		期末余额	
	借方	贷方	借方	贷方	借方	贷方
合计						

图 4-19 总分类账户本期发生额及余额试算平衡表的格式

下面通过举例说明采用借贷记账法如何编制会计分录、登记账户、结账和进行试算平衡。

【例 4-13】 某企业 2×17 年 3 月 31 日各总分类账户的余额如表 4-1 所示。

表 4-1 总分类账户期初余额

单位:元

资产	金额	负债和所有者权益	金额
银行存款	101 600	短期借款	40 000
原材料	240 000	应付账款	18 400
库存商品	32 800	实收资本	820 000
固定资产	600 000	资本公积	120 000
生产成本	24 000		
合计	998 400	合计	998 400

该企业 4 月发生下列经济业务:
① 用银行存款 21 600 元购买材料,材料已验收入库(不考虑增值税);
② 向银行借入短期借款 10 400 元,直接偿还应付账款;
③ 用银行存款偿还短期借款 20 000 元;
④ 收到投资者投入一台设备,价值 240 000 元;
⑤ 本期生产产品领用材料 40 000 元;
⑥ 将资本公积 50 000 元转增资本。

【要求】(1) 根据上述经济业务编制会计分录;

(2) 根据会计分录登记总分类账户,并结算出各总分类账户的借、贷方本期发生额及期末余额;

(3) 编制试算平衡表进行试算平衡。

【解析】(1) 根据上述经济业务编制会计分录。

① 借:原材料   21 600
     贷:银行存款   21 600

② 借:应付账款   10 400
     贷:短期借款   10 400

③ 借：短期借款　　　　　　　　　　　　　　　　　20 000
　　贷：银行存款　　　　　　　　　　　　　　　　　　　20 000

④ 借：固定资产　　　　　　　　　　　　　　　　　240 000
　　贷：实收资本　　　　　　　　　　　　　　　　　　　240 000

⑤ 借：生产成本　　　　　　　　　　　　　　　　　 40 000
　　贷：原材料　　　　　　　　　　　　　　　　　　　　40 000

⑥ 借：资本公积　　　　　　　　　　　　　　　　　 50 000
　　贷：实收资本　　　　　　　　　　　　　　　　　　　50 000

（2）根据以上会计分录登记账户，期末结出账户本期发生额和期末余额。具体如图4-20 所示。

银 行 存 款				原 材 料			
期初余额	101 600			期初余额	240 000		
		①	21 600	①	21 600		
		③	20 000			⑤	40 000
本期发生额	0	本期发生额	41 600	本期发生额	21 600	本期发生额	40 000
期末余额	60 000			期末余额	221 600		
库 存 商 品				固 定 资 产			
期初余额	32 800			期初余额	600 000		
				④	240 000		
本期发生额	0	本期发生额	0	本期发生额	240 000	本期发生额	0
期末余额	32 800			期末余额	840 000		
生 产 成 本				短 期 借 款			
期初余额	24 000					期初余额	40 000
⑤	40 000			③	20 000	②	10 400
本期发生额	40 000	本期发生额	0	本期发生额	20 000	本期发生额	10 400
期末余额	64 000					期末余额	30 400
应 付 账 款				实 收 资 本			
		期初余额	18 400			期初余额	820 000
						④	240 000
②	10 400					⑥	50 000
本期发生额	10 400	本期发生额	0	本期发生额	0	本期发生额	290 000
		期末余额	8 000			期末余额	1 110 000
资 本 公 积							
		期初余额	120 000				
⑥	50 000						
本期发生额	50 000	本期发生额	0				
		期末余额	70 000				

图 4-20　登记账户并结账

（3）根据账户记录进行试算平衡，编制总分类账户本期发生额及余额试算平衡表，如表4-2 所示。

表 4-2 总分类账户本期发生额及余额试算平衡表

2×17 年 4 月   单位：元

账户名称	期初余额		本期发生额		期末余额	
	借方	贷方	借方	贷方	借方	贷方
银行存款	101 600		0	41 600	60 000	
原材料	240 000		21 600	40 000	221 600	
库存商品	32 800		0	0	32 800	
固定资产	600 000		240 000	0	840 000	
生产成本	24 000		40 000		64 000	
短期借款		40 000	20 000	10 400		30 400
应付账款		18 400	10 400	0		8 000
实收资本		820 000	0	290 000		1 110 000
资本公积		120 000	50 000	0		70 000
合　计	998 400	998 400	382 000	382 000	1 218 400	1 218 400

必须指出的是，试算平衡只是通过借贷金额是否平衡来检查账户的记录是否正确。经过试算后，如果借贷双方金额不平衡，可以肯定账户的记录或计算有错误，应查明原因，予以更正。但是如果借贷金额平衡，并不能肯定记账绝对没有错误，这是因为存在不影响借贷双方平衡的错误。例如，根据某一笔或几笔分录登记有关账户时，漏记或重记、借、贷双方金额同时多记或少记；应借应贷账户互相颠倒或错记账户名称；某一项（或几项）错误记录恰好被另一项（或几项）错误记录抵销等。这些错误不能通过试算平衡来发现，为了保证账户记录的正确性，除了对总分类账户记录进行试算平衡外，还必须对所有会计分录进行日常或定期的复核，并采取其他的对账方法来检查错误，以保证记账结果的正确性。

综上所述，借贷记账法是以"资产＝负债＋所有者权益"为理论依据，用"借"和"贷"作为记账符号，按照"有借必有贷，借贷必相等"的记账规则，对发生的每一笔经济业务，都以相等的金额，在两个或两个以上相互联系的账户中进行全面记录的一种复式记账法。

本章练习题

姓名_____
学号_____
分数_____

一、单项选择题

1. 复式记账法对每项经济业务都以相等的金额在( )中进行登记。
   A. 一个账户   B. 两个账户
   C. 全部账户   D. 两个或两个以上的账户

2. 账户余额一般与( )在同一方向。
   A. 借方发生额   B. 贷方发生额   C. 增加额   D. 减少额

3. 我国的法定记账方法是( )。
   A. 增减记账法   B. 收付记账法   C. 借贷记账法   D. 单式记账法

4. ( )是以"借"和"贷"为记账符号的一种复式记账方法。
   A. 借贷记账法   B. 复式记账法   C. 单式记账法   D. 增减记账法

5. 借贷记账法的理论依据是( )。
   A. 复式记账法   B. 资产＝负债＋所有者权益
   C. 有借必有贷,借贷必相等   D. 借贷平衡

6. 某企业应收账款总分类账户期初余额为 8 000 元,明细账分别为:甲厂借方 4 000 元,乙厂借方 2 500 元,则丙厂为( )。
   A. 借方 1 500 元   B. 贷方 1 500 元
   C. 借方 6 500 元   D. 贷方 6 500 元

7. 借贷记账法下的"借"表示( )。
   A. 费用增加   B. 负债增加
   C. 所有者权益增加   D. 收入增加

8. 以银行存款交纳所得税,所引起的变化为( )。
   A. 一项资产减少,一项资产增加   B. 一项资产减少,一项负债减少
   C. 一项负债减少,一项资产增加   D. 一项资产减少,一项所有者权益减少

9. 发生额试算平衡公式是( )。
   A. 全部账户本期借方发生额合计＝全部账户本期贷方发生额合计
   B. 账户本期借方发生额合计＝账户本期贷方发生额合计
   C. 本期借方发生额合计＝本期贷方发生额合计
   D. 借方发生额合计＝贷方发生额合计

10. 收入类账户期末结账后,应是( )。
    A. 借方余额   B. 贷方余额
    C. 没有余额   D. 贷方或借方余额

11. 编制试算平衡表时,若期初余额、本期发生额和期末余额的借方与贷方均平衡,

则( )。
  A. 全部总账账户记录一定正确
  B. 全部明细账户记录一定正确
  C. 全部总账账户记录也不是肯定无错
  D. 全部明细账户记录也不是肯定无错
12. 借贷记账法中,账户的哪一方记增加数,哪一方记减少数是由( )决定的。
  A. 账户结构   B. 账户性质   C. 账户用途   D. 账户类型
13. 下列事项中,能够引起资产总额增加的是( )。
  A. 接受投资者投资   B. 以银行存款偿还债务
  C. 从银行提取现金   D. 将资本公积转增资本
14. 借贷记账法下的发生额平衡是由( )决定的。
  A. "有借必有贷,借贷必相等"的记账规则   B. 账户的结构
  C. "资产＝权益"的会计等式   D. 平行登记要点
15. 下列交易或事项中,可引起资产和负债同时增加的是( )。
  A. 以银行存款购入原材料一批   B. 以银行存款支付前欠货款
  C. 收回应收账款存入银行   D. 购入电视机一台,款暂欠
16. 应收账款账户的期初余额为借方2 000元,本期借方发生额1 000元,本期贷方发生额8 000元,该账户的期末余额为( )元。
  A. 借方3 000   B. 贷方8 000   C. 借方5 000   D. 贷方5 000
17. 收入类账户的结构与所有者权益类账户的结构( )。
  A. 完全一致   B. 相反   C. 基本相同   D. 无关
18. 借贷记账法下,"应收账款"账户的贷方发生额表示( )。
  A. 企业债权的产生   B. 企业债务的产生
  C. 企业债权的收回   D. 企业债务的偿还
19. 下列错误中,能够通过试算平衡发现的是( )
  A. 重记经济业务   B. 漏记经济业务
  C. 借贷方向相反   D. 借贷金额不等
20. 以下不符合借贷记账法记账规则的是( )。
  A. 资产和负债同时增加
  B. 资产和负债同时减少
  C. 所有者权益和负债同时增加
  D. 一项负债增加,一项所有者权益减少
21. 资产类账户的期末余额一般在( )。
  A. 借方   B. 贷方
  C. 借方或贷方   D. 一般无期末余额
22. 负债类账户的贷方记录( )。
  A. 增加发生额   B. 减少发生额
  C. 增加或减少发生额   D. 以上都不对
23. 资产类账户的借方登记( )。

A. 增加发生额 B. 减少发生额
C. 增加或减少发生额 D. 以上都不对
24. 负债类账户的期末余额一般在( )。
A. 借方 B. 贷方
C. 借方或贷方 D. 一般无期末余额
25. 费用(成本)类账户的借方登记( )。
A. 增加发生额 B. 减少发生额
C. 增加或减少发生额 D. 以上都不对

二、多项选择题

1. 会计分录可以( )。
   A. 一借一贷 B. 一借多贷
   C. 多借一贷 D. 多借多贷
2. 下列各项中,应在贷方登记的有( )。
   A. 费用的增加 B. 收入的增加
   C. 负债的增加 D. 收入的减少
3. 复式记账法的优点有( )。
   A. 能全面反映账户的对应关系 B. 有利于检查会计分录的正确性
   C. 便于进行试算平衡 D. 便于按会计科目进行汇总
4. 下列经济业务中,会引起资产和负债同时增加的有( )。
   A. 赊购材料 B. 从银行提取现金
   C. 以银行存款购入材料 D. 向银行借款并将款项存入银行
5. 下列有关借贷记账法的说法中,正确的有( )。
   A. 采用"借""贷"作为记账符号
   B. 以"资产=负债+所有者权益"这一会计等式作为理论依据
   C. 记账规则是"有借必有贷,借贷必相等"
   D. 是我国会计核算的法定记账方法
6. 下列有关资产类账户的说法中,正确的有( )。
   A. 借方登记资产金额的增加 B. 贷方登记资产金额的减少
   C. 期末余额一般在借方 D. 借方登记资产的减少
7. 下列账户中,期末结转后应无余额的账户有( )。
   A. "主营业务收入" B. "主营业务成本"
   C. "实收资本" D. "管理费用"
8. 根据借贷记账法的账户结构,账户贷方登记的内容有( )。
   A. 收入的增加 B. 所有者权益的增加
   C. 资产的增加 D. 负债的增加
9. 下列账户中,期末结转后无余额的账户有( )。
   A. "实收资本" B. "主营业务成本"
   C. "库存商品" D. "销售费用"
10. 试算平衡表中,试算平衡的公式有( )。

A. 借方科目金额＝贷方科目金额
B. 借方期末余额＝借方期初余额＋本期借方发生额－本期贷方发生额
C. 全部账户借方发生额合计＝全部账户贷方发生额合计
D. 全部账户借方余额合计＝全部账户贷方余额合计

11. 经济业务的发生,一方面引起资产项目增加,另一方面还可能引起(   )。
    A. 负债项目增加   B. 负债项目减少
    C. 所有者权益项目增加   D. 所有者权益项目减少

12. 某项经济业务发生后,一个负债账户记贷方,则有可能(   )。
    A. 另一个资产账户记贷方   B. 另一个负债账户记贷方
    C. 另一个所有者权益账户记借方 D. 另一个资产账户记借方

13. 某企业月末编制试算平衡表时,因漏算一个账户,计算的月末借方余额合计为 300 000 元,月末贷方余额合计为 360 000 元,则漏算的账户(   )。
    A. 为借方余额   B. 为贷方余额
    C. 余额为 660 000 元   D. 余额为 60 000 元

14. 借贷记账法的试算平衡有(   )。
    A. 发生额平衡   B. 余额平衡
    C. 会计要素平衡   D. 借贷平衡

15. 编制会计分录时,必须考虑(   )。
    A. 经济业务发生导致会计要素的变动是增加还是减少
    B. 登记哪些账户
    C. 记入账户的是借方还是贷方
    D. 账户的余额在借方还是贷方

16. 下列错误中,不能通过试算平衡发现的有(   )。
    A. 某项经济业务未登记入账   B. 借贷双方同时多记了相等的金额
    C. 只登记了借方金额,未登记贷方金额 D. 应借应贷的账户中错记了借贷方向

17. 在借贷记账法下,账户的借方登记(   )。
    A. 资产的减少   B. 负债的减少
    C. 费用的减少   D. 所有者权益的减少

18. 下列各个账户中,期末可能有借方余额的有(   )。
    A. "原材料"   B. "短期借款"   C. "实收资本"   D. "生产成本"

19. 下列各个账户中,期末可能有贷方余额的有(   )。
    A. "管理费用"   B. "应付账款"   C. "盈余公积"   D. "预收账款"

三、判断题

1. 账户的借方反映资产、负债和所有者权益的增加,贷方反映资产、负债和所有者权益的减少。(   )
2. 复式记账法是以资产与权益平衡关系作为记账基础,对任何一笔经济业务,都以相等的金额,在两个或两个以上的账户中全面地、相互联系地进行登记的方法。(   )
3. 借贷记账法是世界上通用的记账方法,也是我国法定的记账方法。(   )
4. 企业接受投资者投入实物,能引起资产和所有者权益同时增加。(   )

5. 在借贷记账法下，"借"表示增加，"贷"表示减少。 （　　）
6. 资产类账户的期末余额（借方）＝期初余额（借方）＋本期借方发生额－本期贷方发生额。 （　　）
7. 运用借贷记账法时，每一个账户的借方发生额必须等于贷方发生额。 （　　）
8. 资产类账户的期末余额一般在借方。 （　　）
9. 负债类账户的结构与资产类账户的结构正好相反。 （　　）
10. 企业只能编制一借一贷、一借多贷、多借一贷的会计分录，而不能编制多借多贷的会计分录。 （　　）
11. 所有账户期末借方余额合计数，一定等于贷方余额合计数。 （　　）
12. 一个会计主体一定时期内的全部账户的借方发生额合计与贷方发生额合计一定相等。 （　　）
13. 费用（成本）类账户结构与资产类账户结构基本相同，收入类账户结构与权益类账户结构基本相同。 （　　）
14. 成本类账户期末一般无余额，如果有余额，则期末余额在贷方。 （　　）
15. 一般来说，各类账户的期末余额的方向与记录增加额的方向。 （　　）
16. 单式记账法是一种较为简单、不完整的记账方法。 （　　）
17. 复式记账法可以反映经济业务的来龙去脉。 （　　）
18. 借贷记账法下账户的基本结构是：左方为借方，登记资产的增加和权益的减少；右方为贷方，登记资产的减少和权益的增加。 （　　）
19. 通过试算平衡表查得借、贷双方金额相等，则说明账户记录是正确的。 （　　）

四、试算平衡表的编制

某企业2×17年6月1日有关账户余额如表4-3所示。

表4-3　有关账户余额表

单位：元

账户名称	金额	账户名称	金额
固定资产	360 000	实收资本	330 000
原材料	106 000	短期借款	112 000
生产成本	142 000	应交税费	88 000
库存现金	1 000	应付账款	133 600
应收账款	12 000	银行存款	38 600
其他应收款	4 000		

6月份发生下列经济业务：

① 国家投资修建厂房一栋，总造价为400 000元，已投入使用。
② 从银行取得短期借款100 000元，存入银行。
③ 用现金购买办公用品100元。
④ 购入材料60 000元，材料已验收入库，料款未付。
⑤ 用银行存款20 000元归还银行短期借款。

⑥ 开出转账支票一张,偿还上月所欠购货款 48 000 元。
⑦ 接到银行通知,上月销货款 10 000 元已入账。
⑧ 开出现金支票,从银行提取现金 1 000 元备用。
⑨ 采购员李某欲借差旅费 1 200 元。
⑩ 向银行借入短期借款 4 500 元,已存入银行。
⑪ 用银行存款交纳税金 50 000 元。
⑫ 生产产品领用材料,价值 86 000 元。
⑬ 将现金 200 元送存银行。

根据上述资料:
(1) 开设有关的 T 形账户,并登记期初余额。
(2) 编制会计分录。
(3) 根据会计分录登记账户并结算每个账户的本期发生额和期末余额。
(4) 编制试算平衡表。

第五章
借贷记账法下主要经济业务的账务处理

第一节 企业的主要经济业务

工业企业生产经营活动过程是以产品生产为中心的生产准备过程、产品生产过程和产品销售过程。主要分为以下几个阶段。

(1) 资金筹集阶段,企业通过接受投资者的投资和向债权人借入各种款项筹集资金,满足生产经营的资金需求。

(2) 生产准备阶段,企业用筹集的货币资金购买机器设备等劳动资料和各种材料物资等劳动对象,为进行产品生产准备必要的物质基础,这时资金从货币资金形式转化为固定资金和储备资金。

(3) 产品生产阶段,劳动者利用劳动资料对劳动对象进行加工,为社会生产出各种各样的产品。在产品生产过程中发生的各种材料费用、固定资产折旧费用和工资费用等生产费用的总和构成了产品成本。这时资金就从固定资金、储备资金转化为生产资金,当产品生产完工后,又从生产资金转化为产成品资金。

(4) 产品销售阶段,企业发出完工产品,同时办理货款的结算,这时资金实现从产成品资金向货币资金的转化,完成资金的循环。

会计期末,将企业一定时期取得的全部收入与全部费用相抵计算企业的财务成果。如果全部收入大于全部费用,形成企业利润。通过利润分配,一部分资金退出企业,一部分资金重新投入生产周转。如果全部收入小于全部费用,则形成企业亏损,需要进行弥补。

在企业的上述生产经营活动中,企业用筹集的资金投入生产,随着企业生产经营活动的进行,资金的占用形态不断转化,周而复始,形成资金的循环和周转,表现为企业的资金运动。为了全面核算和控制企业在生产过程中的资金运动,企业必须根据管理的要求,通过设置账户,运用借贷记账法,对经济业务进行会计处理,以满足信息使用者对会计信息的需求。

不同企业的经济业务各有特点,其生产经营业务流程也不尽相同。针对企业生产经营过程中发生的上述经济业务,本章主要介绍企业的资金筹集、设备购置、材料采购、产品生产、商品销售和利润分配等经济业务。账务处理的主要内容有:①资金筹集业务的账务处理;②固定资产业务的账务处理;③材料采购业务的账务处理;④生产业务的账务处理;⑤销售业务的账务处理;⑥期间费用的账务处理;⑦利润形成与分配业务的账务处理。①

第二节 资金筹集业务的账务处理

资产是企业从事生产经营活动的物质基础,资产是资金的占用形态,负债和所有者权益是资产的来源渠道。企业的资金筹集业务按资金来源通常分为所有者权益筹资和负债筹资。所有者权益筹资形成所有者的权益(通常称为权益资本),包括投资者的投资及其增值,这部分资本的所有者既享有企业的经营收益,也承担企业的经营风险;负债筹资形成债权人的权益(通常称为债务资本),负债筹资主要包括企业向债权人借入的资金和结算形成的负债资金等,这部分资本的所有者享有按约收回本金和利息的权利。

一、所有者权益筹资业务

(一)所有者投入资本的构成

所有者投入资本按照投资主体的不同可以分为国家资本金、法人资本金、个人资本金和外商资本金等。

所有者投入的资本主要包括实收资本(或股本)和资本公积。实收资本(或股本)是指企业的投资者按照企业章程、合同或协议的约定,实际投入企业的资本金以及按照有关规定由资本公积、盈余公积等转增资本的资金。资本公积是企业收到投资者投入的超出其在企业注册资本(或股本)中所占份额的投资,以及直接计入所有者权益的利得和损失等。资本公积作为企业所有者权益的重要组成部分,主要用于转增资本。

(二)账户设置

企业通常设置以下账户对所有者权益筹资业务进行核算。

1."实收资本(或股本)"账户

"实收资本"账户(股份有限公司一般设置"股本"账户)属于所有者权益类账户,用来核算企业接受投资者投入的实收资本。该账户贷方登记所有者投入企业资本金的增加额,借方登记所有者投入企业资本金的减少额。期末余额在贷方,反映企业期末实收资本(或股本)总额。该账户可按投资者的不同设置明细账户,进行明细核算。

2."资本公积"账户

"资本公积"账户属于所有者权益类账户,用来核算企业收到的投资者出资额超出其在注册资本或股本中所占份额的部分,以及直接计入所有者权益的利得和损失等。

该账户借方登记资本公积的减少额,贷方登记资本公积的增加额。期末余额在贷方,反映企业期末资本公积的结余数额。该账户可按资本公积的来源不同,分别以"资本溢价(或股本溢价)""其他资本公积"进行明细核算。

---

① 根据财政部、税务总局、海关总署颁布了《关于深化增值税改革有关政策的公告》(财政部 税务总局 海关总署公告 2019 年第 39 号),本书假设纳税人发生增值税应税行为适用税率为13%。

3. "银行存款"账户

"银行存款"账户属于资产类账户,用来核算企业存入银行或其他金融机构的各种款项,但是银行汇票存款、银行本票存款、信用卡存款、信用证保证金存款、存出投资款和外埠存款等,通过"其他货币资金"账户核算。该账户借方登记存入的款项,贷方登记提取或支出的存款。期末余额在借方,反映企业存在银行或其他金融机构的各种款项。该账户应当按照开户银行、存款种类等分别进行明细核算。

(三) 账务处理

企业接受投资者投入的资本,借记"银行存款""固定资产""无形资产""长期股权投资"等账户,按其在注册资本或股本中所占份额,贷记"实收资本(或股本)"账户,按其差额,贷记"资本公积——资本溢价(或股本溢价)"账户。

1. 接受现金资产投资的账务处理

企业收到的货币资金投资,应按实际收到的款项入账。

【例 5-1】 亚宇公司收到甲公司投入本企业货币资金 125 000 元,款项已存入银行。

这项经济业务的发生,一方面使企业的银行存款增加 125 000 元;另一方面使甲公司对本企业的投资也增加 125 000 元。因此,这项业务涉及"银行存款"和"实收资本"两个账户。银行存款的增加是资产的增加,应记入"银行存款"账户的借方;甲公司对本企业投资的增加是所有者权益的增加,应记入"实收资本"账户的贷方。这项经济业务应编制的会计分录如下:

借:银行存款 125 000
　　贷:实收资本——甲公司 125 000

2. 接受非现金资产投资的账务处理

企业接受非现金资产投资时,应按投资合同或协议约定价值确定非现金资产价值(但投资合同或协议约定价值不公允的除外)和在注册资本中应享有的份额。

对于非现金资产入账价值(公允价值)超过其在注册资本中所占份额的部分(合同或协议约定价值),应当记入资本公积。

【例 5-2】 亚宇公司收到甲公司作为投资投入本企业的新设备一台,双方协议价 450 000 元,与公允价值相等。

这项经济业务的发生,一方面使企业的固定资产增加 450 000 元;另一方面使甲公司对本企业的投资增加 450 000 元。因此,这项业务涉及"固定资产"和"实收资本"两个账户。固定资产的增加是资产的增加,应记入"固定资产"账户的借方;甲公司对本企业投资的增加是所有者权益增加,应记入"实收资本"账户的贷方。这项经济业务应编制的会计分录如下:

借:固定资产 450 000
　　贷:实收资本——甲公司 450 000

【例 5-3】 丙有限责任公司于设立时收到 A 公司作为资本投入的非专利技术一项,该非专利技术投资合同约定价值为 60 000 元,而按照市场情况估计,其公允价值为 80 000 元,假设丙公司接受该非专利技术符合国家注册资本管理的有关规定,可按合同约定作实收资本入账,不考虑其他因素。

这项经济业务的发生,一方面使企业的无形资产增加 80 000 元;另一方面使甲公司对本企业的投资增加 60 000 元,资本公积增加 20 000 元。因此,这项业务涉及"无形资产""实收资本"和"资本公积"三个账户。无形资产的增加是资产的增加,应记入"无形资产"账户的借方;甲公司对本企业投资的增加是所有者权益增加,应记入"实收资本"和"资本公积"账户的贷方。这项经济业务应编制的会计分录如下:

借:无形资产——非专利技术　　　　　　　　　　　　　　　　　　　80 000
　　贷:实收资本——A公司　　　　　　　　　　　　　　　　　　　　60 000
　　　　资本公积——资本溢价　　　　　　　　　　　　　　　　　　20 000

二、负债筹资业务

企业在生产经营活动过程中,为了弥补生产经营周转资金的不足,经常需要向银行或其他金融机构等债权人借入资金,从而形成企业的负债。企业借入的各种款项应该按期支付利息和按期还本。

(一)负债筹资的构成

负债筹资主要包括短期借款、长期借款以及结算形成的负债等。

短期借款是指企业为了满足其生产经营对资金的临时性需要而向银行或其他金融机构等借入的偿还期限在1年以内(含1年)的各种借款。长期借款是指企业向银行或其他金融机构等借入的偿还期限在1年以上(不含1年)的各种借款。结算形成的负债主要有应付账款、应付职工薪酬、应交税费等。

(二)账户设置

企业通常设置以下账户对负债筹资业务进行会计核算。

1."短期借款"账户

"短期借款"账户属于负债类账户,用来核算和监督企业向银行或其他金融机构借入的偿还期在1年以内的借款的增减变动及结余。该账户贷方登记短期借款本金的增加额,借方登记短期借款本金的减少额。期末余额在贷方,反映企业期末尚未归还的短期借款。该账户可按借款种类、贷款人和币种进行明细核算。

2."长期借款"账户

"长期借款"账户属于负债类账户,用来核算和监督企业向银行或其他金融机构借入的期限在1年以上的各项借款本金的增减变动及结余。该账户贷方登记企业借入的长期借款本金,借方登记归还的本金和利息。期末余额在贷方,反映企业期末尚未偿还的长期借款。该账户可按贷款单位和贷款种类,分别以"本金""利息调整"等进行明细核算。

3."应付利息"账户

"应付利息"账户属于负债类账户,用来核算企业按照合同约定应支付的利息,包括按月计提的短期借款利息、分期付息到期还本的长期借款、企业债券等应支付的利息。该账户贷方登记企业按合同利率计算确定的应付未付利息,借方登记归还的利息。期末余额在贷方,反映企业应付未付的利息。该账户可按存款人或债权人进行明细核算。

4."财务费用"账户

"财务费用"账户属于损益类账户,用来核算企业为筹集生产经营所需资金等而发生的筹资费用,包括利息支出(减利息收入)、汇兑损益以及相关的手续费、企业发生的现金折扣或收到的现金折扣等。为购建或生产满足资本化条件的资产发生的应予资本化的借款费用,通过"在建工程""制造费用"等账户核算。该账户借方登记手续费、利息费用等的增加额,贷方登记应冲减财务费用的利息收入等。期末结转后,该账户无余额。该账户可按费用项目进行明细核算。

(三) 账务处理

1. 短期借款的账务处理

企业借入的各种短期借款,借记"银行存款"账户,贷记"短期借款"账户;归还借款时编制相反的会计分录。资产负债表日,应按计算确定的短期借款利息费用,借记"财务费用"账户,贷记"银行存款""应付利息"等账户。

1) 短期借款借入和归还的账务处理

【例 5-4】 亚宇公司 10 月 1 日向银行借入期限为 3 个月的借款 150 000 元,存入银行。

这项经济业务的发生,一方面使企业的银行存款增加 150 000 元;另一方面使企业的短期借款增加 150 000 元。因此,这项业务涉及"银行存款"账户的借方和"短期存款"账户的贷方。应编制的会计分录如下:

借:银行存款　　　　　　　　　　　　　　　　　　　　　150 000
　　贷:短期借款　　　　　　　　　　　　　　　　　　　　　　150 000

【例 5-5】 亚宇公司 12 月月末用银行存款归还到期的短期借款 150 000 元。

这项经济业务的发生,一方面使企业的短期借款减少 150 000 元;另一方面使企业的银行存款减少 150 000 元。因此,这项业务涉及"短期借款"账户的借方和"银行存款"账户的贷方。应编制的会计分录如下:

借:短期借款　　　　　　　　　　　　　　　　　　　　　150 000
　　贷:银行存款　　　　　　　　　　　　　　　　　　　　　　150 000

2) 计提短期借款利息以及支付利息的账务处理

短期借款必须按期还本付息,企业发生的利息费用,作为财务费用确认。根据权责发生制基础,当月发生的费用,无论是否支付,都应该作为当月的费用。由于短期借款利息一般是季末或归还借款时支付,因此,对当月发生的尚未支付的短期借款利息应采取预提的方式核算。但在实际工作中,为了简化核算,对支付的借款利息,如果金额不大,对当期损益不会产生过大的影响,则往往采取一次计息的方式,即在支付利息时直接作为支付月份的财务费用处理。

【例 5-6】 亚宇公司 10 月月末预提短期借款利息 500 元。

企业按照权责发生制基础,预提 10 月份短期借款利息,短期借款利息属于企业的财务费用,而预提的本月财务费用应归当期负担,但不在当期支付,因而形成企业的一项负债,属于企业的应付利息。这项经济业务的发生,一方面使财务费用增加 500 元;另一方面使应付利息增加 500 元。因此,这项业务涉及"财务费用"账户的借方和"应付利息"账户的贷方。应编制的会计分录如下:

借:财务费用　　　　　　　　　　　　　　　　　　　　　　　500
　　贷:应付利息　　　　　　　　　　　　　　　　　　　　　　　　500

该企业在11月月末须预提短期借款利息500元,其编制的会计分录与10月份的相同。

【例5-7】 亚宇公司在12月月末用银行存款实际支付短期借款利息1 500元。

企业在12月份时用银行存款支付了第四季度的短期借款利息,其中10月份、11月份借款利息已经预提,属于企业应付利息这项负债的减少,12月份的短期借款利息直接计入当期的财务费用。这项经济业务的发生,一方面使当期财务费用增加500元、应付利息减少1 000元;另一方面使银行存款减少1 500元。因此,这项业务涉及"财务费用"和"应付利息"账户的借方和"银行存款"账户的贷方。应编制的会计分录如下:

借:财务费用　　　　　　　　　　　　　　　　　　　　　　　500
　　应付利息　　　　　　　　　　　　　　　　　　　　　　　1 000
　　贷:银行存款　　　　　　　　　　　　　　　　　　　　　　1 500

上述借款业务,3个月期的借款利息只有1 500元,利息金额不大,根据重要性原则,也可不分期计提利息,而在到期支付本息时全部作为支付月份的财务费用。在这种情况下,则到期偿还本息时应编制的会计分录如下:

借:短期借款　　　　　　　　　　　　　　　　　　　　　　　150 000
　　财务费用　　　　　　　　　　　　　　　　　　　　　　　1 500
　　贷:银行存款　　　　　　　　　　　　　　　　　　　　　　151 500

2. 长期借款的账务处理

企业借入长期借款,应按实际收到的金额,借记"银行存款"账户,按借款本金,贷记"长期借款——本金"账户,如存在差额,还应借记"长期借款——利息调整"账户。

资产负债表日,应按确定的长期借款的利息费用,借记"在建工程""制造费用""财务费用""研发支出"等账户;按确定的应付未付利息,贷记"应付利息"账户;按其差额,贷记"长期借款——利息调整"等账户。

【例5-8】 甲公司为建造一幢厂房,于2×15年1月1日借入期限为2年的长期专门借款2 000 000元,款项已存入银行。借款利率按市场利率确定为6%,每年付息一次,期满后一次还清本金。

甲公司的账务处理如下:

(1) 2×15年1月1日,取得借款时:

借:银行存款　　　　　　　　　　　　　　　　　　　　　　　2 000 000
　　贷:长期借款——本金　　　　　　　　　　　　　　　　　　2 000 000

(2) 2×15年12月31日,计算应计入工程成本的利息费用时:

$$借款利息 = 2\,000\,000 \times 6\% = 120\,000(元)$$

借:在建工程　　　　　　　　　　　　　　　　　　　　　　　120 000
　　贷:应付利息　　　　　　　　　　　　　　　　　　　　　　120 000

(3) 2×15年12月31日,支付借款利息时:

借:应付利息　　　　　　　　　　　　　　　　　　　　　　　120 000
　　贷:银行存款　　　　　　　　　　　　　　　　　　　　　　120 000

(4) 2×16年12月31日,到期还本时:

借:长期借款——本金 2 000 000
　　应付利息 120 000
　　贷:银行存款 2 120 000

资金筹集业务核算简图如图5-1所示。

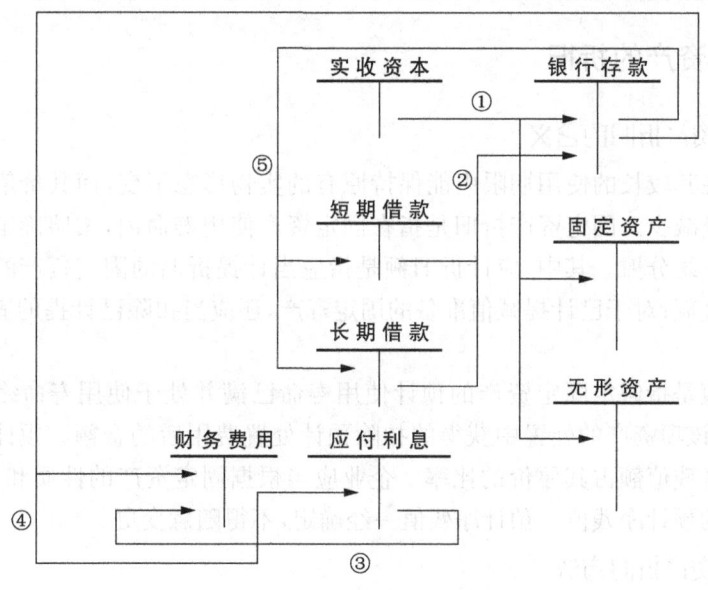

图5-1 资金筹集业务核算简图

说明:①实收资本的核算;②借入长、短期借款;③预提短期借款利息;④支付当期的或预提的利息;⑤归还长、短期借款。

第三节 固定资产业务的账务处理

一、固定资产的概念与特征

固定资产是指为生产商品、提供劳务、出租或者经营管理而持有、使用寿命超过一个会计年度的有形资产。

固定资产同时具有以下特征:①为生产商品、提供劳务、出租或者经营管理而持有;②使用寿命超过一个会计年度。

二、固定资产的成本

固定资产的成本是指企业购建某项固定资产并使其达到预定可使用状态前所发生的一切合理、必要的支出。

企业可以通过外购、自行建造、投资者投入、非货币性资产交换、债务重组、企业合并和融资租赁等方式取得的固定资产。不同取得方式下,固定资产成本的具体构成内容及其确定方法也不尽相同。

外购固定资产的成本,包括购买价款、相关税费和使固定资产达到预定可使用状态前所发生的可归属于该项资产的运输费、装卸费、安装费和专业人员服务费等。其中,相关税费不包括按照现行增值税制度规定,可以从销项税额中抵扣的增值税进项税额。

三、固定资产的折旧

(一)固定资产折旧的含义

固定资产在其较长的使用期限内能保持原有的实物形态不变,而其价值却随着固定资产的损耗而逐渐减少。固定资产折旧是指在固定资产使用寿命内,按照确定的方法对应计折旧额进行的系统分摊。其中,应计折旧额是指应当计提折旧的固定资产的原价扣除其预计净残值后的金额;对于已计提减值准备的固定资产,还应当扣除已计提的固定资产减值准备累计金额。

预计净残值是指假定固定资产的预计使用寿命已满并处于使用寿命终了时的预期状态,企业目前从该项资产的处置中获得的扣除预计处置费用后的金额。预计净残值率是指固定资产预计净残值额占其原价的比率。企业应当根据固定资产的性质和使用情况,合理确定固定资产的预计净残值。预计净残值一经确定,不得随意变更。

(二)固定资产折旧方法

固定资产折旧方法的选用将直接影响应提折旧总额在固定资产各使用年限之间的分配结果,从而影响各年的净收益和所得税。因此,企业应根据固定资产的性质、有形损耗和无形损耗的方式及程度、科技发展、环境及其他因素,合理地确定固定资产的预计使用年限和预计净残值,并根据与固定资产有关的经济利益的预期实现方式,合理选择固定资产的折旧方法。企业可选用的方法有年限平均法、工作量法、双倍余额递减法和年数总和法。本章重点介绍年限平均法和工作量法。

1. 年限平均法

年限平均法也称直线法,是以固定资产预计使用年限为分摊标准,将固定资产的应提折旧总额平均分摊到使用期各年的一种折旧方法。采用这种折旧方法,各年折旧额相等,不受固定资产使用频率或生产量多少的影响,因而也称固定费用法。

使用年限平均法计算折旧额的公式如下:

$$年折旧额 = \frac{原始价值 - 预计净残值}{预计使用年限} = \frac{原始价值 \times (1 - 预计净残值率)}{预计使用年限}$$

在实务中,固定资产折旧额是根据折旧率计算的。折旧率是指折旧额占原始价值的比重。用公式表示如下:

$$年折旧率 = \frac{年折旧额}{原始价值} \times 100\% = \frac{1 - 预计净残值率}{预计使用年限} \times 100\%$$

$$月折旧率 = 年折旧率 \div 12$$

$$月折旧额 = 年折旧额 \div 12$$

【例 5-9】 甲公司一台机器设备原始价值为 40 000 元,预计净残值率为 5%,预计使用 12 年,采用年限平均法计提折旧。

$$年折旧率 = \frac{1-5\%}{12} \times 100\% = 7.92\%$$

月折旧率 = 7.92% ÷ 12 = 0.66%

年折旧额 = 40 000 × 7.92% = 3 168(元)

月折旧额 = 3 168 ÷ 12 = 264(元)(或者:40 000 × 0.66%)

年限平均法计算过程简单易行,容易理解,是会计实务中应用最广泛的一种方法。但年限平均法只关注固定资产的使用时间,忽视了固定资产的使用强度和使用效率,无论固定资产磨损程度如何,都计提同样的折旧费用,这显然不合理。一般来说,随着固定资产的使用,所需要的修理、保养等费用将会逐年增加,固定资产在各年的使用成本等于本期折旧和维护修理费用之和,年限平均法确定的各年折旧费用是相同的,使固定资产各年的使用成本负担不均衡,这就产生了固定资产使用早期负担费用偏低,而后期负担费用偏高的现象,从而违背了收入与费用相配比的原则。

2. 工作量法

工作量法是根据实际工作量计算每期应提折旧额的一种方法。以固定资产预计可完成的工作总量为分摊标准,根据各年实际完成的工作量计算折旧。采用这种折旧方法,各年折旧额的大小随工作量的变动而变动,因而也称为变动费用法。工作量法一般适用于一些专用设备。

采用工作量法计算折旧,先要计算固定资产单位工作量的折旧额,在此基础上根据每期实际工作量的多少计算当期的折旧额。其计算过程用公式表示如下:

$$固定资产月折旧额 = 该项固定资产当月工作量 \times 单位工作量折旧额$$

其中,

$$单位工作量折旧额 = \frac{固定资产原价 \times (1-预计净残值率)}{预计总工作量}$$

采用工作量法时,不同的固定资产应按不同的工作量标准计算折旧,如机器设备应按工作小时计算折旧,运输工具应按行驶里程计算折旧,建筑施工机械应按工作台班时数计算折旧等。

【例 5-10】 甲公司有货车一辆,原值为 120 000 元,规定在使用期内行驶 50 万千米,预计残值为 3 000 元,预计清理费用为 500 元,本期行驶了 6 000 千米。

单位里程折旧额 = [120 000 − (3 000 − 500)] ÷ 500 000 = 0.235(元)

本期折旧额 = 6 000 × 0.235 = 1 410(元)

工作量法易于计算,简单实用,各年计提的折旧额大小与固定资产的使用程度相匹配。但工作量法只注重固定资产的使用,未考虑无形损耗对固定资产价值的影响。由于无形损耗的客观存在,固定资产即使不使用也会发生折旧。

工作量法适用于使用情况很不均衡,使用的季节性较为明显的大型机器设备、大型施工机械以及运输单位或其他企业专业车队的客、货运汽车等固定资产折旧的计算。

不同的固定资产折旧方法,将影响固定资产使用寿命期间内不同时期的折旧费用。企业应当根据与固定资产有关的经济利益的预期实现方式合理选择折旧方法,固定资产的折旧方法一经确定,不得随意变更。

在固定资产使用过程中，因其所处经济环境、技术环境以及其他环境均有可能发生很大变化，企业至少应当于每年年度终了，对固定资产的使用寿命、预计净残值和折旧方法进行复核。固定资产使用寿命、预计净残值和折旧方法的改变，应当作为会计估计变更。

四、账户设置

企业通常设置以下账户对固定资产业务进行会计核算。

1. "在建工程"账户

"在建工程"账户属于资产类账户，用来核算企业基建、更新改造等在建工程发生的支出。该账户借方登记企业各项在建工程的实际支出，贷方登记工程达到预定可使用状态时转出的成本等。期末余额在借方，反映企业期末尚未达到预定可使用状态的在建工程的成本。该账户可按"建筑工程""安装工程""在安装设备""待摊支出"以及单项工程的名称等进行明细核算。

2. "工程物资"账户

"工程物资"账户属于资产类账户，用来核算企业为在建工程准备的各种物资的成本，包括工程用材料、尚未安装的设备以及为生产准备的工器具等。该账户借方登记企业购入工程物资的成本，贷方登记领用工程物资的成本。期末余额在借方，反映企业期末为在建工程准备的各种物资的成本。该账户可按"专用材料""专用设备""工器具"等进行明细核算。

3. "固定资产"账户

"固定资产"账户属于资产类账户，用来核算企业持有的固定资产原价。该账户的借方登记固定资产原价的增加，贷方登记固定资产原价的减少。期末余额在借方，反映企业期末固定资产的原价。该账户可按固定资产类别和项目进行明细核算。

4. "累计折旧"账户

"累计折旧"账户属于资产类备抵账户，用来核算企业固定资产计提的累计折旧。该账户贷方登记按月提取的折旧额，即累计折旧的增加额，借方登记因减少固定资产而转出的累计折旧。期末余额在贷方，反映期末固定资产的累计折旧额。该账户可按固定资产的类别或项目进行明细核算。

企业固定资产在使用过程中磨损的价值，是通过计提折旧的方式逐步转移到产品成本和期间费用中去的。因此，计提折旧就表明生产费用或期间费用的增加；同时，由于固定资产发生了磨损，固定资产的价值也相应减少。企业管理上既需要固定资产的原始价值指标，又需要其净值指标，而"固定资产"账户只反映固定资产的原始价值，所以设置"累计折旧"账户反映固定资产因磨损而减少的价值。

"固定资产"账户的借方余额减去"累计折旧"账户的贷方余额即为固定资产的净值。"累计折旧"账户是"固定资产"账户的备抵调整账户，"累计折旧"账户和"固定资产"账户形成调整与被调整的关系，"固定资产"账户可称为"累计折旧"账户的被调整账户。

五、账务处理

（一）固定资产的购入

企业取得固定资产的方式一般包括购买、自行建造等，由于企业取得固定资产的途径和方式不同,其成本的确定也有所差异。

若企业购入的固定资产不需要安装,应将购进时支付的价款、包装费、运输费等(不包括支付的增值税)全部记入"固定资产"账户的借方;若需要安装,则将购进时支付的价款、包装费、运输费及其安装费等(不包括支付的增值税)全部记入"在建工程"账户的借方,等安装完毕交付使用时,再将购进和安装该设备的全部支出(不包括支付的增值税)从"在建工程"账户的贷方转入"固定资产"账户的借方。

1. 购入不需要安装的固定资产的账务处理

企业购进不需要安装或建造的固定资产,以购进时发生的除增值税以外的实际成本入账。

【例5-11】 亚宇公司购入不需要安装的新机器设备一台,买价30 000元,增值税3 900元,运杂费500元,全部款项已用银行存款支付。

企业购进一台不需要安装的设备,属于固定资产,取得这项固定资产发生的支出为30 500元(30 000+500),即为固定资产的原始价值。这项经济业务的发生,使企业的固定资产增加30 500元,由于新购入的固定资产支付的进项税可以抵扣,一方面使"应交税费——应交增值税"增加3 900元;另一方面使企业的银行存款减少34 400元。因此,这项业务涉及"固定资产"账户、"应交税费"账户的借方和"银行存款"账户的贷方。应编制的会计分录如下:

借:固定资产　　　　　　　　　　　　　　　　　　　　　　　　30 500
　　应交税费——应交增值税(进项税额)　　　　　　　　　　　　3 900
　　贷:银行存款　　　　　　　　　　　　　　　　　　　　　　　34 400

2. 购入需要安装的固定资产的账务处理

固定资产购入后需要安装才能交付使用的,购进时发生的买价、包装费、运输费等实际支出以及安装过程中的安装成本两部分作为固定资产的取得成本(或原始价值)。

【例5-12】 购入需要安装的新机器设备一台,买价50 000元,增值税6 500元,包装费和运输费840元,全部款项已用银行存款支付。在安装过程中,耗用材料2 400元,耗用人工1 400元。安装完毕,经验收合格达到预定可使用状态,交付使用。

本例涉及两项经济业务。

(1) 购入需要安装的固定资产。这项经济业务的发生,一方面使企业的在建工程支出增加54 640元;另一方面使企业的银行存款减少57 340元,原材料减少2 400元,应付职工薪酬增加1 400元。因此,这项经济业务涉及"在建工程"账户的借方,"银行存款"账户的贷方、"原材料"账户的贷方和"应付职工薪酬"账户的贷方。应编制的会计分录如下:

① 将购入的固定资产交付安装:

借:在建工程　　　　　　　　　　　　　　　　　　　　　　　　50 840
　　应交税费——应交增值税(进项税额)　　　　　　　　　　　　6 500
　　贷:银行存款　　　　　　　　　　　　　　　　　　　　　　　57 340

② 安装过程中耗用的材料和人工费:

借:在建工程　　　　　　　　　　　　　　　　　　　　　　　　3 800
　　贷:原材料　　　　　　　　　　　　　　　　　　　　　　　　2 400
　　　　应付职工薪酬　　　　　　　　　　　　　　　　　　　　　1 400

(2) 安装完毕,验收合格交付使用,应按该项工程的实际成本计价。

借：固定资产　　　　　　　　　　　　　　　　　　　　　　　　54 640
　　贷：在建工程　　　　　　　　　　　　　　　　　　　　　　　　54 640

3. 自行建造的固定资产

自行建造的固定资产是指企业自行组织工程物资采购、自行组织施工人员从事工程施工完成固定资产的建造。企业自行建造的固定资产，应将该项固定资产达到预定可使用状态前所发生的全部支出如实际发生的材料、人工、机械施工费等作为入账价值。

【例 5-13】 甲公司自行制造一台设备。在建造过程中主要发生下列支出：2×17 年 1 月 6 日用银行存款购入工程物资 185 600 元，其中价款 160 000 元，应交增值税 20 800 元，工程物资已验收入库。2×17 年 1 月 20 日，工程开始，当日实际领用工程物资 160 000 元；领用库存材料一批，实际成本 12 000 元；工程应负担直接人工费 28 000 元。2×17 年 4 月 30 日工程完工，并达到预定可使用状态。其账务处理如下。

(1) 2×17 年 1 月 6 日，购入工程物资、验收入库。

借：工程物资　　　　　　　　　　　　　　　　　　　　　　　160 000
　　应交税费——应交增值税（进项税额）　　　　　　　　　　　 20 800
　　贷：银行存款　　　　　　　　　　　　　　　　　　　　　　　180 800

(2) 2×17 年 1 月 20 日，领用工程物资，投入自营工程。

借：在建工程　　　　　　　　　　　　　　　　　　　　　　　160 000
　　贷：工程物资　　　　　　　　　　　　　　　　　　　　　　　160 000

(3) 2×17 年 1 月 20 日，领用库存材料。

借：在建工程　　　　　　　　　　　　　　　　　　　　　　　 12 000
　　贷：原材料　　　　　　　　　　　　　　　　　　　　　　　　 12 000

(4) 结转应由工程负担的直接人工费。

借：在建工程　　　　　　　　　　　　　　　　　　　　　　　 28 000
　　贷：应付职工薪酬　　　　　　　　　　　　　　　　　　　　　 28 000

(5) 2×17 年 4 月 30 日，工程完工，并达到预定可使用状态时，计算并结转工程成本。

设备制造成本＝160 000＋12 000＋28 000＝200 000（元）

借：固定资产　　　　　　　　　　　　　　　　　　　　　　　200 000
　　贷：在建工程　　　　　　　　　　　　　　　　　　　　　　　200 000

（二）固定资产折旧的账务处理

企业应当按月对所有的固定资产计提折旧，但是，已提足折旧仍继续使用的固定资产、单独计价入账的土地和持有待售的固定资产除外。提足折旧是指已经提足该项固定资产的应计折旧额。当月增加的固定资产，当月不计提折旧，从下月起计提折旧；当月减少的固定资产，当月仍计提折旧，从下月起不计提折旧。提前报废的固定资产，不再补提折旧。

企业按月计提的固定资产折旧，根据固定资产的用途计入相关资产的成本或者当期损益，借记"制造费用""销售费用""管理费用""研发支出""其他业务成本"等账户，贷记"累计折旧"账户。

【例 5-14】 某企业月末计提厂部固定资产折旧额 1 000 元。

这项经济业务的发生,一方面使管理费用增加 1 000 元;另一方面使累计折旧增加 1 000元。因此,这项业务涉及"管理费用"账户的借方和"累计折旧"账户的贷方。应编制的会计分录如下:

借:管理费用　　　　　　　　　　　　　　　　　　　　　　　　1 000
　　贷:累计折旧　　　　　　　　　　　　　　　　　　　　　　　　1 000

固定资产业务核算简图如图 5-2 所示。

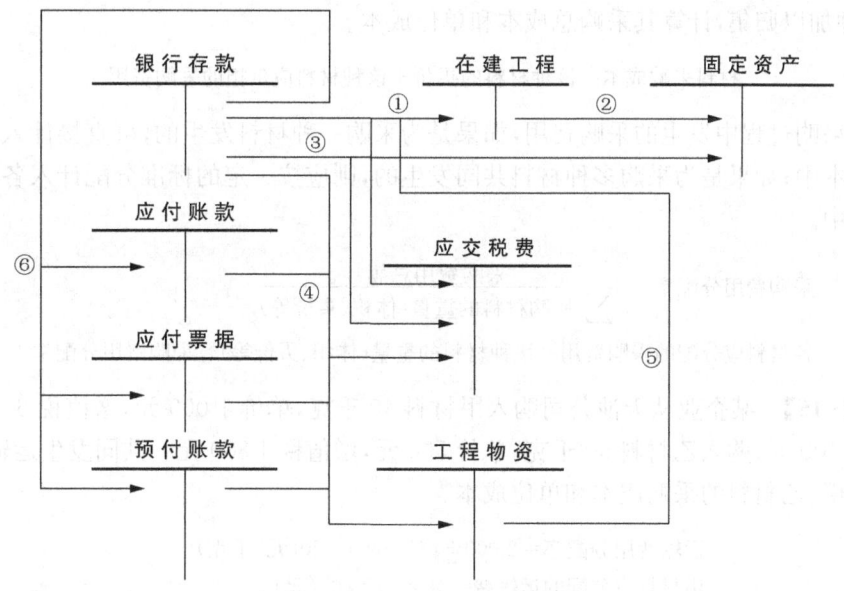

图 5-2　固定资产业务核算简图

说明:① 购进需要安装的固定资产;② 固定资产安装完毕交付使用;③ 购进不需要安装的固定资产;④ 购进工程物资;⑤ 领用工程物资;⑥ 货款的结算。

第四节　材料采购业务的账务处理

一、材料的采购成本

材料的采购成本是指企业物资从采购到入库前所发生的全部支出,包括购买价款、相关税费、运输费、装卸费、保险费以及其他可归属于采购成本的费用。

在实务中,企业也可以将发生的运输费、装卸费、保险费以及其他可归属于采购成本的费用等先进行归集,期末,按照所购材料的存销情况进行分摊。

1. 材料采购成本的构成

材料的采购成本,一般由采购材料的买价和采购费用两部分组成。买价是指采购材料时取得的发票上的价格,可直接计入所购材料的采购成本。采购费用是指企业在采购材料过程中所支付的各项费用,包括材料的运输费、装卸费、包装费、保险费、运输途中的合理损耗费、入库前的挑选整理费以及其他费用等。实际工作中为了简化核算,对某些本应计入材料采购成本的采购费用,如采购人员的差旅费、市内采购材料的运杂费、专设采购机构的经费等,不计入采购材料成本,而是作为管理费用列支。

2. 材料采购成本计算公式

材料采购成本的计算,就是将企业采购材料所支付的买价和采购费用,按照购入材料的类别、品种加以归集,计算其采购总成本和单位成本。

$$材料采购成本=该种材料的买价+该种材料应负担的采购费用$$

材料采购过程中发生的采购费用,如果是为采购一种材料发生的,可直接计入该种材料的采购成本中;如果是为采购多种材料共同发生的,则应按一定的标准分配计入各种材料的采购成本中。

$$采购费用分配率=\frac{采购费用总额}{\sum 所购材料的重量(体积、买价等)}$$

$$各材料应分配的采购费用=该种材料的重量(体积、买价等)\times 采购费用分配率$$

【例 5-15】 某企业从天池公司购入甲材料 40 千克,单价 1 000 元,增值税 6 400 元,发生装卸费 100 元;购入乙材料 60 千克,单价 500 元,增值税 4 800 元。共同发生运输费 2 000 元。计算甲、乙材料的采购成本和单位成本。

$$运输费用分配率=2\,000\div(40+60)=20(元/千克)$$
$$甲材料应分配的运输费=40\times 20=800(元)$$
$$乙材料应分配的运输费=60\times 20=1\,200(元)$$
$$甲材料的采购成本=40\times 1\,000+100+800=40\,900(元)$$
$$乙材料的采购成本=60\times 500+1\,200=31\,200(元)$$
$$甲材料的单位成本=40\,900\div 40=1\,022.5(元/千克)$$
$$乙材料的单位成本=31\,200\div 60=520(元/千克)$$

二、账户设置

企业通常设置以下账户对材料采购业务进行会计核算。

1. "原材料"账户

"原材料"账户属于资产类账户,用来核算企业库存的各种材料,包括原料及主要材料、辅助材料、外购半成品(外购件)、修理用备件(备品备件)、包装材料、燃料等的计划成本或实际成本。企业收到来料加工装配业务的原料、零件等,应当设置备查簿进行登记。该账户借方登记已验收入库材料的成本,贷方登记发出材料的成本。期末余额在借方,反映企业库存材料的计划成本或实际成本。该账户可按材料的保管地点(仓库)、材料的类别、品种和规格等进行明细核算。

2."材料采购"账户

"材料采购"账户属于资产类账户,用来核算企业采用计划成本进行材料日常核算而购入材料的采购成本。该账户借方登记企业采用计划成本进行核算时,采购材料的实际成本以及材料入库时结转的节约差异,贷方登记入库材料的计划成本以及材料入库时结转的超支差异。期末余额在借方,反映企业在途材料的采购成本。该账户可按供应单位和材料品种进行明细核算。

3."材料成本差异"账户

"材料成本差异"账户属于资产类账户,用来核算企业采用计划成本进行日常核算的材料计划成本与实际成本的差额。该账户借方登记入库材料形成的超支差异以及转出的发出材料应负担的节约差异,贷方登记入库材料形成的节约差异以及转出的发出材料应负担的超支差异。期末余额在借方,反映企业库存材料等的实际成本大于计划成本的差异;期末余额在贷方,反映企业库存材料等的实际成本小于计划成本的差异。该账户可以分"原材料""周转材料"等,按照类别或品种进行明细核算。

4."在途物资"账户

"在途物资"账户属于资产类账户,用来核算企业采用实际成本(或进价)进行材料、商品等物资的日常核算时,货款已付尚未验收入库的在途物资的采购成本。该账户借方登记购入材料、商品等物资的买价和采购费用(采购实际成本),贷方登记已验收入库材料、商品等物资应结转的实际采购成本。期末余额在借方,反映企业期末在途材料、商品等物资的采购成本。该账户可按供应单位和物资品种进行明细核算。

5."应付账款"账户

"应付账款"账户属于负债类账户,用来核算企业因购买材料、商品和接受劳务等经营活动应支付的款项。该账户贷方登记企业因购入材料、商品和接受劳务等尚未支付的款项,借方登记偿还的应付账款。期末余额一般在贷方,反映企业期末尚未支付的应付账款余额;如果在借方,反映企业期末预付账款余额。该账户可按债权人进行明细核算。

6."应付票据"账户

"应付票据"账户属于负债类账户,用来核算企业购买材料、商品和接受劳务等开出、承兑的商业汇票,包括银行承兑汇票和商业承兑汇票。该账户贷方登记企业开出、承兑的商业汇票的票面金额,借方登记企业已经支付或者到期无力支付的商业汇票。期末余额在贷方,反映企业尚未到期的商业汇票的票面金额。该账户可按债权人进行明细核算。

7."预付账款"账户

"预付账款"账户属于资产类账户,用来核算企业按照合同规定预付的款项。预付款项情况不多的,也可以不设置该账户,将预付的款项直接记入"应付账款"账户。该账户的借方登记企业因购货等业务预付的款项,贷方登记企业收到货物后应支付的款项等。期末余额在借方,反映企业预付的款项;期末余额在贷方,反映企业尚需补付的款项。该账户可按供货单位进行明细核算。

8."应交税费"账户

"应交税费"账户属于负债类账户,用来核算企业按照税法等规定计算应交纳的各种税费,包括增值税、消费税、企业所得税、资源税、土地增值税、城市维护建设税、房产税、城镇土地使用税、车船税和教育费附加等,企业代扣代缴的个人所得税等,也通过该账户核算。该账户贷方登记各种应交未交税费的增加额,借方登记实际交纳的各种税费。期末余额在贷方,反映企业尚未交纳的税费;期末余额在借方,反映企业多交或尚未抵扣的税费。

该账户可按应交的税费项目进行明细核算。其中"应交税费——应交增值税"账户是用来核算和监督企业应交和实交增值税结算情况的账户。企业购买货物支付的增值税进项税记入该账户的借方,销售产品时向购买方收取的销项税记入贷方。期末将销项税与进项税相抵后,如为贷方余额表示应交未交的增值税额;如为借方余额表示多交或尚未抵扣的增值税额。一般纳税人的增值税税率通常为13%。

三、账务处理

材料的日常收发结存可以采用实际成本核算,也可以采用计划成本核算。本部分主要以原材料存货为例,分别介绍原材料按实际成本日常核算和按计划成本日常核算的具体处理方法。

(一)实际成本法核算的账务处理

实际成本法下,一般通过"原材料"和"在途物资"等账户进行核算。企业外购材料时,按材料是否验收入库分为以下两种情况。

1. 材料已验收入库

如果货款已经支付,发票账单已到,材料已验收入库,按支付的实际金额,借记"原材料""应交税费——应交增值税(进项税额)"等账户,贷记"银行存款""预付账款"等账户。

【例5-16】 亚宇公司从其君公司购入甲材料4 000千克,单价10元,计40 000元;乙材料6 000千克,单价5元,计30 000元,增值税进项税额9 100元(70 000×13%)。全部款项通过银行存款付清。材料验收入库。

这项经济业务的发生,一方面使甲、乙材料采购成本分别增加40 000元和30 000元,增值税增加11 200元;另一方面使企业的银行存款减少81 200元。因此,这项业务涉及"原材料"和"应交税费——应交增值税"账户的借方和"银行存款"账户的贷方。应编制的会计分录如下:

借:原材料——甲材料　　　　　　　　　　　　　　　　　40 000
　　　　　——乙材料　　　　　　　　　　　　　　　　　30 000
　　应交税费——应交增值税(进项税额)　　　　　　　　9 100
　　贷:银行存款　　　　　　　　　　　　　　　　　　　79 100

【例5-17】 亚宇公司用银行存款1 720元支付上述购入材料的运杂费。

运杂费1 720元是两种材料共同发生的,应进行分配。运杂费的分配标准可以是材料的重量、体积、买价等。本题以甲、乙材料的重量为分配标准,计算材料运杂费的分配率,以便确定甲、乙材料负担的运杂费。

运杂费分配率=1 720÷(4 000+6 000)=0.172(元/千克)
甲材料应负担的运杂费=0.172×4 000=688(元)
乙材料应负担的运杂费=0.172×6 000=1 032(元)

这项经济业务的发生,一方面使甲、乙材料采购成本分别增加688元和1 032元;另一方面使银行存款减少1 720元。因此,这项业务涉及"原材料"账户的借方和"银行存款"账户的贷方。应编制的会计分录如下:

借：原材料——甲材料　　　　　　　　　　　　　　　　688
　　　　　——乙材料　　　　　　　　　　　　　　　　1 032
　　贷：银行存款　　　　　　　　　　　　　　　　　　　　1 720

【例 5-18】　亚宇公司按照合同规定用银行存款预付购买的前进公司丙材料的货款 10 000 元。

这项经济业务的发生，一方面使企业的预付账款增加 10 000 元；另一方面使企业的银行存款减少 10 000 元。因此，这项业务涉及"预付账款"账户的借方和"银行存款"账户的贷方。应编制的会计分录如下：

借：预付账款——前进公司　　　　　　　　　　　　10 000
　　贷：银行存款　　　　　　　　　　　　　　　　　　　　10 000

【例 5-19】　亚宇公司收到前进公司发来的已预付部分货款的丙材料，并验收入库。丙材料 500 千克，单价 28 元，计货款 14 000 元，增值税 1 820 元，另供货单位代垫运费 350 元。扣除预付款 10 000 元外，余款 6 590 元用银行存款支付。

这项经济业务的发生，一方面使丙材料采购成本增加 14 350 元；另一方面使企业的预付账款减少 10 000 元，银行存款减少 6 590 元。因此，这项业务涉及"原材料"和"应交税费——应交增值税"账户的借方，"预付账款"和"银行存款"账户的贷方。应编制的会计分录如下：

借：原材料——丙材料　　　　　　　　　　　　　　14 350
　　应交税费——应交增值税（进项税额）　　　　　　1 820
　　贷：预付账款——前进公司　　　　　　　　　　　　　10 000
　　　　银行存款　　　　　　　　　　　　　　　　　　　　6 170

如果货款尚未支付，材料已经验收入库，按相关发票凭证上应付的金额，借记"原材料""应交税费——应交增值税（进项税额）"等账户，贷记"应付账款""应付票据"等账户。

【例 5-20】　亚宇公司从杉杉公司购进丙材料 600 千克，单价 28 元，计 16 800 元，增值税税率 13%，材料验收入库，货款尚未支付。另用现金支付丙材料运费 200 元。

这项经济业务的发生，一方面使丙材料采购成本增加 17 000 元（买价＋运费），增值税增加 2 184 元；另一方面由于购进材料的价款尚未支付，使企业的应付账款增加 19 184 元，用现金支付运费，使现金减少 200 元。因此，这项业务涉及"原材料"和"应交税费——应交增值税"账户的借方和"应付账款"和"库存现金"账户的贷方。应编制的会计分录如下：

借：原材料——丙材料　　　　　　　　　　　　　　17 000
　　应交税费——应交增值税（进项税额）　　　　　　2 184
　　贷：应付账款——杉杉公司　　　　　　　　　　　　　18 984
　　　　库存现金　　　　　　　　　　　　　　　　　　　　200

【例 5-21】　亚宇公司从长江公司购买丁材料 500 千克，单价 38 元，运杂费 350 元，增值税 2 470 元，货款采用商业汇票结算，企业开出并承兑 6 个月的商业承兑汇票，材料验收入库。

这项经济业务的发生，一方面使企业丁材料采购成本增加 19 350 元（买价＋运费），增值税增加 2 470 元；另一方面使企业的应付票据增加 21 820 元。因此，这项业务涉及"原材料"和"应交税费——应交增值税"账户的借方和"应付票据"账户的贷方。应编制的会计分录如下：

借：原材料——丁材料 19 350
　　应交税费——应交增值税（进项税额） 2 470
　　贷：应付票据——长江公司 21 820

【例5-22】 亚宇公司以银行存款17 400元偿还前欠宏天公司货款。

这项经济业务的发生，一方面使企业的应付账款减少17 400元；另一方面使企业的银行存款减少17 400元。因此，这项业务涉及"应付账款"账户的借方和"银行存款"账户的贷方。应编制的会计分录如下：

借：应付账款——宏天公司 17 400
　　贷：银行存款 17 400

如果货款尚未支付，材料已经验收入库，但月末仍未收到相关发票凭证，按照暂估价入账，即借记"原材料"账户，贷记"应付账款"等账户。下月月初编制相反分录予以冲回，收到相关发票账单后再编制会计分录。

【例5-23】 2×17年5月5日，甲企业购入一批原材料，材料已运达企业并验收入库，但发票账单等凭证尚未收到。月末，该批货物结算凭证仍未收到，仓库对该批材料估价39 000元入账。6月4日，结算凭证收到，材料价款40 000元，增值税5 200元，货款通过银行支付。

甲企业的账务处理如下。

① 5月5日，材料入库，暂不作会计处理。

② 5月月末，按暂估价入账：

借：原材料 39 000
　　贷：应付账款——暂估 39 000

③ 6月1日，编制金额相同的借贷方向相反分录冲回：

借：应付账款——暂估 39 000
　　贷：原材料 39 000

④ 6月4日，收到结算凭证并支付货款时：

借：原材料 40 000
　　应交税费——应交增值税（进项税额） 5 200
　　贷：银行存款 45 200

2. 材料尚未验收入库

如果货款已经支付，发票账单已到，但材料尚未验收入库，按支付的金额，借记"在途物资""应交税费——应交增值税（进项税额）"等账户，贷记"银行存款"等账户；待验收入库时再编制后续分录。

对于可以抵扣的增值税进项税额，一般纳税人应根据收到的增值税专用发票上注明的增值税额，借记"应交税费——应交增值税（进项税额）"账户。

【例5-24】 甲企业购入甲原材料一批，价款50 000元，增值税6 500元。接到银行转来

结算凭证,经审核无误支付货款,材料尚在运输途中。甲企业的账务处理如下:

付款时:

借:在途物资　　　　　　　　　　　　　　　　　　　　　　　50 000
　　应交税费——应交增值税(进项税额)　　　　　　　　　　6 500
　　贷:银行存款　　　　　　　　　　　　　　　　　　　　　　56 500

收料时:

借:原材料　　　　　　　　　　　　　　　　　　　　　　　　50 000
　　贷:在途物资　　　　　　　　　　　　　　　　　　　　　　50 000

(二)计划成本法核算的账务处理

计划成本法下,一般通过"材料采购""原材料""材料成本差异"等账户进行核算。企业外购材料时,按材料是否验收入库分为以下两种情况。

1. 材料已验收入库

如果货款已经支付,发票账单已到,材料已验收入库,按支付的实际金额,借记"材料采购"账户,贷记"银行存款"账户;按计划成本金额,借记"原材料"账户,贷记"材料采购"账户;按计划成本与实际成本之间的差额,借记(或贷记)"材料采购"账户,贷记(或借记)"材料成本差异"账户。

【例 5-25】 某企业 6 月 5 日向本地甲公司购入 A 材料一批,增值税专用发票上注明的材料价款为 200 000 元,增值税 26 000 元,材料验收入库,计划成本为 205 000 元。企业当即开出银行转账支票支付货款。

(1)开出银行转账支票支付货款:

借:材料采购——A 材料　　　　　　　　　　　　　　　　　200 000
　　应交税费——应交增值税(进项税额)　　　　　　　　　26 000
　　贷:银行存款　　　　　　　　　　　　　　　　　　　　　226 000

(2)材料验收入库:

借:原材料——A 材料　　　　　　　　　　　　　　　　　　205 000
　　贷:材料采购——A 材料　　　　　　　　　　　　　　　　205 000

(3)结转入库材料成本差异:

借:材料采购——A 材料　　　　　　　　　　　　　　　　　5 000
　　贷:材料成本差异——A 材料　　　　　　　　　　　　　　5 000

如果货款尚未支付,材料已经验收入库,按相关发票凭证上应付的金额,借记"材料采购"账户,贷记"应付账款""应付票据"等账户;按计划成本金额,借记"原材料"账户,贷记"材料采购"账户;按计划成本与实际成本之间的差额,借记(或贷记)"材料采购"账户,贷记(或借记)"材料成本差异"账户。

【例 5-26】 某企业 6 月 5 日向本地甲公司购入 A 材料一批,增值税专用发票上注明的材料价款为 100 000 元,增值税 13 000 元,材料验收入库,计划成本为 98 000 元。企业当即开出并承兑一张面值为 113 000 元、期限为 2 个月的商业汇票结算货款。

(1) 开出承兑商业汇票结算货款：

借：材料采购——A材料 100 000
　　应交税费——应交增值税（进项税额） 13 000
　　贷：应付票据 113 000

(2) 材料验收入库：

借：原材料——A材料 98 000
　　贷：材料采购——A材料 98 000

(3) 结转入库材料成本差异：

借：材料成本差异——A材料 2 000
　　贷：材料采购——A材料 2 000

如果材料已经验收入库，货款尚未支付，月末仍未收到相关发票凭证，按照计划成本暂估入账，即借记"原材料"账户，贷记"应付账款"等账户。下月月初编制相反分录予以冲回，收到账单后再编制会计分录。

【例 5-27】某企业 6 月 20 日向丙单位购入 C 材料一批，材料已运到并验收入库，其计划成本为 50 000 元，到月终时该批材料的发票账单尚未收到，货款未付。

(1) 企业应于月末按材料的计划成本暂估入账。

借：原材料——C材料 50 000
　　贷：应付账款——暂估 50 000

(2) 假定企业在 6 月 30 日收到发票账单，材料价款 49 000 元，增值税为 6 370 元，但仍未付款。月终进行会计处理如下：

借：材料采购——C材料 49 000
　　应交税费——应交增值税（进项税额） 6 370
　　贷：应付账款——丙单位 55 370

借：原材料——C材料 50 000
　　贷：材料采购——C材料 50 000

借：材料采购——C材料 1 000
　　贷：材料成本差异——C材料 1 000

(3) 下月付款时：

借：应付账款——丙单位 53 70
　　贷：银行存款 53 70

2. 材料尚未验收入库

如果相关发票凭证已到，但材料尚未验收入库，按支付或应付的实际金额，借记"材料采购"账户，贷记"银行存款""应付账款"等账户；待验收入库时再编制后续分录。对于可以抵扣的增值税进项税额，一般纳税人应根据收到的增值税专用发票上注明的增值税额，借记"应交税费——应交增值税（进项税额）"账户。

【例 5-28】某企业 6 月 13 日向外地乙单位购入 B 材料一批。发票账单已收到，有关单据上列明材料价款 80 000 元,增值税额 10 400 元,运杂费 1 300 元,货款共 91 700 元,已通过银行转账支付,但月末材料仍未运到企业。

  借:材料采购——B 材料   81 300
    应交税费——应交增值税(进项税额)   10 400
    贷:银行存款   91 700

如果该批材料在下月 3 日运到并验收入库,其计划成本为 81 000 元,入库材料成本超支差异 300 元,则在下月收料时对材料入库和结转成本差异进行账务处理。

  借:原材料——B 材料   81 000
    贷:材料采购——B 材料   81 000
  借:材料成本差异——B 材料   300
    贷:材料采购——B 材料   300

材料采购业务核算简图如图 5-3 所示。

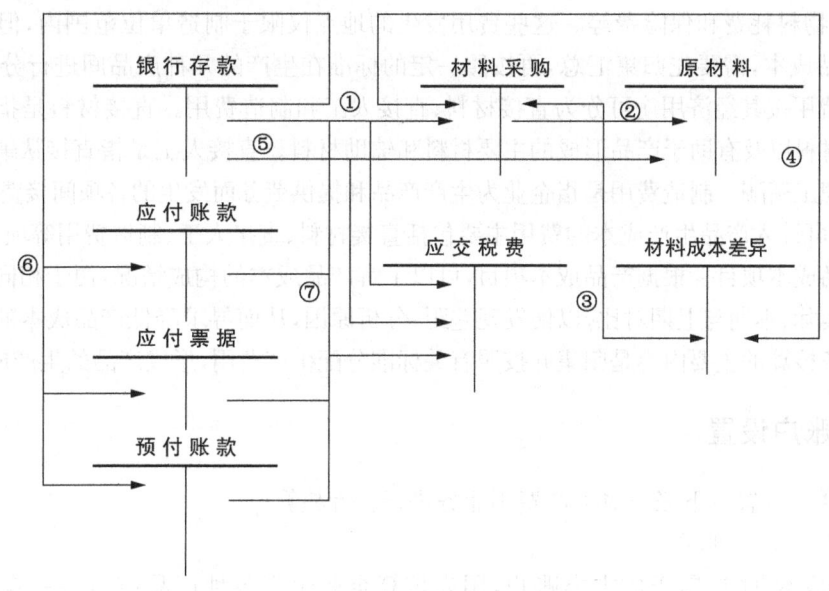

图 5-3 材料采购业务核算简图

说明:① 计划成本下购入材料;② 材料验收入库;③ 结转材料超支差;④ 结转材料节约差;⑤ 实际成本法下购买材料;⑥ 付定金;⑦ 货款的结算。

第五节 生产业务的账务处理

  工业企业的主要经济活动是生产符合社会需要的产品。企业产品的生产过程同时也是生产资料的耗费过程。企业在生产过程中发生的各项生产费用,包括生产过程中所消耗的原材料、燃料、动力、支付的工资和设备折旧费等支出,是企业为获得收入而预先垫支并需要得到补偿的资金耗费。这些费用最终都要归集、分配给特定的产品,形成产品的成本。

生产费用和产品成本既有区别,又有联系。生产费用是企业在一定时期内生产过程中发生的各种耗费,产品成本则是生产费用的对象化。生产费用强调"期间",而产品成本则强调"对象"。

产品成本的核算是指把一定时期内企业生产过程中所发生的费用,按其性质和发生地点,分类归集、汇总、核算,计算出该时期内生产费用总额,并按适当方法分别计算出各种产品的实际成本和单位成本等。

一、生产费用的构成

生产费用是指与企业日常生产经营活动有关的费用。按其计入产品成本的方式不同,可以分为直接费用和间接费用。直接费用是指企业可以直接计入产品生产成本的费用,如企业为生产某种产品耗用的材料费用(可称为直接材料)、发生的人工费用(可称为直接人工)等。间接费用也称为制造费用,是指须经过企业分配才能计入产品生产成本的费用,如企业制造单位(如车间、分厂等)管理人员和技术人员的人工费、办公费、固定资产的折旧费、水电费、机物料耗费和保险费等。这些费用发生的地点仅限于制造单位范围内,但又不能直接计入产品成本,需要先归集汇总,再按照一定的标准在生产的几种产品间进行分配。

生产费用按其经济用途可分为直接材料、直接人工和制造费用。直接材料是指构成产品实体的原材料以及有助于产品形成的主要材料和辅助材料。直接人工是指直接从事产品生产的工人的职工薪酬。制造费用是指企业为生产产品和提供劳务而发生的各项间接费用。

因此,可计入产品生产成本的费用主要包括直接材料、直接人工、制造费用等项目,这些项目称为产品成本项目。根据产品成本项目,可以了解产品成本的构成情况,便于相同成本项目的计划与实际、本期与上期对比,以便发现差距,分析原因,从而寻求降低产品成本的途径。产品生产业务核算的主要内容是归集并按照有关标准分配生产费用,形成产品的生产成本。

二、账户设置

企业通常设置以下账户对生产费用业务进行会计核算。

1. "生产成本"账户

"生产成本"账户属于成本类账户,用来核算企业生产各种产品(产成品、自制半成品等)、自制材料、自制工具、自制设备等发生的各项生产成本。

该账户借方登记应计入产品生产成本的各项费用,包括直接计入产品生产成本的直接材料费、直接人工费和其他直接支出,以及期末按照一定的方法分配计入产品生产成本的制造费用;贷方登记完工入库产成品应结转的生产成本。期末余额在借方,反映企业期末尚未加工完成的在产品成本。

该账户可按基本生产成本和辅助生产成本进行明细分类核算。基本生产成本应当分别按照基本生产车间和成本核算对象(如产品的品种、类别、订单、批别、生产阶段等)设置明细账(或成本计算单),并按照规定的成本项目设置专栏。

2. "制造费用"账户

"制造费用"账户属于成本类账户,用来核算企业生产车间(部门)为生产产品和提供劳务而发生的各项间接费用。该账户借方登记实际发生的各项制造费用,贷方登记期末按照一定标准分配转入"生产成本"账户借方的应计入产品成本的制造费用。期末结转后,该账户一般无余额。该账户可按不同的生产车间、部门和费用项目进行明细核算。

3. "库存商品"账户

"库存商品"账户属于资产类账户,用来核算企业库存的各种商品的实际成本(或进价)或计划成本(或售价),包括库存产成品、外购商品、存放在门市部准备出售的商品、发出展览的商品以及寄存在外的商品等。该账户借方登记验收入库的库存商品成本,贷方登记发出的库存商品成本。期末余额在借方,反映企业期末库存商品的实际成本(或进价)或计划成本(或售价)。该账户可按库存商品的种类、品种和规格等进行明细核算。

4. "应付职工薪酬"账户

"应付职工薪酬"账户属于负债类账户,用来核算企业根据有关规定应付给职工的各种薪酬。该账户借方登记本月实际支付的职工薪酬;贷方登记本月计算的应付职工薪酬,包括短期薪酬、离职后福利和辞退福利和其他长期职工福利。期末余额在贷方,反映企业应付未付的职工薪酬。该账户可按"工资、奖金、津贴和补贴""职工福利费""非货币性福利""社会保险费""住房公积金""工会经费和职工教育经费""带薪缺勤""利润分享计划""设定提存计划""设定受益计划义务""辞退福利"等进行明细核算。

三、账务处理

(一) 材料费用的归集与分配

在工业企业生产准备阶段购入的各种原材料验收入库之后,产品车间会填制领料单向仓库领取所需材料,仓库发出材料后,将领料单送交会计部门。会计部门将领料单汇总编制发料凭证汇总表,在确定材料费用时,应根据领料凭证区分车间、部门和不同用途,按照确定的结果将发出材料的成本借记"生产成本""制造费用""管理费用"等账户,贷记"原材料"等账户。

对于直接用于某种产品生产的材料费用,应直接计入该产品生产成本明细账中的直接材料费用项目;对于由多种产品共同耗用、应由这些产品共同负担的材料费用,应选择适当的标准在这些产品之间进行分配,按分担的金额计入相应的成本计算对象(生产产品的品种、类别等);对于为提供生产条件等间接消耗的各种材料费用,应先通过"制造费用"账户进行归集,期末按照一定的标准分配计入有关产品成本;对于行政管理部门领用的材料费用,应记入"管理费用"账户。

【例5-29】 亚宇公司生产甲、乙两种产品。本月生产车间领用材料及用途情况如表5-1所示。

表5-1 发料凭证汇总表

材料	A材料		B材料		金额合计(元)
	数量(千克)	金额(元)	数量(千克)	金额(元)	
生产领用材料	30 000	600 000	15 000	225 000	825 000
其中:甲产品	15 000	300 000	9 000	135 000	435 000
乙产品	15 000	300 000	6 000	90 000	390 000
车间一般耗用			750	11 250	11 250
合 计	30 000	600 000	15 750	236 250	836 250

这项经济业务的发生,一方面使甲、乙产品成本分别增加 435 000 元和 390 000 元,同时还使制造费用增加 11 250 元;另一方面使 A、B 材料分别减少 600 000 元和 236 250 元。因此,这项业务涉及"生产成本""制造费用"账户的借方和"原材料"账户的贷方。应编制的会计分录如下:

```
借:生产成本——甲产品                    435 000
         ——乙产品                    390 000
     制造费用                           11 250
  贷:原材料——A 材料                    600 000
         ——B 材料                    236 250
```

(二) 职工薪酬的归集与分配

职工薪酬是指企业为获得职工提供的服务或因解除劳动关系而给予职工的各种形式的报酬或补偿,具体包括:短期薪酬、离职后福利、辞退福利和其他长期职工福利。企业提供给职工配偶、子女、受赡养人、已故员工遗属及其他受益人等的福利,也属于职工薪酬。

对于短期职工薪酬,企业应当在职工为其提供服务的会计期间,按实际发生额确认为负债,并计入当期损益或相关资产成本。企业应当根据职工提供服务的受益对象,分别以下列情况处理。

(1) 应由生产产品、提供劳务负担的短期职工薪酬,计入产品成本或劳务成本。其中,生产工人的短期职工薪酬,应借记"生产成本"账户,贷记"应付职工薪酬"账户;生产车间管理人员的短期职工薪酬属于间接费用,应借记"制造费用"账户,贷记"应付职工薪酬"账户。

当企业采用计件工资制时,生产工人的短期职工薪酬属于直接费用,应直接计入有关产品的成本。当企业采用计时工资制时,只生产一种产品的生产工人的短期职工薪酬也属于直接费用,应直接计入产品成本;同时生产多种产品的生产工人的短期职工薪酬,则需采用一定的分配标准(实际生产工时或定额生产工时等)分配计入产品成本。

(2) 应由在建工程、无形资产负担的短期职工薪酬,计入建造的固定资产或无形资产成本。

(3) 除上述两种情况之外的其他短期职工薪酬应计入当期损益。如企业行政管理部门人员和专设销售机构销售人员的短期职工薪酬均属于期间费用,应分别借记"管理费用""销售费用"等账户,贷记"应付职工薪酬"账户。

1. 计提应付职工薪酬的账务处理

【例 5-30】 亚宇公司计提本月工资,其中甲产品生产工人工资 60 000 元;乙公司产品生产工人工资 45 000 元;车间管理人员工资 15 000 元;厂部管理人员工资 30 000 元。

这项经济业务的发生,一方面使甲、乙产品成本分别增加 60 000 元和 45 000 元,同时还使制造费用和管理费用分别增加 15 000 元和 30 000 元;另一方面使应付职工薪酬增加 150 000 元。因此,这项业务涉及"生产成本""制造费用""管理费用"账户的借方和"应付职工薪酬"账户的贷方。应编制的会计分录如下:

```
借:生产成本——甲产品                            60 000
         ——乙产品                            45 000
     制造费用                                   15 000
     管理费用                                   30 000
  贷:应付职工薪酬——职工工资、奖金、津贴和补贴     150 000
```

【例 5-31】 亚宇公司下设一职工食堂,每月根据在岗职工数量及岗位分布情况、相关历史经验数据等计算需要补贴食堂的金额,从而确定企业每期因职工食堂而需要承担的福利金额。本月企业在岗职工共计 100 人,其中管理部门职工 20 人,车间管理人员 10 人,生产甲产品职工 40 人,生产乙产品职工 30 人,企业的历史经验数据表明,对于每个职工企业每月需要补贴食堂 120 元。

这项经济业务的发生,一方面使甲、乙产品成本分别增加 4 800 元和 3 600 元,同时还使制造费用和管理费用分别增加 1 200 元和 2 400 元;另一方面使应付职工薪酬增加 12 000 元。因此,这项业务涉及"生产成本""制造费用""管理费用"账户的借方和"应付职工薪酬"账户的贷方。应编制的会计分录如下:

借:生产成本——甲产品　　　　　　　　　　　　　　　　　　　　4 800
　　　　　　——乙产品　　　　　　　　　　　　　　　　　　　　3 600
　　制造费用　　　　　　　　　　　　　　　　　　　　　　　　　1 200
　　管理费用　　　　　　　　　　　　　　　　　　　　　　　　　2 400
　　贷:应付职工薪酬——职工福利费　　　　　　　　　　　　　　12 000

2. 发放应付职工薪酬的账务处理

【例 5-32】 亚宇公司开出现金支票,从银行提取现金 150 000 元,准备发放工资。

这项经济业务的发生,一方面使库存现金增加 150 000 元;另一方面使银行存款减少 150 000 元。因此,这项业务涉及"库存现金"账户的借方和"银行存款"账户的贷方。应编制的会计分录如下:

借:库存现金　　　　　　　　　　　　　　　　　　　　　　　　150 000
　　贷:银行存款　　　　　　　　　　　　　　　　　　　　　　　150 000

【例 5-33】 用现金 150 000 元发放工资。

这项经济业务的发生,一方面使应付职工薪酬减少 150 000 元;另一方面使现金减少 150 000 元。因此,这项业务涉及"应付职工薪酬"账户的借方和"库存现金"账户的贷方。应编制的会计分录如下:

借:应付职工薪酬——工资、奖金、津贴和补贴　　　　　　　　　150 000
　　贷:库存现金　　　　　　　　　　　　　　　　　　　　　　　150 000

(三)制造费用的归集与分配

1. 制造费用的归集

制造费用是指企业各个生产分厂、车间为组织和管理生产所发生的各项间接费用,包括分厂、车间管理人员的工资、职工福利、房屋建筑物、机器设备的折旧费、机物料消耗、低值易耗品摊销、水电费、办公费、差旅费、劳动保护费等。

企业发生制造费用时,借记"制造费用"账户,贷记"累计折旧""银行存款""应付职工薪酬"等账户;结转或分摊时,借记"生产成本"等账户,贷记"制造费用"账户。

【例 5-34】 亚宇公司月末计提车间固定资产折旧额 10 800 元,厂部固定资产折旧额 2 000 元。

这项经济业务的发生,一方面使制造费用和管理费用分别增加 10 800 元和 2 000 元;另一方面使累计折旧增加 12 800 元。因此，这项业务涉及"制造费用""管理费用"账户的借方和"累计折旧"账户的贷方。应编制的会计分录如下：

借：制造费用   10 800
　　管理费用   2 000
　　贷：累计折旧   12 800

【例 5-35】 用银行存款支付车间办公费 2 800 元。

这项经济业务的发生，一方面使制造费用增加 2 800 元；另一方面使银行存款减少 2 800 元。因此，这项业务涉及"制造费用"账户的借方和"银行存款"账户的贷方。应编制的会计分录如下：

借：制造费用   2 800
　　贷：银行存款   2 800

2. 制造费用的分配

企业发生的制造费用是工业企业为生产产品而发生的各种间接费用，由于不能直接记入"生产成本"账户，对车间发生的各种间接费用均需要在"制造费用"账户中予以归集，月末，再将归集的制造费用按照合理的分配标准按月分配计入各成本核算对象的生产成本。企业可以采取的分配标准包括机器工时、人工工时、计划分配率等。制造费用的分配所选择的标准，应当与所分配的费用之间有较密切的关系，使分配的结果能体现受益原则，即受益大的产品多负担费用；反之，则少负担费用。其计算公式如下：

$$制造费用分配率 = \frac{制造费用总额}{产品生产工时（或生产工人工资、产量）总和}$$

某产品应分配的制造费用 = 该产品生产工时（或生产工人工资、产量等）× 制造费用分配率

上述计算公式也可以表述如下：

$$某产品生产工时（或生产工人工资、产量等）比率 = \frac{某种产品生产工时（或生产工人工资、产量等）}{产品生产工时（或生产工人工资、产量等）总和}$$

某产品应分配的制造费用 = 该产品生产工时（或生产工人工资、产量等）比率 × 制造费用总额

【例 5-36】 ［例 5-29］至［例 5-35］中发生的制造费用按照生产工时比例分配计入甲、乙产品的生产成本，其中甲产品生产工时 400 小时，乙产品生产工时 600 小时。

制造费用的归集和分配计算如下：

本月发生的制造费用 = 11 250 + 15 000 + 1 200 + 10 800 + 2 800 = 41 050（元）
甲产品应负担的制造费用 = 41 050 ÷ (400 + 600) × 400 = 16 420（元）
乙产品应负担的制造费用 = 41 050 ÷ (400 + 600) × 600 = 24 630（元）

这项经济业务的发生，一方面使甲、乙产品生产成本分别增加 16 420 元和 24 630 元；另一方面使制造费用减少 41 050 元。因此，这项业务涉及"生产成本"账户的借方和"制造费用"账户的贷方。应编制的会计分录如下：

借：生产成本——甲产品   16 420
　　　　　　　——乙产品   24 630
　　贷：制造费用   41 050

(四) 完工产品生产成本的计算与结转

产品生产成本计算是指将企业生产过程中为制造产品所发生的各种费用按照成本计算对象进行归集和分配，以便计算各种产品的总成本和单位成本。有关产品成本信息是进行库存商品计价和确定销售成本的依据。

企业应设置产品生产成本明细账，用来归集应计入各种产品的生产费用。通过对材料费用、职工薪酬和制造费用的归集和分配，企业各月生产产品所发生的生产费用已记入"生产成本"账户中。计算产品生产成本的一般程序分为如下四步。

1. 确定成本计算对象

进行成本计算，首先要确定成本计算对象。所谓成本计算对象就是指生产费用归属的对象。如要计算各种产品的成本，那么产品品种就是成本计算对象。成本计算对象的确定是设置产品成本明细账，归集生产费用，正确计算产品生产成本的前提。成本计算对象的确定还要考虑企业的生产经营过程、产品生产类型和成本管理要求等方面，这些方面存在差异，就会使成本计算对象不一样，而不同的成本计算对象又决定了不同的成本计算方法。但是，不论采用哪种方法最终都要按照产品品种计算出产品成本，因而按照产品品种计算产品成本，是计算产品成本的最基本的方法。

2. 确定成本计算期

成本计算期是指每间隔多长时间计算一次成本。为了使产品生产成本的计算比较准确，成本计算期的确定最好同产品的生产周期一致。但由于企业的技术、组织和成本管理的特点，如果企业经常反复不断地生产同一种或几种产品，成本计算期一般确定为1个月。

3. 确定成本项目

成本是由生产费用构成的，而构成各种成本的生产费用的经济用途是不同的，将企业在生产经营过程中发生的生产费用按其经济用途进行分类即确定产品成本项目。产品生产成本的成本项目一般包括：直接材料、直接人工和制造费用。也就是说，计入产品成本的生产费用还应进一步按成本项目进行归集。

4. 计算完工产品的生产成本

经过生产费用的归集和分配，已将各种产品所发生的直接材料、直接人工和制造费用归集到了"生产成本"账户的借方，在此基础上就可以计算各种产品的总成本和单位成本。产品生产成本的计算一般在生产成本明细账中进行。

如果月末某种产品全部完工，该种产品生产成本明细账所归集的费用总额，就是该种完工产品的总成本，用完工产品总成本除以该种产品的完工总产量即可计算出该种产品的单位成本。如果月末某种产品全部未完工，该种产品生产成本明细账所归集的费用总额就是该种产品在产品的总成本。

如果月末某种产品一部分完工，一部分未完工，这时对归集在产品成本明细账中的费用总额还要采取适当的分配方法在完工产品和在产品之间进行分配，然后才能计算出完工产品的总成本和单位成本。完工产品成本的基本计算公式如下：

完工产品生产成本＝期初在产品成本＋本期发生的生产费用－期末在产品成本

当产品生产完成并验收入库时，借记"库存商品"账户，贷记"生产成本"账户。

下面以亚宇公司产品生产成本的归集为基础，说明产品生产成本的计算过程。

【例 5-37】 本月发生的各项费用见[例 5-29]至[例 5-36],甲、乙产品本月月初无余额,本月生产甲产品 40 件,全部完工;乙产品 60 件,完工 40 件,在产品 20 件的直接材料为 120 000 元,直接人工 7 000 元,制造费用为 5 630 元。

将上述有关内容在甲、乙产品生产成本明细账中登记,并计算完工产品的生产成本结果,详见如 5-2 至表 5-4 所示。

表 5-2 产品成本明细账

产品名称:甲产品　　　　　　　　　　　　　　　　　　　　　　　　单位:元

××××年		凭证	摘要	借方			
月	日			直接材料	直接人工	制造费用	合计
(略)	(略)	(略)	领用材料	435 000			435 000
			计提工资		60 000		60 000
			分配福利费		4 800		4 800
			分配制造费用			16 420	16 420
			本期发生额	435 000	64 800	16 420	516 220
			结转完工产品成本	435 000	64 800	16 420	516 220

注:因产品成本明细账未设贷方栏,故结转完工产品成本通过借方栏用红字转出,框内数字代表红字,下同。

表 5-3 产品成本明细账

产品名称:乙产品　　　　　　　　　　　　　　　　　　　　　　　　单位:元

××××年		凭证	摘要	借方			
月	日			直接材料	直接人工	制造费用	合计
(略)	(略)	(略)	领用材料	390 000			390 000
			计提工资		45 000		450 000
			提取福利费		3 600		3 600
			分配制造费用			24 630	24 630
			本期发生额	390 000	48 600	24 630	463 230
			结转完工产品成本	270 000	41 600	19 000	330 600

表 5-4 完工产品生产成本计算表

成本项目	甲产品(40 件)		乙产品(40 件)	
	总成本(元)	单位成本(元/件)	总成本(元)	单位成本(元/件)
直接材料	435 000	10 875	270 000	6 750
直接人工	64 800	1 620	41 600	1 040
制造费用	16 420	410.5	19 000	475
合计	516 220	12 905.5	330 600	8 265

【例 5-38】 根据甲、乙产品成本计算单,结转本月生产完工验收入库的甲、乙产品的生

产成本。

这项经济业务的发生,一方面使企业的甲、乙两种库存产品分别增加 516 220 元和 330 600 元;另一方面使企业的甲、乙产品的生产成本分别减少 516 220 元和 330 600 元。因此,这项业务涉及"库存商品"账户的借方和"生产成本"账户的贷方。应编制的会计分录如下:

借:库存商品——甲产品　　　　　　　　　　　　　　　　　516 220
　　　　　　——乙产品　　　　　　　　　　　　　　　　　330 600
　贷:生产成本——甲产品　　　　　　　　　　　　　　　　　516 220
　　　　　　——乙产品　　　　　　　　　　　　　　　　　330 600

产品生产业务核算简图如图 5-4 所示。

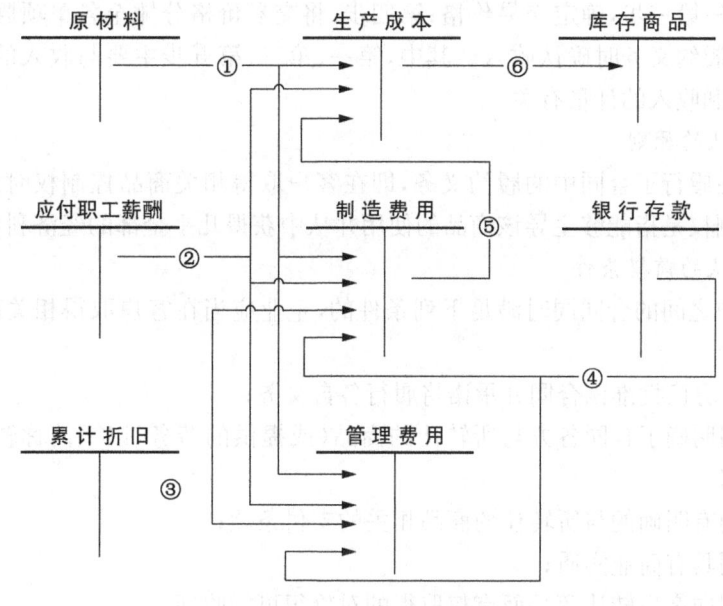

图 5-4　产品生产业务核算简图

说明:① 发生材料费用;② 发生工资费用;③ 计提折旧费;④ 支付制造费用、管理费用;⑤ 分配制造费用;⑥ 完工产品入库。

第六节　销售业务的账务处理[①]

收入是指企业在日常活动中形成的、会导致所有者权益增加的、与所有者投入资本无关的经济利益的总流入,包括销售商品收入、提供劳务收入和让渡资产使用权收入。企业代第三方收取的款项,应当作为负债处理,不应当确认为收入。按照企业从事日常活动的性质,可将收入分为销售商品收入、提供劳务收入、让渡资产使用权收入、建造合同收入等。按照

---

① 虽然 2017 年修订了《企业会计准则第 14 号——收入》和《企业会计准则第 15 号——建造合同》,但是,考虑到修订后的准则自 2020 年 1 月 1 日起在境内上市公司执行,本节仍以现行准则为准,相应地修订了部分我们安排在《中级财务会计》中讲授,以适应准则过渡期的实际情况。

企业从事日常活动在企业中的重要性,可将收入分为主营业务收入、其他业务收入等。

产品销售过程是产品价值的实现过程。在产品的销售过程中,一方面,企业要确认产品销售收入的实现,与购买单位办理货款的结算;另一方面,在销售产品的过程中会发生运杂费、包装费、广告费等销售费用,要结转已销售产品的生产成本,同时,还须按照国家税法的规定计算交纳各种产品销售税金,最后确定产品销售损益。销售业务的账务处理涉及商品销售、其他销售等业务收入、成本、费用和相关税费的确认与计量等内容。

一、收入的确认与计量

收入的确认和计量大致分为五步:第一步,识别与客户订立的合同;第二步,识别合同中的单项履约义务;第三步,确定交易价格;第四步,将交易价格分摊至各单项履约义务;第五步,履行各单项履约义务时确认收入。其中,第一、第二、第五步主要与收入的确认有关,第三、第四步主要和收入的计量有关。

1. 收入确认的原则

企业应当在履行了合同中的履约义务,即在客户取得相关商品控制权时确认收入。取得相关商品控制权是指能够主导该商品的使用并从中获得几乎全部的经济利益。

2. 收入确认的前提条件

企业与客户之间的合同同时满足下列条件的,企业应当在客户取得相关商品控制权时确认收入:

(1) 合同各方已批准该合同并承诺将履行各自义务;

(2) 该合同明确了合同各方与所转让的商品(或提供的劳务,以下简称转让的商品)相关的权利和义务;

(3) 该合同有明确的与所转让的商品相关的支付条款;

(4) 该合同具有商业实质;

(5) 企业因向客户转让商品而有权取得的对价很可能收回。

二、账户设置

企业通常设置以下账户对销售业务进行会计核算。

1. "主营业务收入"账户

"主营业务收入"账户属于损益类账户,用来核算企业确认的销售商品、提供劳务等主营业务的收入。该账户贷方登记企业实现的主营业务收入,即主营业务收入的增加额;借方登记期末转入"本年利润"账户的主营业务收入(按净额结转),以及发生销售退回和销售折让时应冲减的本期的主营业务收入。期末结转后,该账户无余额。该账户应按照主营业务的种类设置明细账户,进行明细分类核算。

2. "其他业务收入"账户

"其他业务收入"账户属于损益类账户,用来核算企业确认的除主营业务活动以外的其他经营活动实现的收入,包括出租固定资产、出租无形资产、出租包装物和商品、销售材料等。该账户贷方登记企业实现的其他业务收入,即其他业务收入的增加额;借方登记期末转入"本年利润"账户的其他业务收入。期末结转后,该账户无余额。该账户可按其他业务的种类设置明细账户，进行明细分类核算。

3. "应收账款"账户

"应收账款"账户属于资产类账户，用来核算企业因销售商品、提供劳务等经营活动应收取的款项。该账户借方登记由于销售商品以及提供劳务等发生的应收账款，包括应收取的价款、税款和代垫款等；贷方登记已经收回的应收账款。期末余额通常在借方，反映企业尚未收回的应收账款；期末余额如果在贷方，反映企业预收的账款。该账户应按不同的债务人进行明细分类核算。

4. "应收票据"账户

"应收票据"账户属于资产类账户，用来核算企业因销售商品、提供劳务等而收到的商业汇票。该账户借方登记企业收到的应收票据；贷方登记票据到期收回的应收票据。期末余额在借方，反映企业持有的商业汇票的票面金额。该账户可按开出、承兑商业汇票的单位进行明细核算。

5. "预收账款"账户

"预收账款"账户属于负债类账户，用来核算企业按照合同规定预收的款项。预收账款情况不多的企业，也可以不设置该账户，将预收的款项直接记入"应收账款"账户。该账户贷方登记企业向购货单位预收的款项等，借方登记销售实现时按实现的收入转销的预收款项等。期末余额在贷方，反映企业预收的款项；期末余额在借方，反映企业已转销但尚未收取的款项。该账户可按购货单位进行明细核算。

6. "主营业务成本"账户

"主营业务成本"账户属于损益类账户，用来核算企业确认销售商品、提供劳务等主营业务收入时应结转的成本。该账户借方登记主营业务发生的实际成本，贷方登记期末转入"本年利润"账户的主营业务成本。期末结转后，该账户无余额。该账户可按主营业务的种类设置明细账户，进行明细分类核算。

7. "其他业务成本"账户

"其他业务成本"账户属于损益类账户，用来核算企业确认的除主营业务活动以外的其他经营活动所发生的支出，包括销售材料的成本、出租固定资产的折旧额、出租无形资产的摊销额、出租包装物的成本或摊销额等。该账户借方登记其他业务的支出额，贷方登记期末转入"本年利润"账户的其他业务支出额。期末结转后，该账户无余额。该账户可按其他业务的种类设置明细账户，进行明细分类核算。

8. "税金及附加"账户

"税金及附加"账户属于损益类账户，用来核算企业经营活动发生的消费税、城市维护建设税、资源税、房产税、车船税、城镇土地使用税、印花税和教育费附加等相关税费。该账户借方登记企业应按规定计算确定的与经营活动相关的税费；贷方登记期末转入"本年利润"账户的与经营活动相关的税费。期末结转后，该账户无余额。

三、账务处理

（一）主营业务收入的账务处理

主营业务收入是指企业为完成其经营目标而从事的日常活动中的主要经营活动取得的

收入,包括销售产品、自制半成品、提供工业性劳务等取得的收入。进行主营业务收入核算的一个首要问题就是主营业务收入何时入账,按多少金额入账。企业销售产品所获得的收入应以权责发生制为基础,根据《企业会计准则第 14 号——收入》规定的条件加以确认。一般情况下,当产品已经发出,产品的所有权已经转移给购买方后,企业收到货款或取得收取货款的凭据,即可确认主营业务收入。

企业销售商品或提供劳务实现的收入,应按实际收到、应收或者预收的金额,借记"银行存款""应收账款""应收票据""预收账款"等账户,按确认的营业收入,贷记"主营业务收入"账户。

对于增值税销项税额,一般纳税人应贷记"应交税费——应交增值税(销项税额)"账户;小规模纳税人应贷记"应交税费——应交增值税"账户。

【例 5-39】 亚宇公司销售甲产品 20 件给胜利公司,销售单价 20 000 元,计价款 400 000 元,增值税税率 13%,货款收到存入银行。

这项经济业务的发生,一方面使企业的银行存款增加 452 000 元;另一方面使主营业务收入增加 400 000 元,增值税增加 52 000 元。因此,这项业务涉及"银行存款"账户的借方和"主营业务收入""应交税费"账户的贷方。应编制的会计分录如下:

借:银行存款　　　　　　　　　　　　　　　　　　　　　452 000
　　贷:主营业务收入——甲产品　　　　　　　　　　　　　　400 000
　　　　应交税费——应交增值税(销项税额)　　　　　　　　 52 000

【例 5-40】 亚宇公司按照销售合同规定预收长江公司订购甲产品的货款 150 000 元,已存入银行。

这项经济业务的发生,一方面使企业银行存款增加 150 000 元;另一方面使企业的预收账款增加 150 000 元。因此,这项业务涉及"银行存款"账户的借方和"预收账款"账户的贷方。应编制的会计分录如下:

借:银行存款　　　　　　　　　　　　　　　　　　　　　150 000
　　贷:预收账款——长江公司　　　　　　　　　　　　　　　150 000

【例 5-41】 亚宇公司销售给黄河公司乙产品 20 件,销售单价 15 000 元,计价款 300 000 元,增值税税率 13%,货款未收。

这项经济业务的发生,一方面使企业的应收账款增加 339 000 元;另一方面使企业的主营业务收入增加 300 000 元,应交增值税增加 39 000 元。因此,这项业务涉及"应收账款"账户的借方和"主营业务收入""应交税费"账户的贷方。应编制的会计分录如下:

借:应收账款——黄河公司　　　　　　　　　　　　　　　339 000
　　贷:主营业务收入——乙产品　　　　　　　　　　　　　　300 000
　　　　应交税费——应交增值税(销项税额)　　　　　　　　 39 000

【例 5-42】 亚宇公司本月预收长江公司 150 000 元的货款,现已发出甲产品 10 件,销售单价 20 000 元,计价款 200 000 元,增值税税率 13%,原预收款不足部分的差额 76 000 元已收存银行。

这项经济业务的发生,一方面使企业的预收账款减少 150 000 元,银行存款增加 76 000 元;另一方面使企业的主营业务收入增加 200 000 元,应交税费增加 26 000 元。因此,这项业务涉及"预收账款""银行存款"账户的借方和"主营业务收入""应交税费"账户的贷方。应

编制的会计分录如下:

借:预收账款——长江公司	150 000	
银行存款	76 000	
贷:主营业务收入——甲产品		200 000
应交税费——应交增值税(销项税额)		26 000

【例5-43】 亚宇公司采用商业汇票结算方式向长城公司销售乙产品18件,销售单价15 000元,价款共计270 000元,应收增值税的销项税35 100元,收到该公司签发的6个月的商业承兑汇票。

这项经济业务的发生,一方面使企业的应收票据增加305 100元;另一方面使企业的主营业务收入增加270 000元,应交增值税增加35 100元。因此,这项业务涉及"应收票据"账户的借方和"主营业务收入""应交税费"账户的贷方。应编制的会计分录如下:

借:应收票据——长城公司	305 100	
贷:主营业务收入——乙产品		270 000
应交税费——应交增值税(销项税额)		35 100

(二)主营业务成本的账务处理

期(月)末,企业应根据本期(月)销售各种商品、提供各种劳务等实际成本,计算应结转的主营业务成本,借记"主营业务成本"账户,贷记"库存商品""劳务成本"等账户。

采用计划成本或售价核算库存商品的,平时的营业成本按计划成本或售价结转。月末,还应结转本月销售商品应分摊的产品成本差异或商品进销差价。

企业销售产品后,从理论上讲,在确认产品销售收入的同时就应该确认产品销售成本。但在实际工作中,企业为了简化核算工作,通常在月份终了,汇总结转经计算确定的产品销售成本,即从"库存商品"账户结转到"主营业务成本"账户。

【例5-44】 结转本月销售的30件甲产品、38件乙产品的生产成本。假设本月销售的甲、乙产品均为本月生产完工入库的产品。从表5-4可知,甲产品生产成本为每件12 905.5元,乙产品生产成本为每件8 265元。

按个别计价法计算本月销售产品成本如下:

　　本月销售甲产品的销售成本=30×12 905.5=387 165(元)
　　本月销售乙产品的销售成本=38×8 265=314 070(元)
　　本月销售甲、乙产品的销售成本合计=387 165+314 070=701 235(元)

这项经济业务的发生,一方面使企业甲、乙产品销售成本即主营业务成本分别增加387 165元和314 070元;另一方面使企业的甲、乙产品即库存商品分别减少387 165元和314 070元。因此,这项经济业务涉及"主营业务成本"账户的借方和"库存商品"账户的贷方。应编制的会计分录如下:

借:主营业务成本——甲产品	387 165	
——乙产品	314 070	
贷:库存商品——甲产品		387 165
——乙产品		314 070

(三)其他业务收入与成本的账务处理

主营业务与其他业务是按照企业从事日常活动的重要性来划分的。其他业务的确认原则和计量方法与主营业务相同。主营业务和其他业务的划分并不是绝对的,一个企业的主营业务可能是另一个企业的其他业务,即便在同一个企业,不同期间的主营业务和其他业务的内容也不是固定不变的。

当企业发生其他业务收入时,按已收取或应收的款项,借记"银行存款""应收账款""应收票据"等账户,按确定的收入金额,贷记"其他业务收入"账户,同时确认有关税金;在结转其他业务收入的同一会计期间,企业应根据本期应结转的其他业务成本金额,借记"其他业务成本"账户,贷记"原材料""累计折旧""应付职工薪酬"等账户。

【例 5-45】 亚宇公司出售不需用的原材料,售价 80 000 元,款已收到存入银行。该批原材料成本为 65 000 元。

这项经济业务的发生,一方面使企业的其他业务收入增加 80 000 元,银行存款增加 80 000 元;另一方面使企业的其他业务成本增加 65 000 元,企业的原材料减少 65 000 元。因此,这项业务涉及两笔会计分录:一是涉及"银行存款"账户的借方和"其他业务收入"账户的贷方;二是涉及"其他业务成本"账户的借方和"原材料"账户的贷方。应编制的会计分录如下:

借:银行存款   80 000
    贷:其他业务收入   80 000
借:其他业务成本   65 000
    贷:原材料   65 000

四、税金及附加的账务处理

(一)税金及附加的计算

企业销售产品或提供服务,应按规定计算应交纳消费税、城市维护建设税、教育费附加等。其中,消费税的计算一般是根据企业当月销售额乘以规定税率计算;城市维护建设税的计算,一般是根据企业当月增值税、消费税的合计乘以规定税率计算(即税上税);教育费附加的计算,一般是根据企业当月增值税、消费税的合计乘以规定费率计算(即税上费)。税金及附加通常是按月计算,从当月的销售收入中得到补偿,于下月月初交纳。因而计算税金及附加时,一方面确认企业的一项负债(应交税费)入账;另一方面确认企业发生的一项费用支出(税金及附加)入账。

(二)账务处理

【例 5-46】 亚宇公司经计算本月由产品销售应交纳的城市维护建设税为 1 200 元,教育费附加为 500 元。

这项经济业务的发生,一方面使企业的税金及附加增加 1 700 元;另一方面使企业的应交税费增加 1 700 元。因此,这项业务涉及"税金及附加"账户的借方和"应交税费"账户的贷方。应编制的会计分录如下:

借:税金及附加   1 700
    贷:应交税费——应交城建税   1 200
        ——应交教育费附加   500

销售业务核算简图如图 5-5 所示。

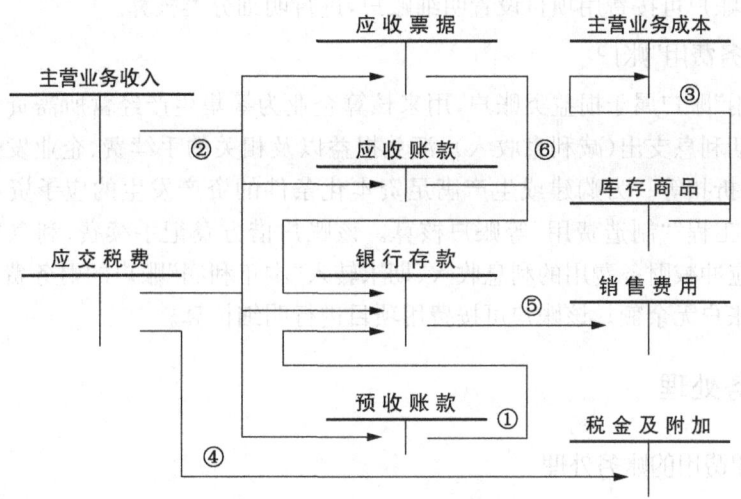

图 5-5　销售业务核算简图

说明：①预收销货款；②确认产品销售收入；③结转产品销售成本；④计算应交产品销售税金及附加；⑤支付销售费用；⑥收到欠款或承兑的商业汇票。

第七节　期间费用的账务处理

一、期间费用的构成

期间费用是指企业日常活动中不能直接归属于某个特定成本核算对象的，在发生时应直接计入当期损益的各种费用。期间费用包括管理费用、销售费用和财务费用。管理费用是指企业为组织和管理企业生产经营活动所发生的各种费用。销售费用是指企业销售商品和材料、提供劳务的过程中发生的各种费用。财务费用是指企业为筹集生产经营所需资金等而发生的筹资费用。

二、账户设置

企业通常设置以下账户对期间费用业务进行会计核算。

(一)"管理费用"账户

"管理费用"账户属于损益类账户，用来核算企业为组织和管理企业生产经营所发生的管理费用。该账户借方登记发生的各项管理费用，贷方登记期末转入"本年利润"账户的管理费用。期末结转后，该账户无余额。该账户可按费用项目设置明细账户，进行明细分类核算。

(二)"销售费用"账户

"销售费用"账户属于损益类账户，用来核算企业发生的各项销售费用。该账户借方登记发生的各项销售费用,贷方登记期末转入"本年利润"账户的销售费用。期末结转后,该账户无余额。该账户可按费用项目设置明细账户,进行明细分类核算。

(三)"财务费用"账户

"财务费用"账户属于损益类账户,用来核算企业为筹集生产经营所需资金等而发生的筹资费用,包括利息支出(减利息收入)、汇兑损益以及相关的手续费、企业发生的现金折扣或收到的现金折扣等。为购建或生产满足资本化条件的资产发生的应予资本化的借款费用,通过"在建工程""制造费用"等账户核算。该账户借方登记手续费、利息费用等的增加额,贷方登记应冲减财务费用的利息收入、期末转入"本年利润"账户的财务费用净额等。期末结转后,该账户无余额。该账户可按费用项目进行明细核算。

三、账务处理

(一)管理费用的账务处理

企业在筹建期间内发生的开办费,包括人员工资、办公费、培训费、差旅费、印刷费、注册登记费,以及不计入固定资产成本的借款费用等,在实际发生时,借记"管理费用"账户,贷记"银行存款"等账户。行政管理部门人员的职工薪酬,借记"管理费用"账户,贷记"应付职工薪酬"账户。行政管理部门计提的固定资产折旧,借记"管理费用"账户,贷记"累计折旧"账户。行政管理部门发生的办公费、水电费、业务招待费、聘请中介机构费、咨询费、诉讼费、技术转让费、企业研究费用,借记"管理费用"账户,贷记"银行存款""研发支出"等账户。

【例5-47】 亚宇公司的李丽出差回来报销差旅费2 000元,原借款1 500元,不足部分用现金补足。

这项经济业务的发生,一方面使企业管理费用增加2 000元;另一方面使企业的其他应收款减少1 500元,现金减少500元。因此,这项业务涉及"管理费用"账户的借方和"其他应收款"账户及"库存现金"账户的贷方。应编制的会计分录如下:

借:管理费用——差旅费　　　　　　　　　　　　　　　　2 000
　　贷:其他应收款——李丽　　　　　　　　　　　　　　　　1 500
　　　　库存现金　　　　　　　　　　　　　　　　　　　　　500

【例5-48】 亚宇公司用现金2 500元支付本月行政管理部门的办公费。

这项经济业务的发生,一方面使企业管理费用增加2 500元;另一方面使企业的现金减少2 500元。因此,这项业务涉及"管理费用"账户的借方和"库存现金"账户的贷方。应编制的会计分录如下:

借:管理费用——办公费　　　　　　　　　　　　　　　　2 500
　　贷:库存现金　　　　　　　　　　　　　　　　　　　　2 500

【例5-49】 亚宇公司以存款支付本月行政管理部门负担的财产保险费3 000元。

这项经济业务的发生,一方面使企业管理费用增加3 000元;另一方面使企业银行存款减少3 000元。因此,这项业务涉及"管理费用"账户的借方和"银行存款"账户的贷方。应编制的会计分录如下:

借：管理费用——保险费 3 000
　　贷：银行存款 3 000

（二）销售费用的账务处理

企业在销售商品过程中发生的包装费、保险费、展览费和广告费、运输费、装卸费等费用，借记"销售费用"账户，贷记"库存现金""银行存款"等账户。企业发生的为销售本企业商品而专设的销售机构的职工薪酬、业务费等费用，借记"销售费用"账户，贷记"应付职工薪酬""银行存款""累计折旧"等账户。

【例5-50】 亚宇公司用银行存款53 000元支付销售产品广告费。

这项经济业务的发生，一方面使企业销售费用增加53 000元；另一方面使企业银行存款减少53 000元。因此，这项业务涉及"销售费用"账户的借方和"银行存款"账户的贷方。应编制的会计分录如下：

借：销售费用 53 000
　　贷：银行存款 53 000

（三）财务费用的账务处理

企业发生的财务费用，借记"财务费用"账户，贷记"银行存款""应付利息"等账户。发生的应冲减财务费用的利息收入、汇兑损益、现金折扣，借记"银行存款""应付账款"等账户，贷记"财务费用"账户。

【例5-51】 迪康公司用银行存款支付网银转账手续费50元。

借：财务费用——手续费 50
　　贷：银行存款 50

第八节　利润形成与分配业务的账务处理

利润是指企业一定会计期间的经营成果。企业全部收入减去全部费用的结果就是利润（如果是负数就是亏损）。对利润进行核算，可以及时反映企业的投入产出效果和经济效益，有助于企业投资者和债权人据此进行盈利预测，为经济决策提供重要依据。

一、利润形成的账务处理

（一）利润的形成

利润是指企业在一定会计期间的经营成果，包括收入减去费用后的净额、直接计入当期损益的利得和损失等。利润由营业利润、利润总额和净利润三个层次构成。

1. 营业利润

营业利润这一指标能够比较恰当地反映企业管理者的经营业绩，其计算公式如下：

营业利润＝营业收入－营业成本－税金及附加－销售费用－管理费用－财务费用－资产减值损失
　　　　＋公允价值变动收益（－公允价值变动损失）＋投资收益（－投资损失）

其中，

$$营业收入＝主营业务收入＋其他业务收入$$
$$营业成本＝主营业务成本＋其他业务成本$$

2. 利润总额

利润总额又称税前利润，是营业利润加上营业外收入减去营业外支出后的金额，其计算公式如下：

$$利润总额＝营业利润＋营业外收入－营业外支出$$

3. 净利润

净利润又称税后利润，是利润总额扣除所得税费用后的净额，其计算公式如下：

$$净利润＝利润总额－所得税费用$$

其中，

$$所得税费用＝利润总额（税前利润）\times 所得税税率$$

【例 5-52】 康达公司 20××年有关收入、费用的金额如下：主营业务收入 1 000 000 元，主营业务成本 800 000 元，税金及附加 50 000 元，其他业务收入 20 000 元，投资收益 10 000 元，其他业务成本 25 000 元，管理费用 10 000 元，财务费用 2 500 元，销售费用 30 000 元，营业外收入 20 000 元，营业外支出 32 500 元。所得税税率 25％。

要求：计算营业利润、利润总额、所得税费用、净利润。

营业利润＝（1 000 000＋20 000）－（800 000＋25 000）－50 000－10 000－2 500－30 000＋10 000
　　　　＝112 500（元）
利润总额＝112 500＋20 000－32 500＝100 000（元）
所得税费用＝100 000×25％＝25 000（元）
净利润＝100 000－25 000＝75 000（元）

(二) 账户设置

企业通常设置以下账户对利润形成业务进行会计核算。

1. "本年利润"账户

"本年利润"账户属于所有者权益类账户，用来核算企业当期实现的净利润（或发生的净亏损）。企业期（月）末结转利润时，应将各损益类账户的金额转入本账户，结平各损益类账户。

该账户贷方登记企业期（月）末转入的主营业务收入、其他业务收入、营业外收入和投资收益等；借方登记企业期（月）末转入的主营业务成本、税金及附加、其他业务成本、管理费用、财务费用、销售费用、营业外支出、投资损失和所得税费用等。上述结转完成后，余额如在贷方，即为当期实现的净利润；余额如在借方，即为当期发生的净亏损。年度终了，应将本年实现的净利润（或发生的净亏损）转入"利润分配——未分配利润"账户贷方（或借方），结转后该账户无余额。

2. "投资收益"账户

"投资收益"账户属于损益类账户，用来核算企业确认的投资收益或投资损失。该账户贷方登记实现的投资收益和期末转入"本年利润"账户的投资净损失；借方登记发生的投资损失和期末转入"本年利润"账户的投资净收益。期末结转后,该账户无余额。该账户可按投资项目设置明细账户,进行明细分类核算。

3."营业外收入"账户

"营业外收入"账户属于损益类账户,用来核算企业发生的各项营业外收入,主要包括非流动资产处置利得、非货币性资产交换利得、债务重组利得、政府补助、盘盈利得、捐赠利得等。该账户贷方登记营业外收入的实现,即营业外收入的增加额;借方登记会计期末转入"本年利润"账户的营业外收入额。期末结转后,该账户无余额。该账户可按营业外收入项目设置明细账户,进行明细分类核算。

4."营业外支出"账户

"营业外支出"账户属于损益类账户,用来核算企业发生的各项营业外支出,包括非流动资产处置损失、非货币性资产交换损失、债务重组损失、公益性捐赠支出、非常损失、盘亏损失等。该账户借方登记营业外支出的发生,即营业外支出的增加额;贷方登记期末转入"本年利润"账户的营业外支出额。期末结转后,该账户无余额。该账户可按支出项目设置明细账户,进行明细分类核算。

5."所得税费用"账户

"所得税费用"账户属于损益类账户,用来核算企业确认的应从当期利润总额中扣除的所得税费用。该账户借方登记企业应计入当期损益的所得税;贷方登记企业期末转入"本年利润"账户的所得税。期末结转后,该账户无余额。

(三) 账务处理

1. 营业外收支的账务处理

营业外收支包括营业外收入和营业外支出,是指与企业正常的生产经营业务没有直接关系的各项收入和支出,如捐赠收入、罚款收入、固定资产的盘亏、捐赠支出、非常损失、罚款支出,以及由于自然灾害造成的损失等。营业外收入并不是企业经营资金耗费所产生,不需要企业付出代价,实际上是经济利益的净流入,不可能也不需要与有关的费用进行配比。由于营业外收支对利润或亏损总额会产生影响,因而必须正确地核算营业外收支。

【例5-53】 亚宇公司取得罚款收入50 000元,按照规定转作营业外收入。

这项经济业务的发生,一方面使银行存款增加50 000元;另一方面使企业的营业外收入增加50 000元。因此,这项业务涉及"银行存款"账户的借方和"营业外收入"账户的贷方。应编制的会计分录如下:

借:银行存款　　　　　　　　　　　　　　　　　　　　　　　　　　50 000
　　贷:营业外收入　　　　　　　　　　　　　　　　　　　　　　　　　50 000

【例5-54】 亚宇公司用企业银行存款40 000元给希望小学捐赠。

这项经济业务的发生,一方面使企业的营业外支出增加40 000元;另一方面使企业的银行存款减少40 000元。因此,这项业务涉及"营业外支出"账户的借方和"银行存款"账户的贷方。应编制的会计分录如下:

借:营业外支出　　　　　　　　　　　　　　　　　　　　　　　　　40 000
　　贷:银行存款　　　　　　　　　　　　　　　　　　　　　　　　　　40 000

2. 投资收益的账务处理

【例 5-55】 亚宇公司购买海尔公司股票,收到海尔公司发放的现金股利 20 000 元存入银行。

  借:银行存款   20 000
    贷:投资收益   20 000

3. 利润总额的核算

1) 利润总额的计算

根据本章所列举亚宇公司的具体经济业务,计算该公司本月的利润或亏损总额如下:

  营业收入=400 000+300 000+200 000+270 000+80 000=1 250 000(元)
  营业成本=701 235+65 000=766 235(元)
  税金及附加=1 700(元)
  管理费用=30 000+2 400+2 000+2 000+2 500+3 000=41 900(元)
  销售费用=53 000(元)
  财务费用=1 500(元)
  投资收益=20 000(元)
  营业利润=1 250 000-766 235-1 700-41 900-53 000-1 500+20 000=405 665(元)
  营业外收入=50 000(元)
  营业外支出=40 000(元)
  利润总额=405 665+50 000-40 000=415 665(元)

在会计核算上,通过将所有的损益类账户结转"本年利润"账户,从"本年利润"账户的借方、贷方发生额记录来计算确定企业的利润总额。

2) 账务处理

【例 5-56】 会计期末,亚宇公司结转本月实现的各项收入,其中,主营业务收入 1 170 000 元、其他业务收入 80 000 元、投资收益 20 000 元、营业外收入 50 000 元。

这项经济业务的发生,一方面使企业各损益类账户所记录的各种收入减少共计 1 320 000 元;另一方面使企业的本年利润增加 1 320 000 元。因此,这项业务涉及"主营业务收入""其他业务收入""营业外收入"账户的借方和"本年利润"账户的贷方。应编制的会计分录如下:

  借:主营业务收入   1 170 000
    其他业务收入   80 000
    营业外收入   50 000
    投资收益   20 000
    贷:本年利润   1 320 000

【例 5-57】 会计期末,亚宇公司结转本月发生的各项支出,其中主营业务成本 701 235 元、税金及附加 1 700 元、其他业务成本 65 000 元、管理费用 41 900 元、财务费用 1 500 元、销售费用 53 000 元、营业外支出 40 000 元。

这项经济业务的发生,一方面使企业各损益类账户所记录的各种费用成本减少共计 904 335 元;另一方面使企业的本年利润减少 904 335 元。因此,这项业务涉及"本年利润"账户的借方和"主营业务成本""税金及附加""其他业务成本""管理费用""财务费用""销售费用""营业外支出"账户的贷方。应编制的会计分录如下:

借：本年利润	904 335
贷：主营业务成本	701 235
税金及附加	1 700
其他业务成本	65 000
管理费用	41 900
财务费用	1 500
销售费用	53 000
营业外支出	40 000

通过以上各项结转，本月的各项收入和支出全部都汇集于"本年利润"账户。将收入与费用进行对比后，根据"本年利润"账户的借方、贷方的差额来确定本期的利润总额。本期的利润总额为 415 665 元（1 320 000－904 335）。

4. 净利润的核算

对企业的经营所得，按国家税法的有关规定，应交纳一定的所得税。对企业而言，所得税是企业在生产经营过程中发生的一项费用支出，计算出来之后，一般在当月并不实际交纳，所以在形成所得税费用的同时，也产生了企业的一项负债。交纳的所得税应在净利润前予以扣除，交纳所得税之后的剩余利润称为净利润。

1) 应交纳所得税的计算

【例 5-58】 某企业本年度 1～11 月份累计应纳税所得额（假定无税前扣除项目，即利润总额）为 400 000 元，累计已交纳所得税 100 000 元（400 000×25％），12 月份实现的应纳税所得额（无税前扣除项目，即利润总额）为 50 000 元，所得税税率为 25％，计算本月应纳税所得额。

        本月累计应纳所得税额＝(400 000＋50 000)×25％＝112 500(元)
        本月应纳所得税额＝112 500－100 000＝12 500(元)

2) 所得税费用的账务处理

【例 5-59】 亚宇公司本期实现的利润总额为 415 665 元，按照 25％的税率计算本期的所得税并予以结转（假设没有纳税调整项目）。

        本期应纳所得税额＝415 665×25％＝103 916.25(元)

这项经济业务的发生，要同时从两个方面去反映：一方面要反映所得税费用增加 103 916.25 元，同时企业的应交税费增加 103 916.25 元；另一方面期末还须将所得税费用 103 916.25 元结转本年利润账户，使企业本年利润减少 103 916.25 元。因此，这项业务涉及两笔会计分录：一是涉及"所得税费用"账户的借方和"应交税费"账户的贷方；二是涉及"本年利润"账户的借方和"所得税费用"账户的贷方。应编制的会计分录如下：

借：所得税费用	103 916.25
贷：应交税费——应交所得税	103 916.25

同时，

借：本年利润	103 916.25
贷：所得税费用	103 916.25

所得税费用结转"本年利润"账户之后，就可根据"本年利润"账户的记录计算确定企业

的净利润。本期的净利润为 311 748.75 元(415 665－103 916.25)。

二、利润分配的账务处理

利润分配是指企业根据国家有关规定和企业章程、投资者协议等,对企业当年可供分配利润指定特定用途和分配给投资者的行为。利润分配的过程和结果不仅关系到每个股东的合法权益是否得到保障,而且还关系到企业的未来发展。

(一)利润分配的顺序

企业向投资者分配利润,应按一定的顺序进行。按照中华人民共和国《公司法》的有关规定,利润分配应按下列顺序进行。

1. 计算可供分配的利润

企业在分配利润前,应根据本年净利润(或亏损)与年初未分配利润(或亏损)、其他转入的金额(如盈余公积弥补的亏损)等项目,计算可供分配的利润,即:

可供分配的利润＝净利润(或亏损)＋年初未分配利润－弥补以前年度的亏损＋其他转入的金额

如果可供分配的利润为负数(即累计亏损),则不能进行后续分配;如果可供分配的利润为正数(即累计盈利),则可进行后续分配。

2. 提取法定盈余公积

按照《中华人民共和国公司法》的有关规定,公司应当按照当年净利润(抵减年初累计亏损后)的 10％提取法定盈余公积,提取的法定盈余公积累计额超过注册资本 50％以上的,可以不再提取。

3. 提取任意盈余公积

公司提取法定盈余公积后,经股东会或者股东大会决议,还可以从净利润中提取任意盈余公积。

4. 向投资者分配利润(或股利)

企业可供分配的利润扣除提取的盈余公积后,形成可供投资者分配的利润,即:

可供投资者分配的利润＝可供分配的利润－提取的盈余公积

企业可采用现金股利、股票股利和财产股利等形式向投资者分配利润(或股利)。

(二)未分配利润的计算

未分配利润是指企业留于以后年度分配的利润或待分配利润。它是企业所有者权益的重要组成部分。

本期未分配利润＝本期实现的净利润－本期已分配利润
期末未分配利润＝期初未分配利润＋本期未分配利润

其中,　　　　本期已分配利润＝提取的盈余公积＋向投资者分配的利润或股利

【例 5-60】续[例 5-52],假定康达公司按净利润的 10％提取法定盈余公积,按 5％提取任意盈余公积,将净利润的 40％作为应付给投资者的利润,计算法定盈余公积、任意盈余公积、应付给投资者的利润以及未分配利润。

提取的法定盈余公积＝75 000×10％＝7 500(元)
提取的任意盈余公积＝75 000×5％＝3 750(元)
应付利润＝75 000×40％＝30 000(元)
未分配利润＝75 000－(7 500＋3 750＋30 000)＝33 750(元)

(三) 账户设置

1. "利润分配"账户

企业进行利润分配,意味着企业实现的净利润的减少,应借记"本年利润"账户,直接冲减本年实现的净利润,但是,这样使"本年利润"账户的期末贷方余额只能是未分配利润,不能反映本年累计实现的净利润数额。而管理上既需要会计提供企业实现的全年累计净利润,又需要提供未分配利润数额。因此,设置"利润分配"账户,作为"本年利润"的备抵调整账户,用来核算和监督企业的利润分配和历年结存的未分配利润。

"利润分配"账户属于所有者权益类账户,用来核算企业利润的分配(或亏损的弥补)和历年分配(或弥补)后的余额。该账户借方登记实际分配的利润额,包括提取的盈余公积和分配给投资者的利润,以及年末从"本年利润"账户转入的全年发生的净亏损;贷方登记用盈余公积弥补的亏损额等其他转入数,以及年末从"本年利润"账户转入的全年实现的净利润。年末,应将"利润分配"账户下的其他明细账户的余额转入"未分配利润"明细账户,结转后,除"未分配利润"明细账户可能有余额外,其他各个明细账户均无余额。"未分配利润"明细账户的贷方余额为历年累积的未分配利润(即可供以后年度分配的利润),借方余额为历年累积的未弥补亏损(即留待以后年度弥补的亏损)。

该账户应当分别以"提取法定盈余公积""提取任意盈余公积""应付现金股利或利润""转作股本的股利""盈余公积补亏"和"未分配利润"等明细账户进行核算。

2. "盈余公积"账户

属于所有者权益类账户,用来核算企业从净利润中提取的盈余公积。该账户贷方登记提取的盈余公积,即盈余公积的增加额;借方登记实际使用的盈余公积,即盈余公积的减少额。期末余额在贷方,反映企业结余的盈余公积。该账户应当分别以"法定盈余公积""任意盈余公积"明细账户进行核算。

3. "应付股利"账户

属于负债类账户,用来核算企业分配的现金股利或利润。该账户贷方登记应付给投资者股利或利润的增加额;借方登记实际支付给投资者的股利或利润,即应付股利的减少额。期末余额在贷方,反映企业应付未付的现金股利或利润。该账户可按投资者进行明细核算。

(四) 账务处理

1. 净利润转入利润分配

会计期末,企业应将当年实现的净利润转入"利润分配——未分配利润"账户,即借记"本年利润"账户,贷记"利润分配——未分配利润"账户,如为净亏损,则编制相反会计分录。

结转前,如果"利润分配——未分配利润"明细账户的余额在借方,上述结转当年所实现净利润的分录同时反映了当年实现的净利润自动弥补以前年度亏损的情况。因此,在用当年实现的净利润弥补以前年度亏损时,不需另行编制会计分录。

【例 5-61】 年末,亚宇公司将"本年利润"账户的贷方余额结转"利润分配——未分配利润"账户。

这项年终结账业务的发生,一方面使企业记录在"本年利润"账户的累计净利润减少311 748.75元;另一方面使企业"利润分配"中的未分配利润增加311 748.75元。因此,这项业务涉及"本年利润"账户的借方和"利润分配——未分配利润"账户的贷方。应编制的会计分录如下:

  借:本年利润   311 748.75
    贷:利润分配——未分配利润   311 748.75

2. 提取盈余公积

企业提取的法定盈余公积,借记"利润分配——提取法定盈余公积"账户,贷记"盈余公积——法定盈余公积"账户;提取的任意盈余公积,借记"利润分配——提取任意盈余公积"账户,贷记"盈余公积——任意盈余公积"账户。

【例5-62】 假设上述亚宇公司实现的净利润是企业全年实现的净利润,按年净利润311 748.75元的10%提取法定盈余公积,按净利润的5%提取任意盈余公积。

这项经济业务的发生,一方面使企业的利润分配增加46 762.32元;另一方面使企业的法定盈余公积增加31 174.88元,任意盈余公积增加15 587.44元。因此,这项业务涉及"利润分配"账户的借方和"盈余公积"账户的贷方。应编制的会计分录如下:

  借:利润分配——提取法定盈余公积   31 174.88
      ——提取任意盈余公积   15 587.44
    贷:盈余公积——法定盈余公积   31 174.88
      ——任意盈余公积   15 587.44

3. 向投资者分配利润或股利

企业根据股东大会或类似机构审议批准的利润分配方案,按应支付的现金股利或利润,借记"利润分配——应付股利"账户,贷记"应付股利"等账户;以股票股利转作股本的金额,借记"利润分配——转作股本股利"账户,贷记"股本"等账户。

董事会或类似机构通过的利润分配方案中拟分配的现金股利或利润,不作账务处理,但应在附注中披露。

【例5-63】 年末,亚宇公司决定将净利润的40%(124 699.5元)分配给投资者。

这项经济业务的发生,一方面使企业的利润分配增加124 699.5元;另一方面使企业的应付股利增加124 699.5元。因此,这项业务涉及"利润分配"账户的借方和"应付股利"账户的贷方。应编制的会计分录如下:

  借:利润分配——应付股利   124 699.5
    贷:应付股利   124 699.5

4. 盈余公积补亏

企业发生的亏损,除用当年实现的净利润弥补外,还可使用累积的盈余公积弥补。以盈余公积弥补亏损时,借记"盈余公积"账户,贷记"利润分配——盈余公积补亏"账户。

5. 企业未分配利润的形成

年度终了,企业应将"利润分配"账户所属其他明细账户的余额转入"未分配利润"明细账户,即借记"利润分配——未分配利润""利润分配——盈余公积补亏"等账户,贷记"利润分配——提取法定盈余公积""利润分配——提取任意盈余公积""利润分配——应付现金股利""利润分配——转作股本股利"等账户。

结转后,"利润分配"账户中除"未分配利润"明细账户外,所属其他明细账户无余额。"未分配利润"明细账户的贷方余额表示累积未分配的利润,该账户如果出现借方余额,则表示累积未弥补的亏损。

【例 5-64】 年末,企业将"利润分配"账户所属的各有关明细账户的借方余额结转"利润分配——未分配利润"账户。

这项年终结账业务的发生,一方面使企业"利润分配"中的未分配利润减少 171 461.82 元;另一方面使企业的已分配数,即提取法定盈余公积、提取任意盈余公积和应付股利分别减少 31 174.88 元、15 587.44 元和 124 699.5 元。因此,这项业务涉及"利润分配——未分配利润"账户的借方和"利润分配——提取盈余公积""利润分配——应付股利"账户的贷方。应编制的会计分录如下:

```
借:利润分配——未分配利润                           171 461.82
    贷:利润分配——提取法定盈余公积                        31 174.88
         ——提取任意盈余公积                            15 587.44
         ——应付股利                                 124 699.50
```

年末未分配利润数额为 140 286.93 元(311 748.75－31 174.88－15 587.44－124 699.5),即"利润分配——未分配利润"账户的贷方余额。

利润形成与分配业务核算简图如图 5-6 所示。

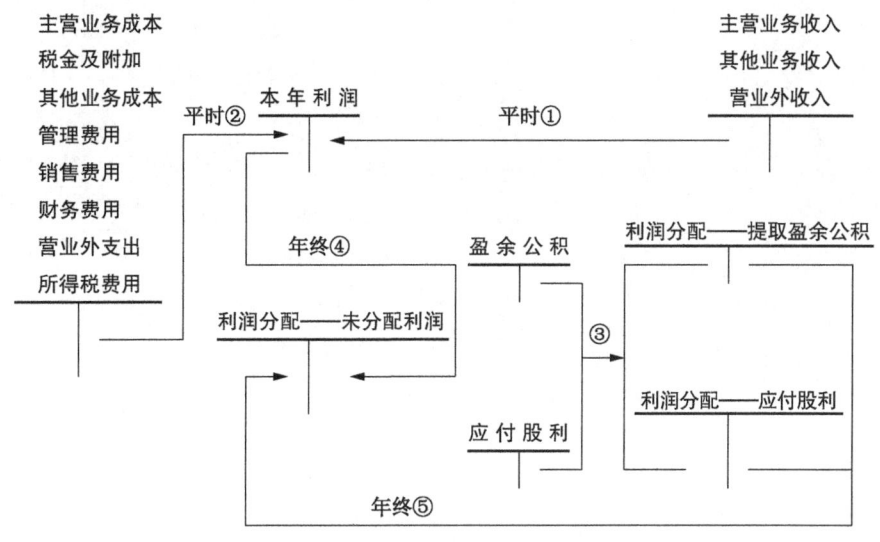

图 5-6 利润形成及分配业务核算简图

说明:① 将所有收入类账户结转"本年利润"账户贷方。
② 将所有费用成本类账户结转"本年利润"账户借方。
③ 提取盈余公积和向投资者分配利润。
④ 年末,将"本年利润"账户贷方余额结转"利润分配——未分配利润"账户。
⑤ 年末,将"利润分配"其他明细账户借方余额结转"利润分配——未分配利润"明细账户。

综上所述，企业的主要经济业务可以概括为：筹集到货币资金之后，用货币资金购买原材料、固定资产等，然后将其投入生产领域，开始产品的生产，产品生产出来之后，将其销售出去实现其价值，在补偿了生产过程中的耗费之后，对其剩余部分要在各方之间进行合理的分配，进而产生企业的未分配利润。

本章练习题

姓名_____
学号_____
分数_____

一、单项选择题

1. 计划成本法下,凡是已经支付货款,不论材料到达与否,都应记入(　　)账户的借方。
   A. "在途物资"　　　B. "应付账款"　　　C. "预付账款"　　　D. "材料采购"
2. 计划成本法下,企业购进材料发生的运杂费等采购费用,应计入(　　)。
   A. 管理费用　　　　B. 销售费用　　　　C. 材料采购成本　　D. 制造费用
3. 购进材料一批,买价 30 000 元,运输费 1 000 元,装卸费 600 元。增值税进项税 3 900 元。该批材料的采购成本为(　　)元。
   A. 31 600　　　　　B. 31 000　　　　　C. 30 600　　　　　D. 36 400
4. 企业取得的罚款收入,应计入(　　)。
   A. 营业外收入　　　B. 本年利润　　　　C. 管理费用　　　　D. 资本公积
5. "生产成本"账户期末借方余额表示(　　)。
   A. 完工产品成本　　　　　　　　　　　B. 期末未完工产品成本
   C. 库存产成品成本　　　　　　　　　　D. 本月生产费用合计
6. 下列不属于生产成本的是(　　)。
   A. 生产产品领用的材料　　　　　　　　B. 生产工人的工资
   C. 生产用固定资产折旧　　　　　　　　D. 厂部管理人员工资
7. "管理费用"账户期末应(　　)。
   A. 有贷方余额　　　　　　　　　　　　B. 有借方余额
   C. 无余额　　　　　　　　　　　　　　D. 同时有借方、贷方余额
8. 年末结转后,"利润分配"账户的贷方余额表示(　　)。
   A. 利润分配总额　　　　　　　　　　　B. 未弥补亏损
   C. 未分配利润　　　　　　　　　　　　D. 实现的利润总额
9. 营业外支出是(　　)的耗费。
   A. 与企业经营收入相联系
   B. 与企业的生产经营活动没有直接联系
   C. 为实现营业收入而产生
   D. 为进行产品制造而产生
10. (　　)账户的贷方发生额,反映固定资产因磨损而减少的价值。
    A. "固定资产"　　　B. "累计折旧"　　　C. "制造费用"　　　D. "管理费用"
11. 车间的办公费应作为(　　)记入"制造费用"账户的借方。
    A. 直接生产费用　　　　　　　　　　　B. 间接生产费用
    C. 直接计入费用　　　　　　　　　　　D. 间接计入费用

12. 下列费用中,不应计入产品成本的有(　　)。
    A. 直接材料费　　　　B. 直接人工费　　　　C. 期间费用　　　　D. 制造费用
13. "主营业务成本"账户的借方登记(　　)。
    A. 产品成本
    B. 产品生产成本
    C. 完工产品成本
    D. 已销售产品的生产成本
14. 下列项目中,属于营业外支出的有(　　)。
    A. 无法收回的应收账款
    B. 支付的广告费
    C. 固定资产盘亏和毁损
    D. 销售多余材料的成本
15. 在权责发生制下,下列款项中,应列作本期收入的是(　　)。
    A. 上月销售货款本月收存银行
    B. 本月销售货款本月收存银行
    C. 本月预收下月货款存入银行
    D. 本月收回多付的预付货款存入银行
16. "固定资产"账户按固定资产的(　　)反映其增减变动和结存情况。
    A. 原始价值　　　　B. 折余价值　　　　C. 重置价值　　　　D. 市价
17. 8月31日,"本年利润"账户有贷方余额50 000元,其含义为(　　)。
    A. 8月份实现的净利润
    B. 8月31日实现的净利润
    C. 1月1日至8月31日累计实现的净利润
    D. 结转利润分配数后的剩余数额
18. 产品销售成本是指(　　)。
    A. 全部产品的生产成本
    B. 已售产品的生产成本
    C. 已售产品的售价
    D. 产品的售价减产品的生产成本
19. 已售产品生产成本的结转,是从(　　)账户转入"主营业务成本"账户。
    A. "制造费用"
    B. "生产成本"
    C. "材料采购"
    D. "库存商品"
20. 企业年终结账后,(　　)账户应无余额。
    A. "利润分配"
    B. "本年利润"
    C. "盈余公积"
    D. "应交税费"

二、多项选择题

1. 工业企业的主要业务包括(　　)。
    A. 材料购进业务
    B. 产品生产业务
    C. 产品销售业务
    D. 利润形成业务
    E. 利润分配业务
2. 企业的资本按照投资主体的不同分为(　　)。
    A. 国家投入资本
    B. 法人投入资本
    C. 个人投入资本
    D. 外商投入资本
    E. 行业投入资本
3. 关于实收资本的下列说法中,正确的有(　　)。
    A. 实收资本就是投资者投入的资本
    B. 实收资本是企业所有者权益的主要组成部分
    C. 企业的实收资本应按实际投资数额入账
    D. 企业生产经营中的收益不得直接转为投入资本

E. 提取的盈余公积,经批准可以转增资本

4. 固定资产的原始价值,应该是购建某项固定资产达到可使用状态前所发生的一切合理、必要的支出,包括(　　)。
   A. 买价　　　　　　　　　　　　B. 安装费
   C. 运杂费　　　　　　　　　　　D. 包装费
   E. 增值税

5. 设置"生产成本"账户的目的,是为了取得(　　)等信息。
   A. 为生产产品所发生的各种费用　　B. 完工入库产品的生产成本
   C. 期末未完工的在产品成本　　　　D. 期末生产资金的占用额
   E. 期初未完工的在产品成本

6. 下列账户中,与"生产成本"账户借方相对应的有(　　)。
   A. "应付职工薪酬"　　　　　　　B. "累计折旧"
   C. "管理费用"　　　　　　　　　D. "银行存款"
   E. "制造费用"

7. "税金及附加"账户,是用来反映和监督应由企业销售产品和提供劳务负担的各种税金及附加,包括(　　)。
   A. 增值税　　　　　　　　　　　B. 所得税
   C. 消费税　　　　　　　　　　　D. 城市维护建设税

8. 管理费用包括的内容有(　　)。
   A. 利息费用　　　　　　　　　　B. 厂部办公费
   C. 销售费用　　　　　　　　　　D. 材料采购费用
   E. 厂部固定资产折旧费

9. 期末结转到"本年利润"账户借方的发生额有(　　)账户。
   A. "主营业务收入"　　　　　　　B. "主营业务成本"
   C. "所得税费用"　　　　　　　　D. "销售费用"
   E. "税金及附加"

10. 销售产品时,与"主营业务收入"账户发生对应关系的账户有(　　)。
    A. "银行存款"　　　　　　　　　B. "应收账款"
    C. "预收账款"　　　　　　　　　D. "预付账款"
    E. "应付账款"

11. 期末计算应交的产品销售税金时,应(　　)。
    A. 借记"税金及附加"账户　　　　B. 贷记"税金及附加"账户
    C. 借记"应交税费"账户　　　　　D. 贷记"应交税费"账户
    E. 贷记"银行存款"账户

12. 工业企业供、产、销三个阶段,应计算的成本有(　　)。
    A. 采购费用成本　　　　　　　　B. 材料采购成本
    C. 工资费用成本　　　　　　　　D. 生产成本
    E. 产品销售成本

13. 属于营业利润构成要素的项目有(　　)。

A. 主营业务收入 B. 主营业务成本
C. 所得税费用 D. 其他业务收入
E. 营业外收入

14. 关于"材料采购"账户中,正确的说法有( )。
    A. 借方登记购入材料的买价和采购费用
    B. 贷方登记入库材料的计划成本
    C. 借方余额表示已付款但未运达或未验收入库的在途材料的实际成本
    D. 是计划成本下计算材料采购成本的账户

15. 下列属于流动负债的有( )。
    A. 预收账款 B. 预付账款
    C. 应付票据 D. 应付账款
    E. 应收账款

16. 期间费用包括( )。
    A. 财务费用 B. 销售费用
    C. 制造费用 D. 管理费用
    E. 所得税费用

17. 下列属于产品制造成本的成本项目有( )。
    A. 利息费用 B. 直接人工
    C. 管理费用 D. 制造费用
    E. 直接材料

18. 从仓库领用材料时,可能借记的账户有( )。
    A. "原材料" B. "制造费用"
    C. "生产成本" D. "管理费用"
    E. "材料采购"

19. 在材料采购业务核算时,与"材料采购"账户的借方相对应的账户一般有( )。
    A. "应付账款" B. "应付票据"
    C. "应收账款" D. "预收账款"
    E. "应交税费"

20. 期末结转利润后,无余额的账户有( )。
    A. "所得税费用" B. "税金及附加"
    C. "主营业务成本" D. "应交税费"

21. 构成营业利润的因素有( )。
    A. 财务费用 B. 销售费用
    C. 税金及附加 D. 营业外收入
    E. 所得税

22. 下列表述中,正确的有( )。
    A. "本年利润"账户贷方登记从各收入账户转入的本期各种收入
    B. "本年利润"账户在年终结转后无余额
    C. "利润分配"账户在年度中间有借方余额

D. "利润分配"账户在年终可能有借方余额,也可能有贷方余额

E. "本年利润"账户在年度中间的贷方余额为累计实现的净利润

23. 企业原材料采用计划成本核算,应设置的账户有( )。

　　A. "原材料"　　　　　　　　　　B. "在途物资"

　　C. "材料采购"　　　　　　　　　D. "材料成本差异"

24. 企业购进材料一批,已验收入库,但到月终结算凭证仍未到达,货款尚未支付。对该项业务,企业应作( )处理。

　　A. 材料验收入库时即暂估入账

　　B. 材料验收入库时只登记原材料明细账

　　C. 月末按暂估价入账

　　D. 下月月初用红字冲回

　　E. 待下月收到结算凭证并支付货款时入账

三、判断题

1. "材料采购"账户的借方余额表示在途材料的实际成本。　　　　　　　　( )
2. 计划成本法下,采购材料不论是否运达企业和是否验收入库,采购材料的实际支出都要记入"材料采购"账户的借方。　　　　　　　　　　　　　　　　( )
3. "应交税费"账户的余额必定在贷方,表示应交未交的税金。　　　　　　( )
4. 在材料采购过程中支付的各项采购费用,应记入"管理费用"账户。　　　( )
5. "制造费用"账户属于费用类即损益类账户,期末在费用结转后没有余额。( )
6. 固定资产价值随其磨损逐渐地转移到制造成本和期间费用中,故"固定资产"账户应反映固定资产的实际价值。　　　　　　　　　　　　　　　　( )
7. "财务费用"账户的借方发生额应于期末采用一定方法分配计入产品成本。( )
8. "累计折旧"账户的余额一般在贷方,所以属于负债类账户。　　　　　　( )
9. 企业全部固定资产的磨损价值都应作为产品生产成本的一部分。　　　　( )
10. 企业对实现的净利润分配时,可以直接在"本年利润"账户的借方反映利润分配的实际数,也可以单独设置"利润分配"账户反映利润分配的数额。　　　( )
11. 固定资产在安装过程中,耗用材料、人工等费用,属于在建工程支出,不应计入固定资产的原始价值。　　　　　　　　　　　　　　　　　　　　　( )
12. 企业收到供货单位提供的材料,如其价款大于企业已预付的货款,表明企业债务的增加。　　　　　　　　　　　　　　　　　　　　　　　　　　　( )
13. 为了便于计算和反映固定资产的账面净值,固定资产因磨损而减少的价值应记入"固定资产"账户的贷方。　　　　　　　　　　　　　　　　　　　( )
14. 盈利企业,年度中间"利润分配"账户的期末余额在借方;年末,该账户的余额在贷方。　　　　　　　　　　　　　　　　　　　　　　　　　　　　( )
15. 2×17年12月31日,"本年利润"账户的贷方余额为10 000元,表示全年发生的亏损总额。　　　　　　　　　　　　　　　　　　　　　　　　　　　( )
16. 平时,盈利企业的未分配利润余额,可以通过"本年利润"账户贷方余额与"利润分配"账户借方余额相减求得。　　　　　　　　　　　　　　　　( )
17. 材料计划成本的组成应与实际成本的构成一致。　　　　　　　　　　　( )

四、实务题

1. 【目的】 练习资金筹集业务的账务处理。

【资料】 华强公司2×17年6月发生下列经济业务。

(1) 收到国家增拨的投资200 000元存入银行。

(2) 从银行取得借款50 000元,期限6个月,年利率5.8%,利息于季末结算。所得款项存入银行。

(3) 向银行借入3年期借款800 000元存入银行。

(4) 从银行存款中支付本季度短期借款利息32 000元,本季度前两个月已预提短期借款利息21 000元。

(5) 以银行存款偿还短期借款50 000元,长期借款100 000元。

(6) 按规定将资本公积30 000元转作实收资本。

【要求】 根据上述经济业务编制会计分录。

2. 【目的】 练习固定资产业务的账务处理。

【资料】 华强公司2×17年7月发生下列部分经济业务。

(1) 购入不需要安装的设备一台,买价30 000元,增值税额3 900元,发生包装费500元,运杂费400元,全部款项以存款支付。

(2) 购入须安装的生产线一条,买价200 000元,增值税额26 000元,发生包装费1 000元,运输途中的保险费及运费1 200元,全部款项以存款支付。在安装过程中,耗用材料1 500元,人工费用800元。安装完毕,经验收合格交付使用。

【要求】 根据上述经济业务编制会计分录。

3. 【目的】 练习计算材料采购的成本。

【资料】 某工业企业2×17年8月购进A、B两种材料,有关资料如表5-5所示。

表5-5　A、B材料采购成本表

材料名称	数量(千克)	单价(元/千克)	买价(元)	运杂费(元)	增值税额(元)
A材料	80 000	4.00	320 000		54 400
B材料	40 000	2.00	80 000		13 600
合　计	120 000	—	400 000	6 000	68 000

【要求】 按材料的重量分配运杂费,计算A、B材料的采购总成本和单位成本。

4. 【目的】 练习实际成本法下材料采购业务的账务处理。

【资料】 华强公司采用实际成本法核算材料费用,2×17年9月发生下列部分经济业务。

(1) 从宏大公司购入A材料300千克,单价200元,增值税进项税额为7 800元,运费200元。全部款项尚未支付,材料验收入库。

(2) 以存款30 000元向兴原公司预付购买B材料的货款。

(3) 从丰华公司购入C材料30千克,单价100元,增值税额390元;D材料50千克,单价200元,增值税1 300元,购入材料共发生运费1 600元(按材料重量比例分配)。上述款项全部用银行存款支付,材料验收入库。

(4) 以存款 70 400 元,偿还所欠宏大公司的货款。

(5) 从大地公司购入 B 材料 50 千克,单价 120 元,运费 200 元,增值税额为 780 元,企业开出并承兑 3 个月到期的商业汇票一张,材料尚未运达企业。

(6) 收到兴原公司发来的已预付货款的 B 材料 200 千克,单价 115 元,对方代垫运费 800 元,增值税额 2 990 元,材料已验收入库。

(7) 收到兴原公司退回的预付款 2 290 元。

(8) 收到并验收入库神光公司发来的 A 材料 100 千克,单价 205 元,代垫运费 600 元,增值税额 2 665 元。货款以上月预付款 20 000 元抵付,其余用存款支付。

(9) 月末,从大地公司购入的 B 材料运到企业并验收入库。

【要求】 根据上述经济业务编制会计分录。

5.【目的】 练习计划成本法下材料采购业务的账务处理

【资料】 北方公司为增值税一般纳税人,材料按计划成本核算。该企业 2×17 年 9 月发生如下经济业务:

(1) 4 日,上月甲公司发来的在途 A 材料到达并验收入库,该批材料实际成本 37 700 元,计划成本 38 850 元。

(2) 10 日,向乙公司采购 A 材料,价款 55 000 元,增值税额 7 150 元,运杂费 800 元,货款 64 600 元已用银行存款支付,材料验收入库,计划成本为 55 000 元。

(3) 12 日,向甲公司购入 A 材料,价款 75 000 元,增值税额 9 750 元,该企业已代垫运杂费 1 000 元,企业签发一张票面价值为 88 000 元,1 个月到期的商业汇票结算材料款,该批材料验收入库,计划成本为 80 000 元。

(4) 15 日,向丙公司购买 B 材料 4 000 千克,价款为 75 000 元,增值税额 9 750 元,该企业代垫运杂费 1 200 元,货款 88 200 元已用存款支付,材料尚未到达。

【要求】 根据上述经济业务编制会计分录。

6.【目的】 练习生产业务的账务处理。

【资料】 某工业企业 2×17 年 9 月份生产甲、乙两种产品,甲、乙产品明细账无期初余额,有关经济业务如下:

(1) 本月仓库发出下列材料:产品耗用材料 100 000 元,其中,甲产品 51 000 元;乙产品 49 000 元;车间一般消耗 900 元。

(2) 分配本月工资费用 64 000 元,其中,生产工人工资 54 000 元(按生产工时比例分配:甲产品生产工时 600 小时,乙产品生产工时 400 小时);车间行政管理人员工资 10 000 元。

(3) 根据实际情况,该企业决定按照工资总额的 2% 计提福利费。

(4) 开出现金支票 64 000 元,提取现金以备发放工资。

(5) 以现金 64 000 元支付本月工资。

(6) 以存款购入车间用办公用品及劳保用品 1 200 元。

(7) 以存款支付本月车间房屋租金 1 500 元。

(8) 月末,计提本月生产车间的折旧费 1 300 元。

(9) 月末,以现金 1 000 元购买车间办公用品。

(10) 月末,将本月发生的制造费用在甲、乙产品之间按生产工时比例进行分配。

(11) 计算甲、乙产品生产成本(其中甲产品全部完工;乙产品全部未完工);并结转完工甲产品实际生产成本。

【要求】 根据以上资料:

(1) 开设"生产成本"总账、明细账和"制造费用"总账(格式:"丁"字式);

(2) 根据上述经济业务编制会计分录,并登记上述账户;

(3) 月末结出上述账户本期发生额和期末余额。

7.【目的】 练习利润的计算。

【资料】 某企业2×17年度相关数据如下:主营业务收入为2 000 000元,主营业务成本为1 000 000元,税金及附加为2 500元,营业外收入为15 000元,财务费用为5 000元,管理费用为10 000元,销售费用为8 000元,营业外支出为17 000元,其他业务收入为4 000元,其他业务成本为3 000元。所得税税率为25%。按净利润的10%提取法定盈余公积,按5%提取任意盈余公积,60%作为应付利润(假定不考虑其他因素)。

【要求】 计算该企业2×17年度营业利润、利润总额、所得税额、净利润、法定盈余公积、任意盈余公积、应付利润及未分配利润。

8.【目的】 练习产品生产成本的计算。

【资料】 某企业生产A产品80件,B产品200件。本月发生的直接材料费用分别为:A产品46 000元,B产品54 000元;A、B产品共同发生的工资费用为6 000元,共同发生的制造费用为6 900元。本月A、B产品生产工时分别为1 600小时和1 400小时。月末,A、B产品全部完工。按A、B产品生产工时分配工资费用和制造费用。

【要求】 分别计算A、B产品完工的生产总成本和单位成本(列出计算式)。

9.【目的】 练习经营过程的账务处理。

【资料】 某企业本月份发生下列经济业务,材料采用实际成本法核算。

(1) 从达美公司购入甲材料200千克,单价40元,增值税额1 040元,对方代垫运费400元,全部款项尚未支付,材料还在运输途中,尚未到达企业。

(2) 国家投入资金100 000元存入银行。

(3) 售给成迪公司A产品50件,单价320元,增值税税率13%,收到对方承兑的一张商业汇票。

(4) 仓库发出甲材料12 000元,其中生产A产品耗用8 000元,车间一般消耗3 000元,厂部行政管理部门消耗1 000元。

(5) 从达美公司购买的甲材料已验收入库,结转其实际采购成本。

(6) 分配本月工资费用90 000元,其中生产A产品生产工人工资60 000元,车间行政人员工资10 000元,厂部行政管理部门人员工资20 000元。

(7) 计提本月固定资产折旧4 000元,其中车间固定资产折旧2 600元;厂部固定资产折旧1 400元。

(8) 以银行存款800元支付下季度厂部管理部门订阅报刊费。

(9) 以存款1 000元支付产品广告费。

(10) 本月应交城市维护建设税208元。

(11) 预计应由本月负担的借款利息400元。

(12) 假设本月产品销售收入 260 000 元,产品销售成本 100 000 元,营业外收入 800 元,销售费用 1 000 元,财务费用 400 元,其他销售收入 2 000 元,其他业务成本 1 200 元,管理费用 25 000 元,营业外支出 600 元,所得税 44 410 元。请予以结转。

【要求】 根据上述资料,编制会计分录。

10.【目的】练习销售业务的账务处理。

【资料】 某企业 2×17 年 12 月份发生下列经济业务。

(1) 销售 A 产品 10 件,单价 1 920 元,货款计 19 200 元,销项税额 2 496 元,款项已存入银行。

(2) 销售 B 产品 150 件,单价 680 元,货款计 102 000 元,销项税额 13 260 元,款项尚未收到。

(3) 用银行存款支付销售费用 1 350 元。

(4) 预计本月银行借款利息 1 200 元。

(5) 结转已销产品生产成本,A 产品 12 476 元,B 产品 69 000 元。

(6) 计算应交城市维护建设税 1 100 元,教育费附加 610 元。

(7) 销售丙材料 200 千克,单价 26 元,计 5 200 元,货款已存入银行,丙材料采购成本为 4 900 元。

(8) 接受捐赠新设备一台,价值 2 800 元。

(9) 以现金 260 元,支付延期提货的罚款。

(10) 以银行存款 7 600 元购买厂部办公用品。

(11) 月末将"主营业务收入""其他业务收入""营业外收入"账户结转"本年利润"账户。

(12) 月末将"主营业务成本""税金及附加""其他业务成本""销售费用""管理费用""财务费用""营业外支出"账户结转到"本年利润"账户。

(13) 计算并结转本月应交所得税,税率为 25%。

(14) 将本月实现的净利润转入"利润分配"账户。

(15) 按税后利润的 10% 提取法定盈余公积。

(16) 该企业决定向投资者分配利润 15 000 元。

【要求】 根据经济业务编制会计分录。

11.【目的】练习期末"本年利润""利润分配"账户结转。

【资料】某企业年末结转"本年利润"和"利润分配"账户余额之前,有关账户余额如下。

"本年利润"总账贷方余额 3 560 000 元。

"利润分配"总账借方余额 800 000 元。

"利润分配——提取法定盈余公积"借方余额 356 000 元。

"利润分配——应付股利" 借方余额 2 266 000 元。

【要求】 (1) 将"本年利润"账户余额结转"利润分配——未分配利润"账户。

(2) 将"利润分配——提取法定盈余公积""利润分配——应付股利"明细账余额结转"利润分配——未分配利润"账户。

(3) 开设"本年利润"总账、"利润分配——未分配利润"明细账(格式:T 形账户)。

第六章 会计凭证

第一节 会计凭证概述

一、会计凭证的概念与作用

（一）会计凭证概念

为了保证会计信息真实、可靠，对任何单位所发生的每一项经济业务都必须由经办业务的有关人员填制或取得会计凭证，明确经济业务发生或完成的时间，并作为记账的依据。

所谓会计凭证是指记录经济业务发生或完成情况的书面证明，也是登记账簿的依据。

（二）会计凭证的作用

合法地取得与正确地填制和审核会计凭证，是会计核算的基本方法之一，也是会计核算工作的起点，在整个会计核算中具有重要作用。

1. 记录经济业务，提供记账依据

通过填制会计凭证，可以全面记录企业日常发生的经济业务，及时、准确地反映各项经济业务的内容与完成情况，为登记账簿提供必要的依据。

2. 明确经济责任，强化内部控制

由于会计凭证记录了每项经济业务的内容，并要求有关部门与经办人签章。当出现问题时，就可借助会计凭证确定各经办部门和人员所负的经济责任，明确其经济责任。同时，通过有关人员的签章，还可促进企业内部分工协作，互相牵制，强化企业内部控制。

3. 监督经济活动，控制经济运行

通过审核会计凭证，可以对经济业务发生的合理性、合法性进行监督，严格控制企业经济活动在国家法律法规的规范下运行，保护各会计主体所拥有资产的安全完整，维护投资者、债权人和有关各方的合法权益，充分发挥会计监督作用。

二、会计凭证的种类

（一）会计凭证按照来源、编制的程序和用途不同,分为原始凭证和记账凭证两大类。

1. 原始凭证

原始凭证又称单据,是指在经济业务发生或完成时取得或填制的,用来记录和证明经济业务的发生或完成情况的原始凭据。

2. 记账凭证

记账凭证又称记账凭单,是会计人员根据审核无误的原始凭证,将经济业务事项的内容加以归类,据以确定会计分录后所填制的会计凭证,作为登记账簿的直接依据。

（二）会计凭证按照存储介质不同,分为手工凭证和电子凭证两大类

1. 手工凭证

手工凭证是指采用手工填制的会计凭证。手工凭证可能是原始凭证,也可能是记账凭证。手工凭证是有关人员依据经济业务,在纸质介质上填制形成的。

2. 电子凭证

电子凭证是指采用计算机、网络通信等信息技术手段形成的会计凭证。电子凭证可以打印出来,也可以在满足条件的情况下,仅以电子形式保存和传递。电子凭证是有关人员在计算机环境下,在系统中录入或自动生成的。

原始凭证和记账凭证还可按不同标准分为不同类别。

第二节 原始凭证

一、原始凭证的种类

原始凭证一般是在经济业务发生时直接取得或填制的,它详细记录了所发生经济业务的内容与数据,是进行会计核算的重要原始依据。原始凭证可根据不同标准进行分类。

（一）按取得的来源不同分类

原始凭证按照取得的来源可分为自制原始凭证和外来原始凭证。

1. 自制原始凭证

自制原始凭证是指由本单位内部经办业务的部门和人员,在执行或完成某项经济业务时填制的,仅供本单位内部使用的原始凭证,如仓库保管员填制的"收料单",生产车间填制的"领料单"等都属于自制原始凭证(如表6-1所示)。

2. 外来原始凭证

外来原始凭证是指在经济业务发生或完成时,从其他单位或个人直接取得的原始凭证。如由供货单位开具的"增值税专用发票";由收款单位或个人开具的"收据"等就属于外来原始凭证(如表6-2所示)。

自制原始凭证和外来原始凭证在信息技术条件下，在传统纸质手工凭证的基础上，发展出一种新型电子原始凭证。电子原始凭证也包括自制原始电子凭证和外来原始电子凭证两类。这两类新型凭证，可以打印出来经签名盖章后形成传统纸质凭证，也可以附上符合《中华人民共和国电子签名法》规定电子签名，以电子形式形成新型电子原始凭证。

表 6-1　收 料 单

销货单位：大华工厂

单据号数：505#　　　　　　　2×17 年 10 月 12 日　　　　　　　第 001 号

材料编号	品名及规格	计量单位	数量		实际金额（元）	
			采购	实收	单价	总额
01#	甲材料	千克	6 000	6 000	5.00	30 000.00
验收意见和入库时间	10 月 12 日验收入库				运费	—
					装卸费	—
					合计	30 000.00

主管：　　　会计：　　　记账：　　　验收：　　　采购：　　　制单：

表 6-2　××省增值税专用发票

开票日期：2×17 年 10 月 12 日　　　　　　　　　　　　　　　　No.00023457

购货单位	名称	新星公司							纳税人登记号	2356810021							
	地址电话	68432156							开户银行及账号	123-45678900							
货物或应税劳务名称	计量单位	数量	单价	金额							税率（%）	税额					
				十	万	千	百	十	元	角	分		十	万	千	百	十	元	角	分
甲材料	千克	6 000	5		3	0	0	0	0	0	0	13			3	9	0	0	0	0
合计				¥	3	0	0	0	0	0	0		¥		3	9	0	0	0	0
价税合计（大写）	叁万叁仟玖佰元整																			
销货单位	名称	大华工厂							纳税人登记号	476891							
	地址电话	68310432							开户银行及账号								
备注																				

收款人：　　　　　　　　　　　　　　　　　　　开票单位（未盖章无效）：

（二）按照格式分类

原始凭证按照格式的不同可分为通用凭证和专用凭证。

1. 通用凭证

通用凭证是指由有关部门统一印制、在一定范围内使用的具有统一格式和使用方法的原始凭证，如"发票""收据"等。

2. 专用凭证

专用凭证是指由单位自行印制、仅在本单位内部使用的原始凭证,如"收料单""领料单"等。

(三) 按填制的手续和内容分类

原始凭证按照填制的手续和内容可分为一次凭证、累计凭证和汇总凭证。

1. 一次凭证

一次凭证是指一次填制完成,只记录一笔经济业务且仅一次有效的原始凭证,如增值税专用发票(如表6-2所示)。一次凭证只反映一笔业务内容,使用方便灵活,但数量比较多,核算较麻烦。

2. 累计凭证

累计凭证是指在一定时期内多次记录发生的同类型经济业务且多次有效的原始凭证,如限额领料单(如表6-3所示)。累计凭证是将平时多次领用的经济业务汇集在一张凭证上,并计算累计数,期末计算出总数后作为记账依据,因此能减少凭证数量,简化凭证填制手续。

3. 汇总凭证

汇总凭证是指对一定时期内反映经济业务内容相同的若干张原始凭证,按照一定标准综合填制的原始凭证,如发料凭证汇总表(如表6-4所示)。汇总凭证能起到简化记账凭证编制手续的作用。

表6-3 限 额 领 料 单

领料部门: 发料仓库:
用　途: 2×17年10月12日 编　号:

材料类别	材料编号	材料名称及规格	计量单位	领用限额	实际领用	单价	金额	备注

日期	供应部门负责人:		生产计划部门负责人:			限额结余	退料	
	请领		实发					
	数量	领料单位盖章	数量	发料人	领料人		数量	退库单编号
合计								

仓库负责人签字:

表6-4 发料凭证汇总表
年　月　日

会计科目	领料单位	原材料	燃料	合计
生产成本 ——基本生产成本	A产品			
	B产品			
生产成本 ——辅助生产成本	供热车间			
	修理车间			
制造费用				
管理费用				
合计				

会计主管: 复核: 制表:

二、原始凭证的基本内容

原始凭证所包括的基本内容,通常称为凭证要素,主要内容如下。

(1) 凭证名称,如购货发票、销货发票等。原始凭证的名称,能基本反映所载经济业务的类型。

(2) 填制凭证的日期。通常为经济业务发生的日期。

(3) 填制凭证单位名称或者填制人姓名。填制凭证单位名称或填制人姓名是保证经济活动真实性与有效性的一个重要内容,通常以盖有单位名称的"发票专用章"或"财务专用章"以及个人签名来反映。

(4) 经办人员的签名或者盖章。这是明确具体经济责任所必需的,也是便于日后核查的依据。

(5) 接受凭证单位名称。它是证明此经济业务为本单位所发生的依据,是本单位交易活动的真实表现。

(6) 经济业务内容。它主要表明经济业务的项目、名称和有关的附注说明。

(7) 数量、单价和金额。它主要表明经济业务的计量,是原始凭证的核心。

(8) 电子原始凭证必须附有符合《中华人民共和国电子签名法》规定的电子签名。

三、原始凭证的填制要求

(一) 填制原始凭证的基本要求

(1) 记录真实。原始凭证所填列的经济业务内容和数字必须真实可靠,不得弄虚作假和涂改、挖补。

(2) 内容完整。原始凭证所要求填列的项目必须逐项填列齐全,不得遗漏和省略。特别应注意,年、月、日要按照填制原始凭证的实际日期填写;名称要写全,不能简化;品名或用途要填写明确;有关单位、个人的签章必须齐全。

(3) 手续完备。原始凭证的填制手续,必须符合内部牵制制度。凡填有大写和小写金额的原始凭证,大写与小写金额必须相符;购买实物的原始凭证,必须有验收证明;支付款项的原始凭证,必须有收款单位和收款人的收款证明。一式几联的原始凭证,应当注明各联的用途,只能以一联作为报销凭证;一式几联的发票和收据,必须用双面复写纸(发票和收据本身具备复写纸功能的除外)套写,并连续编号。作废时应当加盖"作废"戳记,连同存根一起保存,不得撕毁。发生销货退回的,除填制退货发票外,还必须有退货验收证明;退款时,必须取得对方的收款收据或者汇款银行的凭证,不得以退货发票代替收据。职工出差的借款凭据,必须附在记账凭证之后。收回借款时,应当另开收据或者退还借据副本,不得退还原借款收据。

(4) 书写清楚、规范。原始凭证要按规定填写,文字要简要,字迹要清楚,易于辨认,不得使用未经国务院公布的简化汉字。大小写金额必须相符且填写规范,小写金额用阿拉伯数字逐个书写,不得写连笔字。在金额前要填写货币币种符号,货币币种符号与阿拉伯数字之间不得留有空白。金额数字一律填写到角、分,无角、分的,写"00"或符号"—";有角无分的,分位写"0",不得用符号"—"。

汉字大写数字金额用壹、贰、叁、肆、伍、陆、柒、捌、玖、拾、佰、仟、万、亿、元、角、分、零、整等,一律用正楷或行书字体书写,大写金额数字到元或者角为止的,在"元"或者"角"字之后应当写"整"字或者"正"字;大写金额数字有分的,分字后面不写"整"或者"正"字。

大写金额数字前未印有货币名称的,应加写货币名称(如人民币),货币名称与大写金额之间不得留有空白。

阿拉伯金额数字中间有"0"时,汉字大写金额要写"零"字;阿拉伯数字金额中间连续有几个"0"时,汉字大写金额中可以只写一个"零"字;阿拉伯金额数字元位是"0",或者数字中间连续有几个"0"、元位也是"0"但角位不是"0"时,汉字大写金额可以只写一个"零"字,也可以不写"零"字。如小写金额为5 006.00,大写金额应写成"伍仟零陆元整"。

(5) 编号连续。如果原始凭证已预先印定编号,在写坏作废时,应加盖"作废"戳记,妥善保管,不得撕毁。

(6) 不得涂改、刮擦、挖补。原始凭证记载的各项内容均不得涂改、刮擦、挖补。原始凭证有错误的,应当由出具单位重开或更正,更正时应当加盖出具单位印章。原始凭证金额有错误的,应当由出具单位重开,不得在原始凭证上更正。

(7) 填制及时。每笔经济业务发生或完成后,经办的单位和人员必须及时填制原始凭证,并按规定的程序及时送交会计机构、会计人员进行审核和核算。

(二) 自制原始凭证的填制要求

1. 一次凭证的填制

一次原始凭证是指凭证填制手续一次完成、不能重复使用的原始凭证。企业日常使用的原始凭证都属于此类,如"发票""收据""收料单""领料单"等。一次原始凭证是一次有效的原始凭证。

2. 累计凭证的填制

累计原始凭证是指在一定时期内多次记录发生的同类型经济业务的原始凭证。其特点是在一张凭证内可以连续登记相同性质的经济业务,随时结出累计数及结余数,并按照费用限额进行费用控制,期末按实际发生额记账,如限额领料单(如表6-3所示)。累计原始凭证是多次有效的原始凭证,在一定时期内不断重复地反映同类经济业务的完成情况。

3. 汇总凭证的填制

汇总凭证是指对一定时期内反映经济业务内容相同的若干张原始凭证,按照一定标准综合填制的原始凭证,如收料凭证汇总表、发料凭证汇总表(见表6-4)等。该凭证只能将类型相同的经济业务进行汇总,不能汇总两类或两类以上的经济业务。

(三) 外来原始凭证的填制要求

外来原始凭证应在企业同外单位发生经济业务时,由外单位的相关人员填制完成。外来原始凭证一般由税务局等部门统一印制,或经税务部门批准由经营单位印制,在填制时加盖出具凭证单位公章方为有效。对于一式多联的原始凭证必须用复写纸套写或打印机套打。

(1) 从外单位取得的原始凭证,必须盖有填制单位的公章;从个人处取得的原始凭证,必须有填制人员的签名或者盖章。

(2) 从外单位取得的原始凭证格式、内容必须规范。在实际工作中,有些单位取得的原始凭证存在不规范现象,即存在没有固定格式的、不具备规定内容的非正式原始凭证。

四、原始凭证的审核

对于原始凭证进行审核,是确保会计信息质量,充分发挥会计监督作用的重要环节,也是会计机构、会计人员的法定职责。原始凭证的审核内容主要包括以下几方面。

(一) 审核原始凭证的真实性

审核所填原始凭证的日期、记录经济业务的内容是否符合实际,原始凭证所记载的内容是否是交易活动的真实体现等。

(二) 审核原始凭证的合法性

审核原始凭证所反映的经济业务是否符合国家法律、法规和制度规定,有无违反财经纪律等违法行为,有无弄虚作假、营私舞弊、伪造涂改凭证等违法行为。对于出现上述现象的,必须及时揭露,严肃处理。

(三) 审核原始凭证的合理性

审核原始凭证所记录的经济内容是否符合企业生产经营的需要,是否符合有关的计划、预算等。

(四) 审核原始凭证的完整性

审核原始凭证所填写的项目是否齐全,是否有漏项情况,数字是否清晰,文字是否工整,手续是否完备,有关单位和人员是否盖章、签名,凭证联次是否正确等。

(五) 审核原始凭证的正确性

审核原始凭证的摘要填写是否符合要求,数量、单价、金额、合计数的计算与填写是否正确,书写是否清楚。

(六) 审核原始凭证的及时性

经济业务发生或完成时,应及时填制有关原始凭证。审核时应注意审查凭证的填制日期,尤其是支票、银行汇票、银行本票等时效性较强的原始凭证,更应仔细验证其签发日期。

经审核的原始凭证应根据不同情况处理。

(1) 对于完全符合要求的原始凭证,应及时据以编制记账凭证入账。

(2) 对于真实、合法、合理但内容不够完整、填写有错误的原始凭证,应退回给有关经办人员,由其负责将有关凭证补充完整、更正错误或重开后,再办理正式的会计手续。原始凭证金额有错误的,应当由出具单位重开,不得在原始凭证上更正。

(3) 对于不真实、不合法的原始凭证,会计机构和会计人员有权不予接受,并向单位负责人报告。

(七) 电子原始凭证的审核

对电子原始凭证的审核,除了前述内容外,必须采用技术手段,对电子原始凭证的真实性和合法性进行校验,特别是电子签名的真实性,以免遭遇电子诈骗。

第三节 记账凭证

一、记账凭证的种类

记账凭证又称记账凭单,是会计人员根据审核无误的原始凭证按照经济业务事项的内容加以归类,据以确定会计分录后所填制的会计凭证,是登记或生成账簿的直接依据。由于原始凭证种类繁多、格式各异,需要对各种原始凭证反映的经济内容加以归类整理,确认各会计要素,以会计分录的形式反映在记账凭证中。

记账凭证可按不同标准进行分类,具体来说有以下几种。

(一) 按凭证的用途分类

1. 专用记账凭证

专用记账凭证是指分类反映经济业务的记账凭证。专用凭证按其反映的经济业务内容,可分为收款凭证、付款凭证和转账凭证。

1) 收款凭证

收款凭证是指用于记录现金和银行存款收款业务的会计凭证,是根据有关现金和银行存款业务的原始凭证填制的记账凭证。其一般格式见表6-5。

表6-5 收款凭证的一般格式

收 款 凭 证

借方科目:_____ 年 月 日 收字第 号

摘 要	贷方科目		记账	金 额								
	一级科目	明细科目		千	百	十	万	千	百	十	元	角	分
合 计													

会计主管: 记账: 审核: 出纳: 制单:

2) 付款凭证

付款凭证是指用于记录现金和银行存款付款业务的会计凭证,是根据有关现金和银行存款付款业务的原始凭证填制的记账凭证。其一般格式见表6-6。

收款凭证和付款凭证是登记库存现金日记账和银行存款日记账的依据。

3) 转账凭证

转账凭证是指用于记录不涉及现金和银行存款业务的会计凭证,是根据现金和银行存款收付业务以外的其他原始凭证填制的记账凭证,是登记有关总账和明细账的依据。其一般格式见表6-7。

表 6-6 付款凭证的一般格式

付 款 凭 证

贷方科目：_____　　　　　　　　年　月　日　　　　　　　　　　　付字第　号

摘　要	借方科目		记账	金　额								
	一级科目	明细科目		千	百	十	万	千	百	十	元	角	分
合　计												

会计主管：　　　　　记账：　　　　　审核：　　　　　出纳：　　　　　制单：

表 6-7 收款凭证的一般格式

转 账 凭 证

年　月　日　　　　　　　　　　　　　　　　　　　　　　　　　　　　　转字第　号

摘　要	一级科目	明细科目	借方金额									贷方金额								
			百	十	万	千	百	十	元	角	分	百	十	万	千	百	十	元	角	分

会计主管：　　　　　记账：　　　　　审核：　　　　　制单：

2. 通用记账凭证

通用记账凭证是指用来反映所有经济业务的记账凭证，为各类经济业务所共同使用，其格式与转账凭证基本相同。

(二) 按凭证的填列方式分类

1. 单式记账凭证

单式记账凭证是指每一张记账凭证只填列经济业务事项所涉及的一个会计科目及其金额的记账凭证。填列借方科目的称为借项凭证，填列贷方科目的称为贷项凭证。单式记账凭证的内容单一，便于按会计科目归类汇总，有利于分工记账，但制证工作量大，不利于在一张凭证上集中反映经济业务的全貌，出现差错后不便于查找。单式记账凭证的一般格式见表6-8、表6-9。

表 6-8 单式记账凭证（一）

借项记账凭证

年　月　日　　　　　　　　　　　　　　　　　　　　　　　　　　　　　　第　号

摘　要	一级科目	明细科目	金　额								
			千	百	十	万	千	百	十	元	角	分
合　计												

会计主管：　　　　　记账：　　　　　审核：　　　　　制单：

表 6-9　单式记账凭证(二)

贷项记账凭证

　　　年　月　日　　　　　　　　　　　　　　　　　第　号

摘　要	一级科目	明细科目	金额								
			千	百	十	万	千	百	十	元	角	分
合　计												

会计主管：　　　　　　记账：　　　　　　审核：　　　　　　制单：

2. 复式记账凭证

复式记账凭证是指将每一笔经济业务事项所涉及的全部会计科目及其发生额均在同一张记账凭证中反映的一种凭证。复式记账凭证可以在一张凭证上集中反映账户的对应关系，便于了解经济业务的全貌，同时可以减少制证的工作量，但不便于分工记账和归类汇总。前文所列的收款凭证、付款凭证、转账凭证和通用凭证的格式，均属于复式记账凭证的格式。

(三) 按凭证的填制介质分类

1. 手工记账凭证

手工记账凭证是指会计人员根据审核后的原始凭证，在印刷好的纸质凭证上填制形成的记账凭证。

2. 电子记账凭证

电子记账凭证是指会计人员根据审核后的原始凭证等，在计算机上采用输入模式形成的记账凭证。图 6-1 为电子记账凭证手工输入窗口。

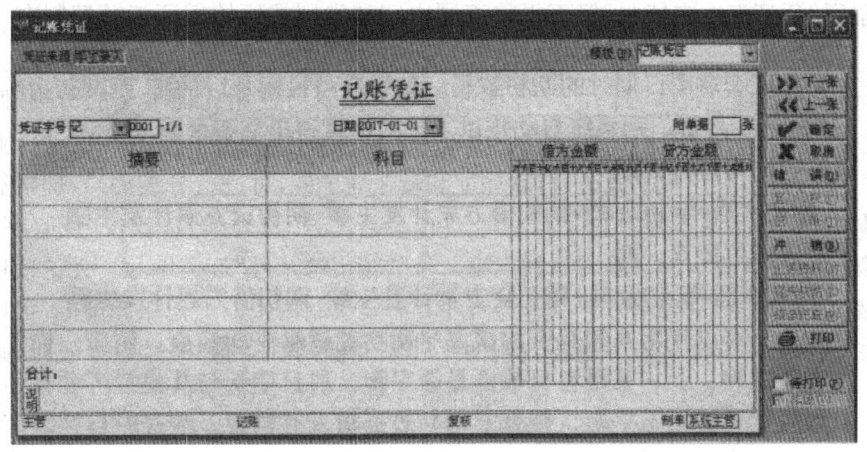

图 6-1　"记账凭证"窗口

二、记账凭证的基本内容

记账凭证是登记账簿的依据,因其所反映经济业务的内容不同,各单位规模大小及其对会计核算繁简程度的要求不同,其内容有所差异,但应当具备以下基本内容:①填制凭证的日期;②凭证的编号;③经济业务摘要;④会计科目;⑤金额;⑥所附原始凭证张数;⑦填制凭证人员、稽核人员、记账人员、会计机构负责人、会计主管人员签名或者盖章。

收款和付款记账凭证还应当由出纳人员签名或者盖章。以自制的原始凭证或者原始凭证汇总表代替记账凭证的,也必须具备记账凭证应有的项目。

电子记账凭证必须有符合《中华人民共和国电子签名法》规定的电子签名。

三、记账凭证的填制要求

记账凭证是根据审核无误的原始凭证或原始凭证汇总表填制的。记账凭证填制正确与否,直接影响整个会计系统最终提供的信息的质量。与原始凭证的填制相同,记账凭证也有记录真实、内容完整、手续齐全、填制及时等要求。

(一)记账凭证填制的基本要求

(1)记账凭证各项内容必须完整。记账凭证必须根据审核无误的原始凭证及有关资料填制。

(2)记账凭证的书写应清楚、规范。特别是金额数字的书写要正确规范,与原始凭证相符,记账凭证上所填的金额应是所附原始凭证的合计金额;角、分位不能为空,也不能用"—"代替,应填写"0"。

(3)除结账和更正错误的记账凭证可以不附原始凭证外,其他记账凭证必须附有原始凭证。记账凭证上应注明所附原始凭证的张数,以便核查。如果根据同一原始凭证填制数张记账凭证时,则应在未附原始凭证的记账凭证上注明"附件××张,见第××号记账凭证"。如果原始凭证需要另行保管的,则应在附件栏内加以注明。

(4)记账凭证可以根据每一张原始凭证填制,或根据若干张同类原始凭证汇总编制,也可以根据原始凭证汇总表填制;但不得将不同内容和类别的原始凭证汇总填制在一张记账凭证上。

(5)记账凭证应连续编号。记账凭证的编号方法受所使用凭证种类的影响,使用不同种类的凭证,编号的方法有所区别。在使用单一记账凭证时,可将企业发生的经济业务按发生的顺序统一编号;采用收款凭证、付款凭证和转账凭证的,可进行分类编号,即按凭证类别顺序编号,如按"收字第×号""付字第×号""转字第×号"三类编号;或按"现收字第×号""现付字第×号""银收字第×号""银付字第×号""转字第×号"五类编号。无论使用哪种记账凭证,都应按月连续进行编号。一笔经济业务需要填制两张以上记账凭证的,可以采用分数编号法。例如,一笔经济业务需要编制两张转账凭证,凭证的顺序号为5号时,则编号应为"转字$5\frac{1}{2}$号"和"转字$5\frac{2}{2}$号"。在计算机环境下,一般通过系统自动分类编号来避免重号、漏号和串号的发生。

(6)填制记账凭证时若发生错误,应当重新填制。在当年内发现已登记入账的记账凭证存在填写错误时,可以用红字填写一张与原内容相同的记账凭证,在摘要栏注明"注销某月某日某号凭证"字样,同时再用蓝字重新填制一张正确的记账凭证,注明"订正某月某日某号凭证"字样。如果会计科目没有错误,只是金额错误,也可将正确数字与错误数字之间的差额另编一张调整的记账凭证,调增金额用蓝字,调减金额用红字。发现以前年度记账凭证有错误的,应当用蓝字填制一张更正的记账凭证。

(7) 记账凭证填制完成后,如有空行应当自金额栏最后一笔金额数字下的空行处至合计数上的空行处划斜线或"S"线注销,合计金额第一位前要填写货币符号。

(二) 手工凭证的填制要求

1. 收款凭证的填制要求

凡涉及现金或银行存款增加的业务(现金和银行存款之间划转业务除外),都必须填制收款凭证。收款凭证左上角的"借方科目"按收款的性质填写"库存现金"或"银行存款";日期填写的是填制本凭证的日期;右上角填写填制收款凭证的顺序号;"摘要"填写对所记录的经济业务的简要说明;"贷方科目"填写与收入"库存现金"或"银行存款"相对应的会计科目;"记账"是指该凭证已登记账簿的标记,防止经济业务重记或漏记;"金额"是指该项经济业务的发生额;该凭证右边"附件×张"是指本记账凭证所附原始凭证的张数;最下边分别由有关人员签章,以明确经济责任。

【例6-1】 2×17年5月20日,清河公司向华峰工厂销售A产品100件,单价400元,开出增值税专用发票,产品发出,货款已收存银行,收款凭证如表6-10所示。

表6-10 清河公司收款凭证

收 款 凭 证

借方科目:银行存款　　　　　2×17年5月20日　　　　　　　收字第62号

摘　要	贷方科目		记账	金　额								
	一级科目	明细科目		千	百	十	万	千	百	十	元	角	分
华峰厂购A产品100件,单价400元	主营业务收入	销售商品	√				4	0	0	0	0	0	0
	应交税费	应交增值税	√					5	2	0	0	0	0
合　计							¥	4	5	2	0	0	0	0

会计主管:程甲　　　记账:王一　　　审核:李乙　　　出纳:张丁　　　制单:赵实

2. 付款凭证的填制要求

付款凭证是根据审核无误的有关库存现金和银行存款的付款业务的原始凭证填制的。付款凭证的编制方法与收款凭证基本相同,不同的是在付款凭证的左上角应填列贷方科目,即"库存现金"或"银行存款"科目,"借方科目"栏应填写与"库存现金"或"银行存款"相应的一级科目和明细科目。

对于涉及"库存现金"和"银行存款"之间的经济业务,一般只编制付款凭证,不编制收款凭证。

出纳人员在办理收款或付款业务后,应在原始凭证上加盖"收讫"或"付讫"的戳记,以免重收重付。

【例6-2】 2×17年5月21日,清河公司财务部出纳员开出一张现金支票1 000元,交借款人孙莉用作出差旅费。出纳员根据支票存根和借款单作出处理,如表6-11所示。

表6-11 清河公司付款凭证

付 款 凭 证

贷方科目:银行存款　　　　　2×17年5月21日　　　　　付字第161号

摘要	借方科目		记账	金额								
	一级科目	明细科目		千	百	十	万	千	百	十	元	角	分
预借差旅费	其他应收款	孙莉	√			1	0	0	0	0	0
合计					¥	1	0	0	0	0	0

会计主管:程甲　　　记账:王一　　　审核:李乙　　　出纳:张丁　　　制单:赵实

3. 转账凭证的填制要求

转账凭证通常是根据有关转账业务的原始凭证填制的。转账凭证中"总账科目"和"明细科目"栏应填写应借、应贷的总账科目和明细科目,借方科目应记金额应在同一行的"借方金额"栏填列,贷方科目应记金额应在同一行的"贷方金额"栏填列,"借方金额"栏合计数与"贷方金额"栏合计数应相等。

此外,某些既涉及收款业务,又涉及转账业务的综合性业务,可分开填制不同类型的记账凭证。

【例6-3】 2×17年5月31日,清河公司计提本月固定资产折旧46 000元,其中生产车间固定资产折旧为36 000元,行政管理部门固定资产折旧为10 000元,如表6-12所示。

表6-12 清河公司转账凭证

转 账 凭 证

2×17年5月31日　　　　　转字第064号

摘要	一级科目	明细科目	借方金额									贷方金额								
			百	十	万	千	百	十	元	角	分	百	十	万	千	百	十	元	角	分
计提折旧	制造费用	生产车间			3	6	0	0	0	0	0									
	管理费用				1	0	0	0	0	0	0									
	累计折旧													4	6	0	0	0	0	0
				¥	4	6	0	0	0	0	0		¥	4	6	0	0	0	0	0

会计主管:程甲　　　记账:周洁　　　审核:杨峰　　　制单:吕磊

(三)电子记账凭证的录入要求

电子记账凭证是在如图6-1的"会计凭证"窗口录入或自动生成的。遵循"谁录入谁修改"的授权分工原则,进行电子记账凭证的录入工作。电子记账凭证给审核人员审核后,计算机系统会自动形成标记。如果要修改审核后的电子记账凭证,必须由审核人员先取消审核才可以进行修改,遵循"谁审核谁取消"原则。

操作人员不能修改他人录入的电子记账凭证,如果要修改,应采用冲销或补充更正法订正。

四、记账凭证的审核

为了使记账凭证能够真实、准确地反映经济业务状况,保证账簿记录和会计信息的质量,在根据记账凭证登记账簿之前,必须由有关人员对已填制完毕的记账凭证进行认真、严格的审核。只有审核无误的记账凭证,才能作为记账的依据。

(一) 手工记账凭证审核

1. 内容是否真实

审核记账凭证是否附有原始凭证,所附原始凭证的内容是否与记账凭证记录的内容一致,记账凭证汇总表与记账凭证的内容是否一致。

2. 项目是否齐全

审核记账凭证的项目是否齐全,如日期、金额、所附原始凭证张数及有关人员签章等。

3. 科目是否正确

审核记账凭证的应借、应贷科目是否正确,所使用的会计科目是否符合会计制度的规定等。

4. 金额是否正确

审核记账凭证所记录的金额与原始凭证的有关金额是否一致,记账凭证汇总表的金额与记账凭证的金额合计是否相符,原始凭证中的数量、单价、金额计算是否正确等。

5. 书写是否规范

审核记账凭证中的文字是否工整、数字是否清晰,是否按规定使用蓝黑墨水或碳素墨水书写,是否按规定进行更正等。

6. 手续是否完备

审核记账凭证中有关人员的签名、盖章是否完备。出纳人员在办理收款或付款业务后,应在凭证上加盖"收讫"或"付讫"戳记,以避免重复收、付。

在会计凭证的审核中发现问题应立即加以解决。对凭证填写错误的要按规定的办法进行更正;对违反财经纪律、财务制度,未按计划、规定、合同办理以及铺张浪费、营私舞弊等,应拒绝受理、不予报销付款;对一些伪造凭证、涂改单据、虚报冒领等不法行为应及时向有关方面反映,严肃处理。

(二) 电子记账凭证审核

在计算机电子账务处理环境下,电子记账凭证的录入是账务处理系统的数据入口。如果录入的电子凭证有错误,则以此为基础的全部数据系统都是错误的,因此必须保证电子凭证数据录入的正确性和完整性。在录入电子凭证时一般会采取诸多控制措施,以防差错。

电子记账凭证的制单人员(录入人员)和审核人员必须实行分离,否则系统将拒绝审核。审核人员对录入的电子记账凭证进行审核,如果审核通过,系统会增加"审核通过"的标记。

第四节 会计凭证的传递和保管

科学合理地组织会计凭证的传递,做好会计凭证的保管工作,是会计核算得以正常、有效进行的前提,也是为有关各方提供真实、准确数据资料的保证;同时,对于强化企业内部会计监督机制,加强岗位责任制具有重要意义。

一、会计凭证的传递

会计凭证的传递是指从会计凭证取得或填制时起至归档保管过程中,会计凭证在单位内部各有关部门和人员之间的传送程序。各种会计凭证记录的经济业务不尽相同,所需办理业务的时间也不一样。因此,应当为每种会计凭证的传递规定合理的传递程序和在各个环节上停留的时间。会计凭证的传递是会计制度设计的一个重要组成部分,应当在企业会计制度中作出明确的规定。

(一) 会计凭证传递的作用

正确组织会计凭证的传递,对于及时处理和登记经济业务,明确经济责任,实行会计监督,具有重要作用。从一定意义上说,会计凭证的传递在单位内部经营管理各环节之间起着协调和组织的作用。会计凭证传递程序是企业管理规章制度重要的组成部分,其作用如下。

1. 有利于完善经济责任制度

经济业务的发生、完成及记录,是由若干责任人共同负责、分工完成的,会计凭证作为记录经济业务、明确经济责任的书面证据,体现了经济责任制度的执行情况。单位会计制度可以通过会计凭证传递程序和传递时间的规定,进一步完善经济责任制度,使各项业务的处理顺利进行。

2. 有利于及时进行会计记录

从经济业务的发生到账簿登记有一定的时间间隔,通过会计凭证传递,可使会计部门尽早了解经济业务的发生和完成情况,并通过会计部门内部的凭证传递,记录经济业务,进行会计核算,实行会计监督。

(二) 会计凭证传递的组织

为了充分发挥会计的作用,必须合理组织会计凭证的传送。各种记账凭证所记载的经济业务内容不同,涉及的部门和人员不同,办理经济业务的手续也不尽一致。组织会计凭证传递,必须满足内部控制制度的要求,使传递程序合理有效,同时尽量节约传递时间,减少传递的工作量。

各单位应根据具体情况制定每一种凭证的传递程序和方法。会计凭证的传递工作主要包括以下三方面的内容。

1. 规定会计凭证的传递路线

规定各种经济业务应填制何种会计凭证、经济业务发生时由谁填制或取得,交谁接办该项业务,当某项业务由两个以上部门共同办理时,还应规定凭证应传递到哪些环节及其先后顺序。如果一项经济业务需要填制或取得数联会计凭证时，还应为每一联会计凭证分别规定其用途和传递路线。各种会计凭证的传递路线应根据它所记录的经济业务的特点、本单位机构的设置、岗位分工以及经济管理的需要等情况具体规定，但要避免不必要的环节，防止公文"旅行"，以提高办事效率。

2. 规定会计凭证在各个环节的停留时间

会计凭证在各个环节的停留时间，应由有关部门或人员根据会计凭证办理业务手续对时间的合理需要进行确定，既要讲求效益，加速业务处理过程，又要避免规定的停留时间过短，致使经办人员不能在规定的时间内完成。应该特别注意，一切会计凭证的传递和处理都必须在报告期内完成。否则，将影响会计凭证的及时性和正确性。

3. 规定会计凭证传递过程中的交接签收制度

为了防止会计凭证在传递过程中遗失、毁损或其他意外情况的发生，保证凭证在传递过程中的安全完整，应制定各环节凭证的交接签收制度。

二、会计凭证的保管

会计凭证作为记账的依据，是重要的会计档案和经济资料。本单位以及其他有关单位，可能因为各种需要查阅会计凭证，特别是在发生贪污、盗窃、违法乱纪行为时，会计凭证还是依法处理的有效证据。因此，任何单位在完成经济业务手续和记账后，必须将会计凭证按规定的立卷归档制度形成会计档案资料，妥善保管，防止丢失，不得任意销毁，以便日后随时查阅。

会计凭证的保管是指会计凭证记账后的整理、装订、归档和存查工作。会计凭证的保管工作主要包括以下几个方面的内容。

（1）会计凭证应定期装订成册，防止散失。会计部门在依据会计凭证记账以后，应定期（每天、每旬或每月）对各种会计凭证进行分类整理，将各种记账凭证按照编号顺序，连同所附的原始凭证一起加具封面和封底，装订成册，并在装订线上加贴封签，由装订人员在装订线封签处签名或盖章。

从外单位取得的原始凭证遗失时，应取得原签发单位盖有公章的证明，并注明原始凭证的号码、金额、内容等，由经办单位会计机构负责人（会计主管人员）和单位负责人批准后，才能代作原始凭证。若确实无法取得证明的，如车票丢失，则应由当事人写明详细情况，由经办单位会计机构负责人（会计主管人员）和单位负责人批准后，代作原始凭证。

（2）会计凭证封面应注明单位名称、凭证种类、凭证张数、起止号数、年度、月份、会计主管人员和装订人员等有关事项，会计主管人员和保管人员应在封面上签章。

（3）会计凭证应加贴封条，防止抽换凭证。原始凭证不得外借，其他单位如有特殊原因确实需要使用时，经本单位会计机构负责人（会计主管人员）批准，可以复制。向外单位提供的原始凭证复制件，应在专设的登记簿上登记，并由提供人员和收取人员共同签名、盖章。

（4）原始凭证较多时，可单独装订，但应在凭证封面注明所属记账凭证的日期、编号和种类，同时在所属的记账凭证上应注明"附件另订"及原始凭证的名称和编号，以便查阅。对各种重要的原始凭证，如押金收据、提货单等，以及各种需要随时查阅和退回的单据，应另编目录，单独保管，并在有关的记账凭证和原始凭证上分别注明日期和编号。

（5）每年装订成册的会计凭证，在年度终了时可暂由单位会计机构保管1年，期满后应当移交本单位档案机构统一保管;未设立档案机构的,应当在会计机构内部指定专人保管。出纳人员不得兼管会计档案。

(6) 严格遵守会计凭证的保管期限要求,期满前不得任意销毁。根据《会计档案管理办法》,企业和其他组织会计凭证的保管期限为 30 年,包括原始凭证和记账凭证。财政总预算、行政单位、事业单位和税收会计凭证的保管期限如表 6-13 所示。

表 6-13　财政总预算、行政单位、事业单位和税收会计凭证保管期限

序号	档案名称	保管期限			备注
		财政总预算	行政单位事业单位	税收会计	
一	会计凭证				
1	国家金库编送的各种报表及缴库退库凭证	10 年		10 年	
2	各收入机关编送的报表	10 年			
3	行政单位和事业单位的各种会计凭证		30 年		包括:原始凭证、记账凭证和传票汇总表
4	财政总预算拨款凭证和其他会计凭证	30 年			包括:拨款凭证和其他会计凭证

(7) 电子会计凭证的保管必须符合《会计档案管理办法》的有关规定。电子会计凭证一般会打印出来按照前述进行要求保管。满足条件仅以电子形式形成的会计凭证,在移交时应当将电子会计档案及其元数据一并移交,且文件格式应当符合规定,特殊格式的电子会计凭证应当与其读取平台一并移交。

本章练习题

姓名_____
学号_____
分数_____

一、单项选择题

1. 会计凭证分为原始凭证和记账凭证的依据是（　　）。
   A. 填制方式　　　　　　　　　　B. 反映业务的方法
   C. 填制程序和用途　　　　　　　D. 取得的来源

2. 原始凭证按其取得的来源不同，可分为（　　）。
   A. 外来原始凭证和自制原始凭证　　B. 单式记账凭证和复式记账凭证
   C. 一次记账凭证和累计记账凭证　　D. 收、付、转记账凭证

3. 限额领料单属于（　　）。
   A. 一次记账凭证　　　　　　　　B. 外来记账凭证
   C. 汇总原始凭证　　　　　　　　D. 累计记账凭证

4. 将现金存入银行，按规定应编制（　　）。
   A. 现金收款凭证　　　　　　　　B. 银行存款收款凭证
   C. 现金付款凭证　　　　　　　　D. 银行存款付款凭证

5. 下列不能作为记账依据的是（　　）。
   A. 发货票　　　B. 收货单　　　C. 入库单　　　D. 经济合同

6. 下列科目中，能填列在收款凭证左上角"借方科目"栏的是（　　）。
   A. "银行存款"　　　　　　　　　B. "材料采购"
   C. "主营业务收入"　　　　　　　D. "应收账款"

7. 如果企业取得的原始凭证出现金额错误，应（　　）。
   A. 由本企业在错误处更改
   B. 由出具单位更正并加盖出具单位印章
   C. 必须由出具单位重开
   D. 由本企业在错误处更改，但必须盖章

8. 原始凭证和记账凭证的相同点是（　　）。
   A. 反映经济业务的内容相同　　　B. 编制时间相同
   C. 所起作用相同　　　　　　　　D. 经济责任的当事人相同

9. 下列经济业务中，应编制转账凭证的是（　　）。
   A. 支付购买材料款　　　　　　　B. 支付材料运杂费
   C. 收回出售材料款　　　　　　　D. 车间领用材料

10. 填制原始凭证时应做到大小写数字符合规范、填写正确。如大写金额为"壹仟零壹元伍角整"，其小写金额应为（　　）。
    A. 1 001.50　　B. ￥1 001.50　　C. ￥1 001.50元　　D. ￥1 001.5

二、多项选择题

1. 涉及现金与银行存款之间收、付业务时,可以编制的记账凭证有(   )。
   A. 现金收款凭证   B. 现金付款凭证
   C. 银行存款收款凭证   D. 银行存款付款凭证
2. 下列选项中,属于各种原始凭证必须具备的基本内容包括(   )。
   A. 凭证名称、填制日期和编号
   B. 应借、应贷会计科目名称和有关人员签章
   C. 经济业务的基本内容
   D. 填制和接受凭证单位的名称
3. 收款凭证和付款凭证是(   )。
   A. 登记现金、银行存款日记账的依据   B. 调整和结转有关账项的依据
   C. 出纳人员办理收、付款项的依据   D. 编制会计报表的直接依据
4. 下列属于外来原始凭证的有(   )。
   A. 购买材料的发票   B. 出差住宿收据
   C. 银行结算凭证   D. 完工产品入库单
5. 复式记账凭证的优点有(   )。
   A. 可以集中反映账户的对应关系   B. 便于查账
   C. 可以减少记账凭证的数量   D. 便于计算每一科目的发生额
6. 对会计凭证保管的要求有(   )。
   A. 定期归类装订,以便查阅   B. 确保安全,查阅要有手续
   C. 按规定的期限保存凭证   D. 按规定的程序办理凭证的销毁手续
7. 记账凭证必须具备的基本内容有(   )。
   A. 填制单位和记账凭证的名称   B. 凭证填制日期、编号和业务内容摘要
   C. 经济业务的会计分录   D. 所附原始凭证张数和有关人员签章

三、判断题

1. 更正错账和结账的记账凭证,可以不附原始凭证。   (   )
2. 发料凭证汇总表属于累计原始凭证。   (   )
3. 外来原始凭证都是一次性使用的会计凭证。   (   )
4. 各种原始凭证不得涂改、挖补,如填写错误,应采用划线更正法予以更正。 (   )
5. 转账凭证只登记与货币资金收付无关的经济业务。   (   )
6. 收款凭证只有在现金增加时填写。   (   )
7. 各种记账凭证都只能根据一张原始凭证逐一填制。   (   )
8. 原始凭证是登记日记账和明细账的依据。   (   )

四、实务题

【目的】 练习记账凭证的编制。

【资料】 某企业2×17年6月份发生下列有关经济业务:

1. 2日,购入A材料2 500千克,买价50 000元,增值税进项税额6 500元,款项通过银行付讫,材料已验收入库(材料采购成本采取逐笔结转)。
2. 7日,收到投资者投资100 000元存入银行。

3. 10 日,通过银行向天津 B 公司预付购料款 40 000 元(注本企业不设"预付账款"科目)。

4. 15 日,仓库发出材料,其中生产甲产品耗料 50 000 元;车间一般耗料 4 000 元;厂部行政管理部门耗料 6 000 元。

5. 16 日,某采购员预借差旅费 1 000 元,以现金付讫。

6. 17 日,从银行提取现金 40 000 元,备发工资。

7. 17 日,以现金 40 000 元发放本月工资。

8. 19 日,收到上海甲工厂预付购买产品款 50 000 元,存入银行(该企业不设"预收账款"科目)。

9. 20 日,售给上海甲工厂甲产品 275 件,售价计 200 000 元,增值税销项税额 26 000 元,除预收款外,其余部分收到并存入银行。

10. 21 日,以存款支付本月水电费 4 000 元,其中车间水电费 3 000 元,厂部行政管理部门水电费 1 000 元。

11. 22 日,采购员出差归来报销差旅费 800 元,余款收回。

12. 23 日,开出支票一张,支付厂部行政管理部门房屋租金 6 000 元。

13. 6 月 24 日,以银行存款支付广告费 3 000 元。

14. 25 日,购买单位交来包装物押金 500 元,存入银行。

15. 26 日,将现金 8 000 元捐赠给社会福利院。

16. 27 日,以银行存款支付本月短期借款利息 9 000 元。

17. 30 日,结算本月应付的职工工资,其中生产甲产品工人工资为 28 000 元;车间一般人员工资 4 000 元;厂部行政管理部门人员工资 8 000 元。

18. 30 日,计提本月固定资产折旧,其中生产车间计提折旧 6 000 元;厂部行政管理部门计提折旧 2 000 元。

19. 30 日,结转本月发生的制造费用 20 000 元,均由甲产品负担。

20. 30 日,结转本月完工甲产品 250 件的生产成本 100 000 元。

21. 30 日,计算出本月应交城市维护建设税(流转环节税金)6 000 元。

22. 30 日,结转本月已售甲产品 275 件的生产成本 110 000 元。

23. 30 日,结转本月已售甲产品的销售收入 200 000 元;营业外收入 40 000 元。

24. 30 日,结转本月销售产品成本 110 000 元,销售税金 6 000 元,销售费用 3 000 元,管理费用 23 800 元,财务费用 9 000 元,营业外支出 8 000 元。

25. 30 日,计算并结转本月应交所得税(税率 25%)。

26. 30 日,按净利润的 10% 提取法定盈余公积。

27. 30 日,按剩余利润的 80% 向投资者分配利润。

【要求】 根据上述经济业务编制记账凭证。

第七章 会计账簿

第一节 会计账簿概述

一、会计账簿的概念与作用

（一）会计账簿的概念

各单位通过填制和审核会计凭证，可以将每日发生的经济业务通过会计凭证记录和反映。但会计凭证数量多、资料分散，并且每张凭证只能记载个别经济业务，所提供的资料是不全面的。为了全面、系统、连续地反映和监督某一单位在一定时期内的经济活动和财务收支情况，便于日后查阅和使用，需要把会计凭证所记载的大量分散的资料加以分类、整理。这一任务是通过设置和登记会计账簿来实现的。

会计账簿是指由一定格式的账页组成的，以经过审核的会计凭证为依据，全面、系统、连续地记录各项经济业务的簿籍。各单位应当按照国家统一的会计制度的规定和会计业务的需要设置会计账簿。通过账簿的设置和登记，可以记载、储存会计信息，分类、汇总会计信息，检查、校正会计信息，编报、输出会计信息。

（二）设置账簿的作用

1. 记载和储存会计信息

通过账簿的设置和登记，可将分散于会计凭证中的数据与资料，记载、储存于账簿之中，提供不同会计要素的汇总信息资料。

2. 分类和汇总会计信息

通过账簿的设置和登记，可以系统地归纳、积累和汇总会计信息资料，提供不同类别的会计信息。

3. 保证财产物资的安全完整

通过设置和登记账簿，可以连续反映各项财产物资的增减变动及其结存信息，通过期末财产清查、预算控制等方法，发现财产物资是否存在问题，适时解决，可以起到内部监控作用，保证财产物资安全完整，合理使用各项资金，提高资金使用效率等。

二、会计账簿的基本内容

在实际工作中,由于各种会计账簿所记录的经济业务不同,账簿的格式也多种多样,但各种账簿都应具备如下基本内容。

(一)封面

封面要填明账簿名称和记账单位名称。

(二)扉页

扉页主要包括账簿启用表与经管人员一览表、账户目录。账簿启用表与经管人员一览表要求填明单位名称、账簿名称、启用日期、起讫页数、册次、记账人员、会计主管人员、单位领导人、交接记录等内容,具体格式如表7-1所示。

表7-1 扉 页

账簿启用表							
单位名称					负责人姓名	记账人员		
账簿	名称					姓名	盖章	日期
	号数		册数					
	内容页数				盖章			
	启用日期		年 月 日					
	截止日期		年 月 日					
经管人员一览表							
记账人员			接管日期			移交日期		
职务	姓名	盖章	年	月	日	年	月	日

账户目录是由记账人员在账簿中开设账页户头后,按照顺序将每个账户的名称和页数作登记的目录。其作用是便于查阅账簿中登记的内容。活页式账簿,在账簿启用时无法确定页数,可先将账户名称填写好,待年终装订归档时,再填写页数。具体格式如表7-2所示。

表7-2 账户目录(科目索引)

编号	科目	页数	编号	科目	页数	编号	科目	页数

(三)账页

账页是账簿的主体,因反映的经济内容不同,格式亦不尽相同,但账页的基本内容一般包括以下六个方面。

(1) 账户的名称,简称户头,即会计账目的名称。

(2) 记账日期栏。

(3) 记账凭证的种类和号数栏。

(4) 经济业务摘要栏,即所记录经济业务的简要说明。

(5) 金额栏,即经济业务所引起的账户发生额和余额增减变动的数额。

(6) 总页次和分户页次。

三、会计账簿与账户的关系

账簿与账户的关系是形式和内容的关系。账簿是由若干账页组成的一个整体,账簿中的每一账页就是账户的具体存在形式和载体,没有账簿,账户就无法存在;账簿序时、分类地记录经济业务,是在各个具体的账户中完成的。因此,账簿只是一个外在形式,账户才是实质内容。

四、会计账簿的种类

会计账簿的种类很多,不同类别的会计账簿可以提供不同的会计信息,满足不同使用者的需要。

(一) 按用途分类

1. 序时账簿

序时账簿又称日记账,是按照经济业务发生时间的先后顺序逐日、逐笔登记的账簿。序时账簿按其记录的内容,可分为普通日记账和特种日记账。

普通日记账也称通用日记账,是用来登记各单位全部经济业务事项的日记账。它是将每日发生的经济业务按先后顺序,逐一编制会计分录并记入账簿,因而也称分录日记账。它一般适用于规模较小,经济业务不多的企业单位。

特种日记账是专门用来记录某一特定项目经济业务事项的日记账。它是将该类经济业务事项按其发生的时间先后顺序记入账簿中,反映这一特定项目的详细情况。通常各单位仅对库存现金和银行存款的收付业务,设置库存现金日记账和银行存款日记账,以便加强货币资金的管理。

2. 分类账簿

分类账簿是通过按照会计要素的具体类别而设置的分类账户进行登记的账簿。账簿按其反映经济业务的详略程度,可分为总分类账簿和明细分类账簿。

总分类账簿又称总账,是根据总分类账户开设的,能够全面地反映企业的经济活动;明细分类账簿又称明细账,是根据明细分类账户开设的,用来提供明细的核算资料。总账对所属的明细账起统驭作用,明细账对总账进行补充和说明。

3. 备查账簿

备查账簿又称辅助登记簿或补充登记簿,是指对某些在序时账簿和分类账簿中未能记载或记载不全的经济业务进行补充登记的账簿。备查账簿只是对其他账簿记录的一种补充,与其他账簿之间不存在严密的依存和钩稽关系。备查账簿由企业根据实际需要设置,没有固定的格式要求。它可以为某些经济业务事项提供必要的参考资料,如租入固定资产登记簿、受托加工材料登记簿等。

(二) 按账页格式分类

1. 两栏式账簿

两栏式账簿是指只有借方和贷方两个基本金额栏目的账簿。

2. 三栏式账簿

三栏式账簿是设有借方、贷方和余额三个基本栏目的账簿。各种日记账、总分类账以及资本、债权、债务明细账都可采用三栏式账簿。三栏式账簿又分为设对方科目和不设对方科目两种,区别是在"摘要"栏和"借方科目"栏之间是否有一栏"对方科目"。有"对方科目"栏的,称为设对方科目的三栏式账簿;无"对方科目"栏的,称为不设对方科目的三栏式账簿。

3. 多栏式账簿

多栏式账簿是在账簿的两个基本栏目:借方和贷方,按需要分设若干专栏的账簿。收入、费用明细账一般均采用这种格式的账簿。

4. 数量金额式账簿

数量金额式账簿的借方、贷方和余额三个栏目内,都分设数量、单价和金额三小栏,借以反映财产物资的实物数量和价值量。原材料、库存商品等明细账一般都采用数量金额式账簿。

5. 横线登记式账簿

横线登记式账簿又称平行式账簿,是指将前后密切相关的经济业务登记在同一行上,以便检查每笔业务的发生和完成情况的账簿。

(三) 按外形特征分类

1. 订本式账簿

订本式账簿是在启用之前就已将账页装订在一起,并对账页进行了连续编号的账簿。应用订本式账簿可以避免账页散失,防止蓄意抽换账页。这种账簿一般适用于总分类账、库存现金日记账、银行存款日记账。

2. 活页式账簿

活页式账簿是在账簿登记完毕之前并不固定装订在一起,而是装在活页账夹中的一种账簿,当账簿登记完毕之后(通常是一个会计年度结束之后),才将账页予以装订,加上封面,并给各账页连续编号的一种账簿。这种账簿在启用前,账页不装订成册,可以根据记账需要随时增减或重新排列账页,便于分工记账。但如果管理不善,账页容易散失和被抽换。因此,活页式账簿在使用过程中应按顺序编号,并在会计期末装订成册,装订后按实际账页数顺序编号,并加目录妥善保管。各种明细分类账一般采用活页账簿形式。

3. 卡片式账簿

卡片式账簿是将账户所需格式印刷在硬卡片上。严格地说,卡片式账簿也是一种活页账,只不过它不是装在活页账夹中,而是装在卡片箱内。在我国,单位一般只对固定资产的核算采用卡片式账簿形式。

(四) 按形成介质分类

1. 手工账簿

手工账簿是指会计人员根据审核无误的记账凭证等,在印制好的纸质介质上登记形成的账簿。本章所指账簿除最后一节外，均是指手工账簿。

2. 电子账簿

电子账簿是指会计人员在计算机财务软件系统下，系统根据审核无误的记账凭证自动生成的账簿。由计算机系统自动生成的电子账簿，打印出来后，装订成册的，我们也称其为电子账簿。

电子账簿与手工账簿的形成过程不同，手工账簿是会计人员依据会计凭证登记形成的，电子账簿是计算机系统自动生成的。但两者的总账、明细账、日记账、辅助账等的格式是相同的。

第二节 会计账簿的启用与登记要求[①]

一、会计账簿的启用

启用会计账簿时，应当在账簿封面上写明单位名称和账簿名称，并在账簿扉页上附启用表。启用订本式账簿应当从第一页到最后一页按顺序编定页数，不得跳页、缺号。使用活页式账簿应当按账户顺序编号，并须定期装订成册，装订后再按实际使用的账页顺序编定页码，另加目录以便记明每个账户的名称和页次。

二、会计账簿的登记要求

为了保证账簿记录的正确性，会计账簿必须根据审核无误的会计凭证登记，并符合有关法律、行政法规和国家统一的会计准则制度的规定。登记要求如下所述。

1. 准确完整

账簿必须根据审核无误的会计凭证连续、系统地登记；不得错记、漏记和重记；应当将会计凭证日期、编号、业务内容摘要、金额和其他有关资料逐项记入账内，做到数字准确、摘要清楚、登记及时、字迹工整。

2. 注明记账符号

登记完毕后，要在记账凭证上签名或者盖章，并注明已经登账的符号，表示已经记账。

3. 书写留空

账簿中书写的文字和数字上面要留有适当空格，不要写满格，一般应占格距的二分之一。

4. 正常记账使用蓝黑墨水

登记账簿要用蓝黑墨水或者碳素墨水书写，不得使用圆珠笔（银行的复写账簿除外）或者铅笔书写。

5. 特殊记账使用红墨水

下列情况下，可以用红色墨水记账。

[①] 本章第二节至第六节所指账簿均是指手工账簿。手工账簿的未来发展趋势是随着信息技术在会计工作中应用的普及和推广而被电子账簿替代。本章第二节至第六节的内容可在手工模拟实训中习得。

(1) 按照红字冲账的记账凭证,冲销错误记录。
(2) 在不设借贷等栏的多栏式账页中,登记减少数。
(3) 在三栏式账户的"余额"栏前,如未印明余额方向的,在"余额"栏内登记负数余额。
(4) 根据国家统一的会计制度的规定可以用红字登记的其他会计记录。

6. 按顺序连续登记

各种账簿应按页次顺序连续登记,不得跳行、隔页。如果发生跳行、隔页,应当将空行、空页划线注销,或者注明"此行空白""此页空白"字样,并由记账人员签名或者盖章。

7. 结出余额

凡需要结出余额的账户,结出余额后,应当在"借或贷"等栏内写明"借"或者"贷"等字样。没有余额的账户,应在"借或贷"栏内写"平"字,并在"余额"栏用0表示。

8. 过次承前

每一账页登记完毕结转下页时,应当结出本页合计数及余额,写在本页最后一行和下页第一行有关栏内,并在"摘要"栏内注明"过次页"和"承前页"字样;也可以将本页合计数及金额只写在下页第一行有关栏内,并在"摘要"栏内注明"承前页"字样。

对需要结计本月发生额的账户,结计"过次页"的本页合计数应当为自本月初起至本页末止的发生额合计数;对需要结计本年累计发生额的账户,结计"过次页"的本页合计数应当为自年初起至本页末止的累计数;对既不需要结计本月发生额,也不需要结计本年累计发生额的账户,可以只将每页末的余额结转次页。

9. 不得涂改、刮擦、挖补

登账时或登账后如果发现差错,应根据错误的具体情况,按规定方法进行更正,不准涂改、挖补、刮擦或者用药水消除字迹,不准重新抄写,必须保持账簿和字迹清晰、整洁。

第三节 会计账簿的格式与登记方法

一、日记账的格式与登记方法

日记账是按照经济业务发生或完成的时间先后顺序逐日逐笔进行登记的账簿。设置日记账的目的是为了使经济业务的时间顺序清晰地反映在账簿记录中。日记账按其所核算和监督经济业务的范围,可分为特种日记账和普通日记账。在我国,大多数企业一般只设库存现金日记账和银行存款日记账。

(一)库存现金日记账的格式和登记方法

1. 库存现金日记账的格式

库存现金日记账是用来核算和监督库存现金日常收、付和结存情况的序时账簿。库存现金日记账的格式主要有三栏式和多栏式两种。

1) 三栏式库存现金日记账

三栏式库存现金日记账是用来登记库存现金的增减变动及其结果的日记账。设借方、贷方和余额三个金额栏目,一般将其分别称为收入、支出和余额三个基本栏目,其格式如表7-3所示。

表7-3　库存现金日记账(三栏式)

年		凭证		摘　要	对方科目	收入	支出	余额
月	日	字	号					

2) 多栏式库存现金日记账

多栏式库存现金日记账是在三栏式库存现金日记账基础上发展起来的。这种日记账的借方(收入)和贷方(支出)金额栏都按对方科目设专栏,也就是按收入的来源和支出的用途设专栏。在月末结账时,可以结出各收入来源专栏和支出用途专栏的合计数,便于对现金收支的合理性、合法性进行审核分析,便于检查财务收支计划的执行情况,其全月发生额还可以作为登记总账的依据。

多栏式日记账通常可分为收入日记账和支出日记账两种,其格式如表7-4和表7-5所示。

表7-4　库存现金(银行存款)收入日记账(多栏式)

年		收款凭证编号	摘要	贷方科目				支出合计	结余
月	日			银行存款	……	……	收入合计		

表7-5　库存现金(银行存款)支出日记账(多栏式)

年		付款凭证编号	摘要	结算凭证		借方科目			
月	日			种类	编号	管理费用	……	……	支出合计

无论采用三栏式还是多栏式库存现金日记账,都必须使用订本账。

2. 库存现金日记账的登记方法

库存现金日记账是由出纳人员根据与现金收付有关的记账凭证,按照时间顺序逐日逐笔进行登记的。具体包括如下内容。

(1) 日期栏。登记记账凭证日期,通常应与现金实际收付日期一致。

(2) 凭证栏。登记收、付款凭证的种类和编号。如"现金收款凭证"简写为"现收";"银行存款付款凭证"简写为"银付"。

(3) 摘要栏。根据收、付款凭证的摘要,简明地记录经济业务的内容。

(4) 对方科目栏。根据收、付款凭证上所列的对方科目,填写对应科目的名称,目的在于了解经济业务的来龙去脉。

（5）收入、支出栏。登记现金实际收付的金额。每日终了,应分别计算现金收入和支出的合计数,根据"上日余额＋本日收入－本日支出＝本日余额"的公式,逐日结出现金余额,并与库存现金实存数核对,以检查每日现金收付是否有误,即通常所称"日清"。

（6）月末时,在本月月末最后一行记载内容下面的"摘要"栏里写上"本月发生额及月末余额","收入"栏数额为本月收入的合计数,"支出"栏数额为本月支出的合计数,用月初余额加本月收入合计减去本月支出合计为本月月末结存现金余额,即"月结"。

借方、贷方分设的多栏式库存现金日记账的登记方法是:先根据有关现金收入业务的记账凭证登记"库存现金收入日记账",根据有关现金支出业务的记账凭证登记"库存现金支出日记账",每日营业终了,根据"库存现金支出日记账"结计的支出合计数,一笔转入"库存现金收入日记账"的"支出合计"栏中,并结出当日余额。

（二）银行存款日记账的格式和登记方法

1. 银行存款日记账的格式

银行存款日记账是用来核算和监督银行存款每日的收入、支出和结余情况的账簿。银行存款日记账与库存现金日记账一样,都采用订本式账簿。

银行存款日记账应按企业在银行开立的账户和币种分别设置,每个银行账户设置一本日记账。银行存款日记账的专栏设置,与现金日记账基本相同,不同之处是银行存款日记账须增设"结算凭证"栏,以便与银行对账单核对。其账页格式也有三栏式和多栏式两种,会计实务中,各企业单位一般采用三栏式账页,其格式如表7-6所示。

表7-6 银行存款日记账

年		凭证		摘　要	结算凭证		对方科目	收入	支出	余额
月	日	字	号		种类	编号				

2. 银行存款日记账的登记方法

银行存款日记账通常也是由出纳员根据审核后的银行存款收款凭证和付款凭证逐日逐笔进行登记的,如果将现金存入银行,存款的收入数应根据现金付款凭证登记。每日终了,应结算出账面余额,并定期同银行转来的对账单逐笔进行核对,如有不符,应及时查明原因,并予以更正。银行存款日记账具体登记方法和内容与库存现金日记账的登记类似。

二、总分类账的格式与登记方法

（一）总分类账的格式

总分类账是指按照总分类账户分类登记以提供总括会计信息的账簿。在总分类账簿中,应按照总账科目的编号和顺序分别开设账户。总分类账一般采用订本式账簿三栏式账页,设有借方、贷方和余额三个金额栏目,每个账户单独使用一个账页。由于订本式账簿账页固定,不能随意增减,因而在账簿启用时应根据各账户发生业务的多少适当估计预留账页。

总账能够全面、总括地反映经济活动情况,并为编制财务会计报告提供资料。因此,任何单位都必须设置总分类账。三栏式总分类账的格式如表 7-7 所示。

表 7-7 总分类账(三栏式)

科目名称:

年		凭证		摘 要	借方	贷方	借或贷	余额
月	日	字	号					

(二)总分类账的登记方法

总分类账的登记依据和方法,由各单位所采用的账务处理程序决定,可以根据记账凭证逐笔登记,也可以根据经过汇总的科目汇总表或汇总记账凭证等定期登记。

三、明细分类账的格式与登记方法

明细分类账是根据有关明细分类账户设置并登记的账簿。它能提供交易或事项比较详细、具体的核算资料,以补充总账所提供核算资料的不足。因此,各企业单位在设置总账的同时,还应设置必要的明细账。明细分类账一般采用活页式账簿、卡片式账簿。明细分类账一般根据记账凭证和相应的原始凭证来登记。

(一)明细分类账的格式

根据管理要求和各种明细分类账所记录经济业务的特点,明细分类账的常用格式主要有以下四种。

1. 三栏式明细分类账

三栏式明细分类账设有借方、贷方和余额三个基本栏目,用来分类核算各项经济业务,提供详细核算资料。适用于只需要进行金额核算而不需要进行数量核算的资本、债权、债务明细分类账户,如"短期借款""应付账款""应收账款"等账户的明细核算,其格式与总分类账相同,如表 7-8 所示。

表 7-8 ××明细分类账

二级或明细科目:

年		凭证		摘 要	借方	贷方	借或贷	余额
月	日	字	号					

2. 多栏式明细分类账

多栏式明细分类账是根据经济业务内容和提供资料的要求,在一张账页内按照有关明细科目或明细项目,分别设置若干专栏,用于在同一张账页上集中有关明细科目或明细项目的核算资料。根据明细分类账登记经济业务的不同,多栏式明细分类账的账页又分为借方多栏式明细分类账、贷方多栏式明细分类账和借贷方多栏式明细分类账三种格式。

（1）借方多栏式明细分类账。借方多栏式明细分类账的账页格式适用于借方需要设置多个明细科目或明细项目的账户，主要有"材料采购""生产成本""制造费用""管理费用""营业外支出"等账户的明细分类核算。其格式如表7-9所示。

表7-9　生产成本明细分类账（借方多栏式）

年		凭证		摘要	借方				贷方	余额
月	日	字	号		直接材料	直接人工	制造费用	合计		

（2）贷方多栏式明细分类账。贷方多栏式明细分类账的账页格式适用于贷方需要设置多个明细科目或明细项目的账户，主要有"主营业务收入""营业外收入""应付职工薪酬"等账户的明细分类核算。其格式如表7-10所示。

表7-10　营业外收入明细分类账（贷方多栏式）

年		凭证		摘要	贷方					借方	余额
月	日	字	号		非流动资产处置利得	非货币性资产交换利得	债务重组利得	……	合计		

（3）借贷方多栏式明细分类账。借贷方多栏式明细分类账的账页格式适用于借方和贷方均需要设置多个明细科目或明细项目的账户，主要有"本年利润""应交税费——应交增值税"等账户的明细分类核算。其格式如表7-11所示。

表7-11　应交税费——应交增值税明细分类账（借贷方多栏式）

年		凭证		摘要	借方				贷方				借或贷	余额
月	日	字	号		进项税额	已交税金	……	合计	销项税额	出口退税	……	合计		

3. 数量金额式明细分类账

数量金额式明细分类账是一种为加强财产物资管理而设置的，其账页分别设有收入、发出和结存的数量、单价与金额栏。这种格式适用于既要进行金额核算，又要进行数量核算的各种财产物资账户，如"原材料""库存商品"等账户的明细核算。其格式如表7-12所示。

表 7-12　原材料明细分类账(数量金额式)

类　别：　　　　　编　号：　　　　　计量单位：　　　　　名称或规格：
最高储备量：　　　存放地点：　　　　储备定额：　　　　　最低储备量：

年		凭证		摘要	收入			发出			结存		
月	日	字	号		数量	单价	金额	数量	单位	金额	数量	单价	金额

4．横线登记式

横线登记式账页是采用横线登记，即将每一相关的业务登记在一行，从而可依据每一行各个栏目的登记是否齐全来判断该项业务的进展情况。这种格式适用于登记材料采购、在途物资、应收票据和一次性备用金等业务。

(二) 明细分类账的登记方法

三栏式明细分类账由会计人员根据审核无误的记账凭证，按照经济业务发生的时间先后顺序逐日逐笔进行登记。

多栏式明细分类账是由会计人员根据审核无误的记账凭证和所附的原始凭证逐笔进行登记。对于借方多栏式明细分类账，由于只在借方设多栏，平时在借方登记有关费用、成本发生额，贷方登记月末将借方发生额一次转出的数额。如果平时发生贷方发生额，应用红字在借方多栏中登记。

同理，对于贷方多栏式明细分类账，由于只在贷方设多栏，平时在贷方登记有关收入的发生额，借方登记月末将贷方发生额一次转出的数额。如果平时发生借方发生额，应用红字在贷方多栏中登记。

数量金额式明细分类账由会计人员根据审核无误的记账凭证和所附的原始凭证，按照经济业务发生的时间先后顺序逐日逐笔进行登记，也可定期汇总登记。

横线登记式明细分类账由会计人员根据审核无误的记账凭证，按照经济业务发生的时间，将每一相关业务在同一行次中进行登记。

四、总分类账与明细分类账的平行登记

(一) 总分类账和明细分类账的关系

会计核算的目的是为信息使用者提供各种所需的会计信息。从经营管理者角度讲，要求会计既要提供各种综合、全面的总括信息，又要提供某类详细、具体的明细信息。

例如，"固定资产"账户，会计信息使用者既需要了解企业整个固定资产总额的情况，又需要了解每类固定资产的使用情况，以便更好地了解企业固定资产的构成、生产能力与状况等情况。因此，为了满足管理者和其他信息使用者的需要，就应同时设置总分类账户和明细分类账户。总分类账和明细分类账既有内在联系，又有其区别。

总分类账和明细分类账的内在联系主要表现在以下两个方面：①两者所反映的经济内容相同，如"固定资产"总账与其所属的"房屋及建筑物""机器设备"等明细账一样，都是反映

企业固定资产的增减变化和结存情况,提供企业固定资产原始价值资料;②登账的原始依据相同,它们都是根据同一记账凭证及其所附原始凭证进行登记。

总分类账和明细分类账的区别主要表现在以下两个方面:①反映经济业务内容的详细程度不同,总分类账户提供综合概括的资料,一律用货币计量单位进行核算;明细分类账户提供详细具体的资料,除采用货币计量单位外,还采用实物、劳动计量单位进行核算。②作用不同,总分类账户对其所属明细分类账户起着控制和统驭的作用;明细分类账户从属于总分类账户,对总分类账户起详细说明和补充作用。

在企业中,通常每个总分类账户都可以设置明细分类账户,提供详细指标,但企业明细账设置过多,又会加大企业核算工作量。因此,企业究竟哪些总分类账户应设置明细分类账户,哪些不设置明细分类账户,主要取决于经营管理的要求,同时考虑简化核算手续的需要。

(二) 总分类账户与明细分类账户平行登记的要点

总分类账户与所属明细分类账户之间的关系,决定了它们在处理经济业务时,必须采取平行登记法来进行。

所谓平行登记法是指根据同一会计凭证,一方面登记有关总分类账户,另一方面登记该总分类账户所属有关明细分类账户。采用平行登记法处理经济业务时,应按其平行登记法的要点进行,具体包括以下几项。

(1) 方向相同。每一笔经济业务在记入总分类账户和所属的明细分类账户时其方向必须保持一致。

(2) 期间一致。对发生的每一项经济业务,应在同一会计期间根据记账凭证及其所附原始凭证,一方面记入有关的总分类账户,另一方面要记入同期总分类账户所属的有关明细分类账户。

(3) 金额相等。记入总分类账户的金额,应与记入它所属的明细分类账户的金额之和相等。

现以应付账款为例,说明总分类账与明细分类账的平行登记及核对方法。

【例7-1】 某公司2×17年6月1日"应付账款"期初余额为68 000元,其中,甲公司40 000元,乙公司28 000元。

本月发生下列有关应付账款的经济业务。

(1) 6月4日,购买甲公司材料32 000元,乙公司材料14 000元,货款未付(增值税略,下同)。

```
借:材料采购                                46 000
    贷:应付账款——甲公司                    32 000
            ——乙公司                      14 000
```

(2) 6月16日,用银行存款偿还前欠甲公司货款40 000元,乙公司货款42 000元。

```
借:应付账款——甲公司                      40 000
            ——乙公司                      42 000
    贷:银行存款                            82 000
```

(3) 6月26日,购买乙公司材料56 000元,货款未付。

借：材料采购　　　　　　　　　　　　　　　　　　　　　　56 000
　　贷：应付账款——乙公司　　　　　　　　　　　　　　　　　56 000

根据上述资料及会计分录对"应付账款"总账及甲、乙公司明细账进行平行登记,登记结果见表7-13至表7-15。

表7-13　总　分　类　账

账户名称：应付账款

2×17年		凭证字号	摘　要	借　方	贷　方	借/贷	余　额
月	日						
6	1		月初余额			贷	68 000
	4	(1)	购料,货款未付		46 000	贷	114 000
	16	(2)	偿还欠款	82 000		贷	32 000
	26	(3)	购料,货款未付		56 000	贷	88 000
6	30		本期发生额及余额	82 000	102 000	贷	88 000

表7-14　"应付账款"明细分类账

明细账户名称：甲公司

2×17年		凭证字号	摘　要	借　方	贷　方	借/贷	余　额
月	日						
6	1		月初余额			贷	40 000
	4	(1)	购料,货款未付		32 000	贷	72 000
	16	(2)	偿还欠款	40 000		贷	32 000
6	30		本期发生额及余额	40 000	32 000	贷	32 000

表7-15　"应付账款"明细分类账

明细账户名称：乙公司

2×17年		凭证字号	摘　要	借　方	贷　方	借/贷	余　额
月	日						
6	1		月初余额			贷	28 000
	4	(1)	购料,货款未付		14 000	贷	42 000
	16	(2)	偿还欠款	42 000		平	0
	26	(3)	购料,货款未付		56 000	贷	56 000
6	30		本期发生额及余额	42 000	70 000	贷	56 000

采用平行登记法处理经济业务后,平行登记的结果必然使总分类账户与所属明细分类账户之间形成相等的数量关系,其计算公式如下：

总分类账户期初余额＝该总分类账户所属明细分类账户期初余额之和
总分类账户本期借方发生额＝该总分类账所属明细分类账户本期借方发生额之和
总分类账户本期贷方发生额＝该总分类账户所属明细分类账户本期贷方发生额之和
总分类账户期末余额＝该总分类账户所属明细分类账户期末余额之和

在会计核算中，通常可利用这种相等的数量关系，来检查核对总分类账户和明细分类账户记录的完整性和正确性。在实际工作中，总分类账和明细分类账的核对，可通过编制明细分类账本期发生额及余额对照表来进行。对照表的格式和内容见表7-16。

表7-16 "应付账款"明细分类账本期发生额及余额对照表

账户名称	期初余额		本期发生额		期末余额	
	借方	贷方	借方	贷方	借方	贷方
甲公司明细账		40 000	40 000	32 000		32 000
乙公司明细账		28 000	42 000	70 000		56 000
合　计		68 000	82 000	102 000		88 000

第四节 对账与结账

一、对账

（一）对账的概念

在会计工作中，由于受到主客观因素的影响，难免会发生一些差错和账实不符等情况。例如，填制记账凭证的差错，记账或过账的差错，以及财产物资的盘盈盘亏等。而发生的这些差错，有的是可以避免的，如工作疏忽或不正常行为引起的差错；有的却是不可避免的，如由财产物资本身的性质或自然原因所造成的。因此，从企业来讲，为了保证账簿记录的正确与完整，如实反映和监督单位经济活动，为编制财务报告提供真实可靠的数据资料，在结账前有必要核对各种账簿记录，做好对账工作。

所谓对账，就是核对账目，是对账簿记录所进行的核对工作。各单位应当定期（每年至少进行一次）对会计账簿记录的有关数字与库存实物、货币资金、有价证券、往来单位或者个人等进行相互核对，以保证账证相符、账账相符、账实相符。

（二）对账的内容

1. 账证核对

账簿是根据经过审核之后的会计凭证登记的，但实际工作中仍有可能发生账证不符的情况。记账后，应将账簿记录与会计凭证核对，核对账簿记录与原始凭证、记账凭证的时间、凭证字号、内容、金额等是否一致，记账方向是否相符，做到账证相符。

会计期末，如果发现账账不符，也可以再将账簿记录与有关会计凭证进行核对，以保证账证相符。

2. 账账核对

账账核对是指核对不同会计账簿之间的账簿记录是否相符。

(1) 总分类账簿之间的核对。核对总分类账各账户借方发生额合计数与贷方发生额合计数是否相符;核对总分类账各账户借方余额合计数与贷方余额合计数是否相符。这种核对可通过月末编制总分类账户本期发生额和余额试算平衡表来完成。

(2) 总分类账簿与所属明细分类账簿之间的核对。核对总分类账各账户本期发生额和余额与其所属明细分类账本期发生额和余额是否相符。这种核对可通过编制明细分类账户本期发生额及余额对照表来完成。

(3) 总分类账簿与序时账簿之间的核对。核对库存现金日记账和银行存款日记账余额与库存现金和银行存款总分类账余额是否相符。

(4) 明细分类账簿之间的核对。核对会计部门各财产物资明细分类账余额与财产物资保管、使用部门的有关财产物资明细分类账的期末余额是否相符。

3. 账实核对

账实核对是指各项财产物资、债权债务等账面余额与实有数额之间的核对。具体内容包括:

(1) 库存现金日记账账面余额与库存现金实际库存数逐日核对是否相符;

(2) 银行存款日记账账面余额与银行对账单的余额定期核对是否相符;

(3) 各项财产物资明细账账面余额与财产物资的实有数额定期核对是否相符;

(4) 有关债权债务明细账账面余额与对方单位的账面记录核对是否相符等。

在实际工作中,账实核对一般是通过财产清查来进行,有关财产清查的内容将在第九章详细介绍。

二、结账

(一) 结账的概念

结账是一项将账簿记录定期结算清楚的账务工作。在一定时期结束时(如月末、季末或年末),为了编制财务报表,需要进行结账,具体包括月结、季结和年结。结账的内容通常包括两个方面:一是结清各种损益类账户,并据以计算确定本期利润;二是结出各资产、负债和所有者权益账户的本期发生额合计和期末余额。

(二) 结账的程序

(1) 结账前,将本期发生的经济业务全部登记入账,并保证其正确性。结账前,必须将本期内发生的经济业务全部登记入账,既不能提前登账,也不能将本期发生的经济业务延至下期登账。对于发现的错误,应采用适当的方法进行更正。

(2) 在本期经济业务全面入账的基础上,根据权责发生制的要求,调整有关账项,合理确定应计入本期的收入和费用。按照权责发生制原则调整和结转有关账项,具体包括:①本期已经发生,在期末符合收入确认条件的收入,如建造合同能可靠估计时,期末按完工程度确认收入;②已经预收的款项,在本期已部分或全部符合收入确认条件的收入,如递延收益;③已经发生的费用,在本期应部分确认为费用、进行分摊,如长期待摊费用;④期末计提坏账准备、计提资产减值准备等。

此外,本期内的转账业务,应及时编制记账凭证记入有关账簿。包括结转已完工产品生产成本、已销售产品成本,成本的计算与结转等。

(3)将各损益类账户余额全部转入"本年利润"账户,结平所有损益类账户。

(4)结出资产、负债和所有者权益账户的本期发生额和余额,并转入下期。

上述工作完成后,就可以根据总分类账和明细分类账的本期发生额和期末余额,分别进行试算平衡。

(三)结账的方法

结账方法的要点主要有以下几方面。

(1)对不需按月结计本期发生额的账户,每次记账以后,都要随时结出余额,每月最后一笔余额是月末余额,即月末余额就是本月最后一笔经济业务记录的同一行内余额。月末结账时,只需要在最后一笔经济业务记录之下通栏划单红线,不需要再次结计余额。

(2)库存现金、银行存款日记账和需要按月结计发生额的收入、费用等明细账,每月结账时,要在最后一笔经济业务记录下面通栏划单红线,结出本月发生额和余额,在摘要栏内注明"本月合计"字样,并在下面通栏划单红线。

(3)对于需要结计本年累计发生额的明细账户,每月结账时,应在"本月合计"行下结出自年初起至本月末止的累计发生额,登记在月份发生额下面,在摘要栏内注明"本年累计"字样,并在下面通栏划单红线。12月月末的"本年累计"就是全年累计发生额,全年累计发生额下通栏划双红线。

(4)总账账户平时只需结出月末余额。年终结账时,为了总括地反映全年各项资金运动情况的全貌,核对账目,要将所有总账账户结出全年发生额和年末余额,在摘要栏内注明"本年合计"字样,并在合计数下通栏划双红线。

(5)年度终了结账时,有余额的账户,应将其余额结转下年,并在摘要栏注明"结转下年"字样;在下一会计年度新建有关账户的第一行余额栏内填写上年结转的余额,并在摘要栏注明"上年结转"字样,使年末有余额账户的余额如实地在账户中加以反映,以免混淆有余额的账户和无余额的账户。

第五节 错账查找与更正方法

一、错账查找方法

在记账过程中,可能发生各种各样的差错,出现错账,包括重记、漏记、数字颠倒、错位、数字记错、科目记错、借贷方向记反等情形,影响账簿记录的正确性。因此,需要采取一定的方法查找差错,及时更正。错账查找的方法主要有以下四种。

(一)差数法

差数法是指按照错账的差数查找错账的方法。这种方法对于发现漏记账目比较有效,也很简便。

(二)尾数法

尾数法是指对于发生的差错只查找末位数,以提高查错效率的方法。这种方法适合于借贷方金额其他位数都一致,而只有末位数出现差错的情况。

(三)除2法

除2法是指以差数除以2来查找错账的方法。当某个借方金额错记入贷方(或相反)时,出现错账的差数表现为错误的2倍,将此差数用2去除,得出的商即是反向的金额。

(四)除9法

除9法是指以差数除以9来查找错账的方法,适用于以下三种情况。

(1)将数字写小。如将500写为50,错误数字小于正确数字9倍。查找的方法是:以差数除以9后得出的商即为写错的数字,商乘以10即为正确的数字。本例中,差数450(500－50)除以9,商50即为错数,扩大10倍后即可得出正确的数字500。

(2)将数字写大。如将60写为600,错误数字大于正确数字9倍。查找的方法是:以差数除以9后得出的商即为正确的数字,商乘以10后所得的积为错误数字。本例中,差数540(600－60)除以9,所得的商60即为正确数字,60乘以10的积600为错误数字。

(3)邻数颠倒。如将56写成65,或者将19写成91,颠倒的两个数字之差最小为1,最大为8。查找的方法是:将差数除以9,得出的商连续加11,直到找出颠倒的数字为止。如将56写成65,其差数为9,将该差数除以9得1,将1连加11所得的结果分别是12、23、34、45、56、67、78、89。如果发现账簿记录中出现上述数字(本例为56),则该数字即有可能是颠倒的数字。

二、错账更正方法

《会计法》第十五条明确规定,会计账簿记录发生错误或者隔页、缺号、跳行的,应当按照国家统一的会计制度规定的方法更正,并由会计人员和会计机构负责人(会计主管人员)在更正处盖章。同时《会计基础工作规范》中规定,账簿记录发生错误,不准涂改、挖补、刮擦或者用药水消除字迹,不准重新抄写,必须按规定方法进行更正。常用的错账更正方法包括划线更正法、红字更正法和补充登记法。

(一)划线更正法

划线更正法适用于在结账前发现账簿记录有文字或数字错误,而记账凭证没有错误,即过账时的笔误及金额计算错误等引起的账簿记录错误。

划线更正法具体做法是:先在错误的文字或数字上划一条红线予以注销并使原来的字迹仍清晰可见,然后在红线上方空白处用蓝字填写正确的文字或数字,并由记账及相关人员在更正处盖章。对于错误的数字,应全部划红线更正,不得只更正其中的错误数字。对于文字错误,可只划去错误的部分。

(二)红字更正法

红字更正法分为下列两种方法,分别适用于不同情况。

1. 红字全额更正法

红字全额更正法适用于记账后,发现记账凭证中应借、应贷符号及账户或金额存在错误。其具体做法是:用红字填写一份与错误记账凭证内容完全相同的记账凭证,在摘要栏中注明"注销某年某月某日某号凭证"字样,以示注销原记账凭证;然后用蓝字填写一份正确的记账凭证,在摘要栏中注明"订正某年某月某日某号凭证",并据以记账。

【例7-2】 仓库发出甲材料一批计20 000元,用于基本生产车间A生产产品。原已编制记账凭证并登记入账。

编制的原记账凭证如下。

借:制造费用　　　　　　　　　　　　　　　　　　　　　　20 000
　　贷:原材料——甲材料　　　　　　　　　　　　　　　　　　　20 000

期末经对账发现,原编记账凭证有错误,因为甲材料属于生产A产品耗用,而并非基本生产车间一般消耗。因此应采用红字更正法进行更正。

首先,用红字金额编制一张与原记账凭证相同的转账凭证,并据以入账。

借:制造费用　　　　　　　　　　　　　　　　　　　　　　20 000
　　贷:原材料——甲材料　　　　　　　　　　　　　　　　　　　20 000

其次,再用蓝字金额编制一张正确的转账凭证,并登记入账。

借:生产成本——A产品　　　　　　　　　　　　　　　　　　20 000
　　贷:原材料——甲材料　　　　　　　　　　　　　　　　　　　20 000

以上更正错账记录如图7-1所示。

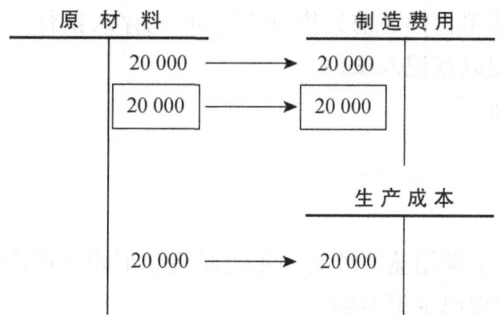

图7-1　更正错账记录(红字全额更正法)

2. 红字差额更正法

适用于记账后,发现记账凭证和账簿中所记金额大于应记金额,应借、应贷账户无错误。其具体做法是:将多记的金额(即正确数与错误数之间的差额)用红字编制一张与原记账凭证应借、应贷账户完全相同的记账凭证,在摘要栏中注明"冲销某年某月某日某号凭证多记金额"字样,并据以记账。

【例7-3】 以现金2 540元存入银行,在填制记账凭证时,误将金额填写为2 540元,并已登记入账。

编制的原记账凭证如下。

借：银行存款　　　　　　　　　　　　　　　　　　　　　　　　　2 540
　　贷：库存现金　　　　　　　　　　　　　　　　　　　　　　　　　　　2 540

更正时,应将多记的金额90元用红字编制一张与原记账凭证内容相同的记账凭证,并登记入账,以冲减多记金额。

借：银行存款　　　　　　　　　　　　　　　　　　　　　　　　　　90
　　贷：库存现金　　　　　　　　　　　　　　　　　　　　　　　　　　　90

以上更正错账记录如图7-2所示。

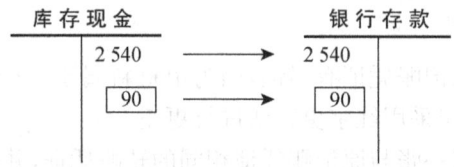

图7-2　更正错账记录(红字差额更正法)

(三) 补充登记法

补充登记法适用于记账后,发现记账凭证和账簿中所记金额小于应记金额,应借、应贷账户无错误的情况。

其具体做法是：将少记的金额(即正确数与错误数之间的差额)用蓝字编制一张与原记账凭证应借、应贷账户完全相同的记账凭证,在摘要栏中注明"补记某年某月某日某号凭证少记金额"字样,并据以记账。

【例7-4】　收到购买单位偿还前欠货款53 240元存入银行。在填制记账凭证时,误将金额填为52 340元,并据以登记入账。

编制的原记账凭证如下。

借：银行存款　　　　　　　　　　　　　　　　　　　　　　　　　52 340
　　贷：应收账款　　　　　　　　　　　　　　　　　　　　　　　　　　52 340

更正时,应将少记的金额用蓝字填制一张与原错误记账凭证内容完全相同的记账凭证,并用蓝字登记入账,以增加原少记金额。

借：银行存款　　　　　　　　　　　　　　　　　　　　　　　　　　900
　　贷：应收账款　　　　　　　　　　　　　　　　　　　　　　　　　　　900

以上更正错账记录如图7-3所示。

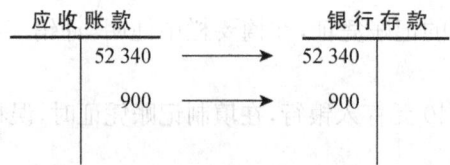

图7-3　更正错账记录(补充登记法)

第六节 会计账簿的更换与保管

一、会计账簿的更换

会计账簿的更换通常在新会计年度建账时进行。总账、日记账和大多数明细账应每年更换一次,个别明细账可不必每年更换,如固定资产明细账等,其一般采用卡片式账页,可跨年度使用;备查账簿可以连续使用。

二、会计账簿的保管

会计账簿与会计凭证及财务会计报告一样,都是重要的会计档案,按照会计制度统一的保管年限妥善保管,不得丢失和任意销毁。

根据《会计档案管理办法》的规定,会计档案根据保管期限分为永久和定期档案两种。会计档案保管期限,从会计年度终了后的第一天算起。会计凭证、会计账簿和财务会计报告等会计档案资料的保管期限各不相同,有关会计档案的保管期限如表7-17所示。

表7-17 企业和其他组织会计账簿保管期限表

序号	档案名称	保管期限	备注
二	会计账簿		
3	总账	30年	
4	明细账	30年	
5	日记账	30年	
6	固定资产卡片		固定资产报废清理后保管5年
7	其他辅助性账簿	30年	

第七节 电子账簿

一、电子账簿的概念

电子账簿是指由会计人员操作计算机财务软件系统,使系统根据通过审核的记账凭证自动生成的账簿。电子账簿包括从计算机系统打印输出并签字盖章的纸质账簿,也包括仅以电子形式保存的电子账簿。

仅以电子形式保存的电子账簿,按照来源不同,需要满足的条件也有差异。根据《会计档案管理办法》第八条的规定，单位内部形成的会计档案(包括电子账簿，下同)需要满足的条件有以下六项：①形成的电子会计资料来源真实有效，由计算机等电子设备形成和传输；②使用的会计核算系统能够准确、完整、有效地接收和读取电子会计资料，能够输出符合国家标准归档格式的会计凭证、会计账簿、财务报表等会计资料，设定了经办、审核、审批等必要的审签程序；③使用的电子档案管理系统能够有效接收、管理、利用电子会计档案，符合电子档案的长期保管要求，并建立了电子会计档案与相关联的其他纸质会计档案的检索关系；④采取有效措施，防止电子会计档案被篡改；⑤建立电子会计档案备份制度，能够有效防范自然灾害、意外事故和人为破坏的影响；⑥形成的电子会计资料不属于具有永久保存价值或者其他重要保存价值的会计档案。

《会计档案管理办法》第九条规定，单位从外部接受的电子会计资料附有符合《中华人民共和国电子签名法》规定的电子签名的，可仅以电子形式归档保存，形成电子会计档案。

二、电子账簿的生成

手工账簿是会计人员依据"设置会计科目/账户、填制凭证、记账凭证审核、凭证汇总、手工登记总账/日记账/明细账/固定资产卡片/其他辅助性账簿"的流程形成的，其外在形式是纸质介质。

电子账簿的形成是会计人员依据"系统初始化、凭证录入、凭证复核/审核、系统记账"等流程自动生成的，其一般形式是系统账套下的电子数据。

电子账簿并没有抛弃手工账簿的处理程序，两者最大的差别在于电子账簿是由财务软件系统在后台自动处理生成的，无需手工账簿处理程序下烦琐的"手工登记总账/日记账/明细账/固定资产卡片/其他辅助性账簿"，大大提高了账簿形成的效率。

电子账簿包括总账、日记账、明细账、固定资产卡片和其他辅助性账簿等。电子账簿的启用、格式等是由在初始设置账套时确定的，与手工账簿存在差异。

电子账簿的各类账簿记录均是依据经审核无误的记账凭证，由计算机系统自动生成的，所以在电子记账情况下不存在手工账簿下的对账(除账实核对外)和结账业务(点击账务系统中有关按钮即可自动完成)。

三、电子账簿差错更正

电子账簿与手工账簿相比，不存在登账类型的错误。电子账簿的错误一般分为网络安全错误类和记账凭证错误类两大类，账务系统受黑客攻击等会产生在手工账簿情况下没有的网络安全错误，这种类型的错误一般由网络工程师负责解决。本节讨论的是由于记账凭证错误导致的电子账簿差错更正问题。

电子账簿是由计算机软件系统根据记账凭证自动生成的，因此不能直接修改电子账簿，而只能修改生成电子账簿的会计凭证。会计凭证错误类型包括重记、漏记、数字颠倒、录入错误、科目记错和借贷方向相反等情形。会计凭证录入存在平衡校对等物理逻辑控制程序，所以不存在科目不平衡问题(手工账簿会存在，最终导致有关账簿记录不平衡)。

(一) 电子记账凭证错误类型及更正

电子记账凭证错误一般包括以下两种情况。

1. 记账前发现错误

如果在记账前发现电子记账凭证有错误,处理十分简单,先取消审核,然后再对电子记账凭证进行修改或删除该错误电子记账凭证。

2. 记账后发现电子记账凭证有误

电子记账凭证被记账后,电子凭证的内容已记入总账、明细账等相关账簿中,若发现错误,就需要出更正电子记账凭证。一般是出"红字"电子记账凭证冲销后将原记录再重新输入正确的电子记账凭证进行调整。更正方法是先出一张"红字"电子记账凭证冲销错误的电子记账凭证,然后再补一张正确的电子记账凭证,并通过审核记账。

"红字"电子记账凭证是一张和原电子记账凭证会计科目及其他辅助内容完全相同的电子记账凭证,只是电子记账凭证的金额为负数(红字),须在凭证的摘要中写明是冲销哪一张凭证。注意,冲销凭证时不允许使用金额为正数、借贷方向相反的"蓝字"凭证方式进行冲销。如果会计科目没有错,仅仅是金额错误,可以采用补充登记法进行更正。

由此可见,采用电子账簿记账时不会使用手工账簿记账时的划线更正法,会使用到红字更正法(红字全额更正法和红字差额更正法)和补充登记法。

(二) 电子记账凭证更正流程图

电子记账凭证更正流程如图 7-4 所示。

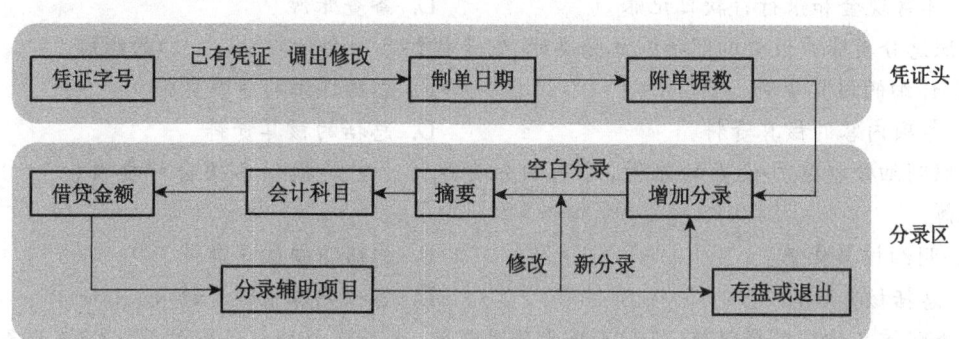

图 7-4　电子记账凭证更正流程图

本章练习题

姓名＿＿＿＿
学号＿＿＿＿
分数＿＿＿＿

一、单项选择题

1. 按账簿的用途分类,日记账属于(　　)。
   A. 备查账　　　　B. 序时账　　　　C. 订本账　　　　D. 分类账
2. 活页式账簿和卡片式账簿主要适用于(　　)。
   A. 特种日记账　　B. 普通日记账　　C. 总分类账　　　D. 明细分类账
3. 记账后,发现记账凭证中应借、应贷会计账户有错误,应采用的更正方法是(　　)。
   A. 补充登记法　　B. 划线更正法　　C. 红字更正法　　D. 横线登记法
4. 序时账簿,是按照经济业务发生的时间先后顺序逐日逐笔进行登记的账簿,如(　　)。
   A. 总分类及明细分类账　　　　　　B. 原材料明细账
   C. 库存现金和银行存款日记账　　　D. 备查账簿
5. 按照总分类账户设置的账簿叫总分类账,它是提供各项会计要素(　　)的账簿。
   A. 详细的核算资料　　　　　　　　B. 总括详细的核算资料
   C. 各项内容的核算资料　　　　　　D. 总括的核算资料
6. 按照明细分类账户设置的账簿,称明细分类账簿。它是提供各项会计要素(　　)的账簿。
   A. 明细核算资料　　　　　　　　　B. 总括明细核算资料
   C. 总括核算资料　　　　　　　　　D. 各项内容核算资料
7. 备查账簿又称辅助登记簿,是对不属于序时账簿、分类账簿登记范围的某些经济业务进行(　　)以备查考的账簿。
   A. 更详尽的登记　B. 总括的登记　　C. 补充登记　　　D. 附带的登记
8. 库存现金日记账、银行存款日记账、总分类账必须采用(　　)。
   A. 卡片式账簿　　B. 活页式账簿　　C. 订本或活页账簿　D. 订本式账簿
9. 库存现金日记账通常是由出纳人员根据审核后的(　　)逐日逐笔顺序登记。
   A. 现金收、付款原始凭证　　　　　B. 现金收、付款凭证
   C. 银行存款收、付款凭证　　　　　D. 转账凭证
10. 每日终了,将库存现金日记账分别计算出现金收入和现金付出的合计数,结出余额,同时将余额与出纳员保管的库存现金相核对,即通常说的(　　)。
    A. 月清　　　　　B. 日结　　　　　C. 日清　　　　　D. 月结
11. 银行存款日记账通常由出纳员根据审核后的有关银行存款收、付款凭证,(　　)。
    A. 逐日逐笔顺序登记　　　　　　　B. 月末集中登记
    C. 逐月汇总登记　　　　　　　　　D. 核对账时登记
12. 银行存款日记账由出纳员根据审核后的有关银行存款收、付款凭证,逐日逐笔顺序登

记,每日结出账面余额,便于定期同银行送来的( )逐笔核对。
   A. 银行存款余额表　　　　　　　　B. 银行存款余额调节表
   C. 对账单　　　　　　　　　　　　D. 其他资料
13. 由于总分类账能够全面地、总括地反映经济活动的情况,并为编制财务报表提供资料,因而( )。
   A. 任何单位都可设或者不设总分类账
   B. 任何单位都不要设置总分类账
   C. 经济业务少的单位可以不设总分类账
   D. 任何单位都要设置总分类账
14. 总分类账可以直接根据各种记账凭证逐笔进行登记,也可以把各种记账凭证先汇总编制成( )据以登记。
   A. 汇总记账凭证　　B. 通用记账凭证　　C. 原始凭证汇总表　D. 单式记账凭证
15. 作为对总分类账的补充和说明,能够详细反映各项经济活动和财务收支情况,为编制财务报表提供必要的、详细的核算资料的是( )。
   A. 总分类账　　　B. 明细分类账　　　C. 备查账　　　D. 其他账
16. 对于那些只需金额核算,不需进行数量核算的账户,如结算类"应收账款""应付账款"等账户,可采用( )。
   A. 数量金额式明细分类账　　　　　B. 多栏式明细分类账
   C. 三栏式明细分类账　　　　　　　D. 各种日记账
17. 对于既需要反映数量,又需要反映金额的核算,如产成品、原材料等明细分类账户,应采用( )。
   A. 三栏式明细分类账　　　　　　　B. 数量金额式明细分类账
   C. 多栏式明细分类账　　　　　　　D. 其他各种日记账
18. 对于每一笔经济业务的发生,都要在登记总分类账的同时,以同等的金额分别登记其所属的各明细分类账。这种方法会计上称为总分类账与明细分类账的( )。
   A. 先后登记　　B. 上下登记　　C. 同时登记　　D. 平行登记
19. 账簿中书写的文字和数字上面要留有适当空格,不要写满格,一般应占格距的( )。
   A. 1/2　　　　　B. 2/3　　　　　C. 3/3　　　　　D. 多少都可
20. 某企业应收账款总分类账户期初余额为8 000元,明细账分别为:甲厂借方4 000元,乙厂借方2 500元,则丙厂为( )元。
   A. 借方1 500　　B. 贷方1 500　　C. 借方6 500　　D. 贷方6 500

二、多项选择题
1. 会计主体可能设置的账簿有( )。
   A. 日记账簿　　B. 辅助账簿　　C. 总分类账簿　　D. 明细分类账簿
2. 数量金额式明细账的格式主要适用于( )账户。
   A. 库存商品　　B. 原材料　　C. 制造费用　　D. 应付账款
3. 在账簿登记中,红色墨水只能用于( )。
   A. 采用红字更正,冲销错误记录
   B. 在不设借方或贷方专栏的多栏式账页中,登记减少金额

C. 期末结账时划通栏红线

D. 三栏式账户余额栏前,如果未说明余额方向,在余额栏内登记负数余额

4. 账簿按外表形式不同分类,可以分为( )。

   A. 订本式账簿   B. 活页式账簿

   C. 卡片式账簿   D. 联合式账簿

5. 现金日记账的一般格式(三栏式)主要项目包括( )。

   A. 日期、凭证栏   B. 摘要栏

   C. 对方科目栏   D. 借方、贷方栏

三、判断题

1. 新的会计年度开始,必须更换全部账簿,不得只更换总账、库存现金日记账和银行存款日记账。( )

2. 库存现金日记账通常是由出纳人员根据审核后的转账凭证,逐日逐笔顺序登记的。( )

3. 对于从银行提取现金的业务,由于只填写银行存款付款凭证,不填制现金收款凭证,因而现金收入数,应根据银行存款付款凭证登记。( )

4. 原始凭证和记账凭证的保管期限都是30年。( )

5. 年度财务会计报告的保管期限是30年。( )

四、实务题

【目的】 练习银行存款日记账的登记。

【资料】

   1. 某企业2×17年6月月初银行存款日记账余额为182 460元。

   2. 6月份发生的经济业务见第六章课后练习第四题。

【要求】

   1. 开设银行存款日记账。

   2. 根据编制的记账凭证逐笔登记银行存款日记账,月末结出本期发生额和期末余额。

第八章 账务处理程序

第一节 账务处理程序概述

一、账务处理程序的概念与意义

记账工作要有条不紊地进行,要确保账簿记录能够产生管理所需要的会计信息,就必须明确规定凭证、账簿和报表之间的关系,把它们有机地组织起来。凭证、账簿、报表的一定的组织形式就决定了账务处理程序。

账务处理程序也称会计核算组织程序或会计核算形式,是指会计凭证、会计账簿、会计报表相结合的方式,包括账簿组织和记账程序。账簿组织是指会计凭证和账簿的种类、格式,会计凭证与账簿之间的联系方法;记账程序是指从填制、审核原始凭证到编制记账凭证、登记明细分类账和总分类账、编制财务报表的工作程序和方法等。

账务处理程序在不同的账务处理环境下是不同的,在手工记账账务处理环境下是指账务会计部门的各会计人员之间的分工合作方式。在计算机财务软件账务环境下是指财务会计部门的会计人员在财务系统中的岗位分工及人机合作等方式。

科学、合理地选择账务处理程序的意义主要有三个。

(1) 有利于规范会计工作,保证会计信息加工过程的严密性,提高会计信息质量。

(2) 有利于保证会计记录的完整性和正确性,增强会计信息的可靠性。

(3) 有利于减少不必要的会计核算环节,提高会计工作效率,保证会计信息的及时性。

所以,每个单位都应该对账务处理程序作出明确的规定。合理、适用的账务处理程序,一般应当符合以下三个要求。

(1) 要与本单位经济业务性质、规模大小和经营业务繁简相适应,有利于会计核算的分工协作,有利于落实会计工作的岗位责任制。

(2) 能正确、全面、及时地提供会计核算资料,以满足投资人、债权人和主管财政机关运用会计管理经济的实际需要。

(3) 在保证会计核算资料正确、及时和完整的前提下,力求简化核算手续,节约人力和物力,提高核算工作的效率。

二、账务处理程序的种类

在会计实践中,不同的会计凭证、会计账簿、记账程序和记账方法,以及它们不同的结合方式,形成不同种类的账务处理程序。企业常用的账务处理程序主要有记账凭证账务处理程序、汇总记账凭证账务处理程序和科目汇总表账务处理程序等。它们之间的主要区别为登记总分类账的依据和方法不同。

(一) 记账凭证账务处理程序

记账凭证账务处理程序是指对发生的经济业务,先根据原始凭证或汇总原始凭证填制记账凭证,再直接根据记账凭证登记总分类账的一种账务处理程序。

(二) 汇总记账凭证账务处理程序

汇总记账凭证账务处理程序是指先根据原始凭证或汇总原始凭证填制记账凭证,定期根据记账凭证分类编制汇总收款凭证、汇总付款凭证和汇总转账凭证,再根据汇总记账凭证登记总分类账的一种账务处理程序。

(三) 科目汇总表账务处理程序

科目汇总表账务处理程序又称记账凭证汇总表账务处理程序,是指根据记账凭证定期编制科目汇总表,再根据科目汇总表登记总分类账的一种账务处理程序。

第二节 记账凭证账务处理程序

一、记账凭证账务处理程序的步骤

记账凭证账务处理程序的一般步骤如下。

(1) 根据原始凭证编制汇总原始凭证。

(2) 根据各种原始凭证或原始凭证汇总表编制收款凭证、付款凭证和转账凭证,也可以填制通用记账凭证。

(3) 根据收款凭证、付款凭证逐笔登记库存现金日记账和银行存款日记账。

(4) 根据记账凭证及其所附的原始凭证或原始凭证汇总表(汇总原始凭证)登记各种明细账。

(5) 根据各种记账凭证逐笔登记总分类账。

(6) 期末,将库存现金日记账、银行存款日记账和各种明细分类账的余额与总分类账的余额核对相符。

(7) 期末,根据总分类账和明细分类账的记录,编制财务报表。

记账凭证账务处理程序的基本内容如图 8-1 所示。

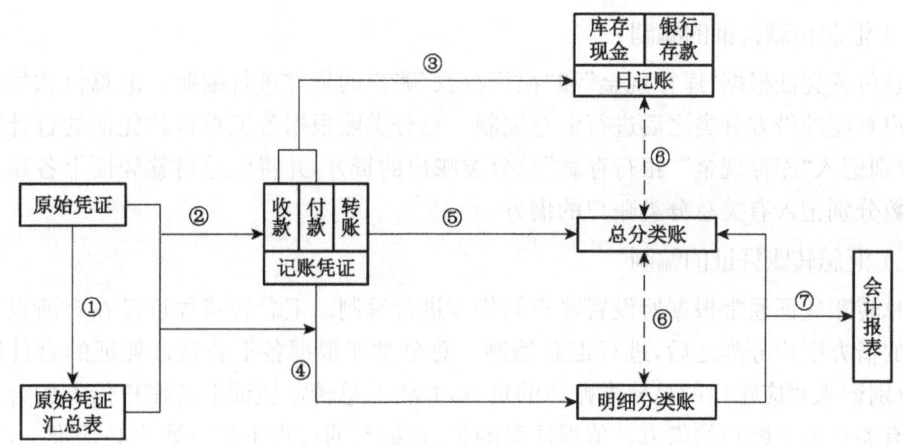

图 8-1 记账凭证账务处理程序

二、记账凭证账务处理程序的内容

(一) 记账凭证账务处理程序的特点

记账凭证账务处理程序是指对发生的经济业务事项,都要根据原始凭证或汇总原始凭证编制记账凭证,然后直接根据记账凭证逐笔登记总分类账的一种账务处理程序。它是一种最基本的账务处理程序,是其他各种账务处理程序产生和演变的基础。

(二) 记账凭证账务处理程序的优缺点

记账凭证账务处理程序简单明了,易于理解,总分类账可以较详细地反映经济业务的发生情况;缺点是登记总分类账的工作量较大。

(三) 记账凭证账务处理程序的适用范围

该账务处理程序适用于规模较小、经济业务量较少的单位。

第三节 汇总记账凭证账务处理程序

一、汇总记账凭证的编制方法

汇总收款凭证、汇总付款凭证和汇总转账凭证是分别根据收款凭证、付款凭证和转账凭证进行汇总填制的。汇总的期限一般不应超过 10 天,每月至少汇总 3 次,每月填制 1 张,月终结算出合计数,据以登记总分类账。

(一) 汇总收款凭证的编制

汇总收款凭证根据"库存现金"和"银行存款"账户的借方进行编制。汇总收款凭证是在对各账户对应的贷方分类之后,进行汇总编制。总分类账根据各汇总收款凭证的合计数进行登记,分别记入"库存现金""银行存款"总分类账户的借方,并将汇总收款凭证上各账户贷方的合计数分别记入有关总分类账户的贷方。

（二）汇总付款凭证的编制

汇总付款凭证根据"库存现金"和"银行存款"账户的贷方进行编制。汇总付款凭证是在对各账户对应的借方分类之后进行汇总编制。总分类账根据各汇总付款凭证的合计数进行登记，分别记入"库存现金""银行存款"总分类账户的贷方，并将汇总付款凭证上各账户借方的合计数分别记入有关总分类账户的借方。

（三）汇总转账凭证的编制

汇总转账凭证通常根据所设置账户的贷方进行编制。汇总转账凭证是在对所设置账户相对应的借方账户分类之后，进行汇总编制。总分类账根据各汇总转账凭证的合计数进行登记，分别记入对应账户的总分类账户的贷方，并将汇总转账凭证上各账户借方的合计数分别记入有关总分类账户的借方。值得注意的是，在编制的过程中贷方账户必须唯一，借方账户可一个或多个，即转账凭证必须一借一贷或多借一贷。

如果在1个月内某一贷方账户的转账凭证不多，可不编制汇总转账凭证，直接根据单个的转账凭证登记总分类账。

二、汇总记账凭证账务处理程序的一般步骤

汇总记账凭证账务处理程序的一般步骤如下。
（1）根据原始凭证填制汇总原始凭证。
（2）根据原始凭证或汇总原始凭证，填制收款凭证、付款凭证和转账凭证，也可以填制通用记账凭证。
（3）根据收款凭证、付款凭证逐笔登记库存现金日记账和银行存款日记账。
（4）根据原始凭证、汇总原始凭证和记账凭证，登记各种明细分类账。
（5）根据各种记账凭证编制有关汇总记账凭证。
（6）根据各种汇总记账凭证登记总分类账。
（7）期末，将库存现金日记账、银行存款日记账和明细分类账的余额与有关总分类账的余额核对相符。
（8）期末，根据总分类账和明细分类账的记录，编制财务报表。

以上记账程序如图8-2所示。

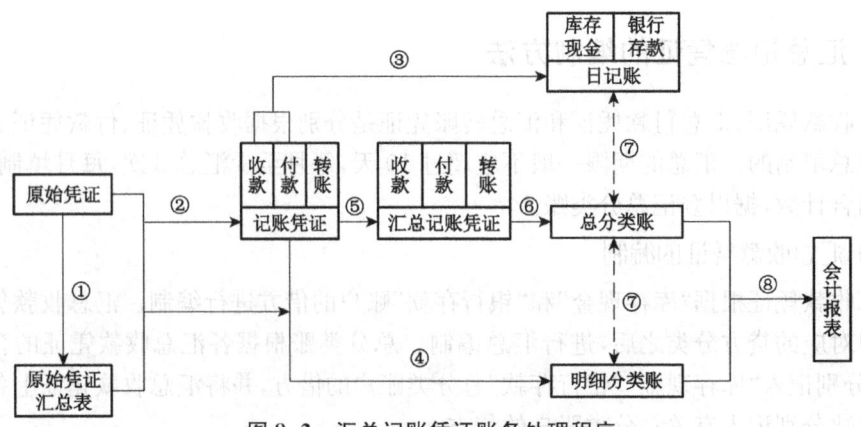

图8-2　汇总记账凭证账务处理程序

三、汇总记账凭证账务处理程序的内容

(一)汇总记账凭证账务处理程序的特点

汇总记账凭证账务处理程序是根据原始凭证或汇总原始凭证编制记账凭证,定期根据记账凭证分类编制汇总收款凭证、汇总付款凭证和汇总转账凭证,再根据汇总记账凭证登记总分类账的一种账务处理程序。

(二)汇总记账凭证账务处理程序的优缺点

汇总记账凭证账务处理程序减轻了登记总分类账的工作量,便于了解账户之间的对应关系;缺点是按每一贷方科目编制汇总转账凭证,不利于会计核算的日常分工,当转账凭证较多时,编制汇总转账凭证的工作量较大。

(三)汇总记账凭证账务处理程序的适用范围

该账务处理程序适用于规模较大、经济业务较多的单位。

第四节 科目汇总表账务处理程序

一、科目汇总表的编制方法

在编制科目汇总表时,首先将汇总期内各项经济业务所涉及的会计科目填在科目汇总表的"会计科目"栏内,为了便于登记总分类账,会计科目的顺序按总分类账上会计科目的先后顺序填写;其次根据汇总期内所有记账凭证,按会计科目分别加计借方发生额和贷方发生额,将其汇总数填在各相应会计科目的"借方"和"贷方"栏。按会计科目汇总后,应加总借方、贷方发生额,进行发生额的试算平衡。科目汇总表的编制时间,应根据各企业、单位业务量而定,业务较多的可以每日汇总;业务较少的可以定期汇总,但一般不得超过10天。在科目汇总表上,还应注明据已编制的各种记账凭证的起讫字号,以备检查。

科目汇总表格式如表 8-1 和表 8-2 所示。

表 8-1 科目汇总表(格式一)

年 月 日至 日 　　　　　　　　　科汇第 号

会计科目	记账凭证起讫号数	本期发生额		总账页数
		借方	贷方	
合　计				

表 8-2　科目汇总表(格式二)

　　年　月　日

会计科目	总账页数	自1日至10日		自11日至20日		自21日至31日		本月合计	
		借方	贷方	借方	贷方	借方	贷方	借方	贷方

二、科目汇总表账务处理程序的步骤

科目汇总表账务处理程序的一般步骤如下。
（1）根据原始凭证填制汇总原始凭证。
（2）根据原始凭证或汇总原始凭证填制记账凭证。
（3）根据收款凭证、付款凭证逐笔登记库存现金日记账和银行存款日记账。
（4）根据原始凭证、汇总原始凭证和记账凭证，登记各种明细分类账。
（5）根据各种记账凭证编制科目汇总表。
（6）根据科目汇总表登记总分类账。
（7）期末，将库存现金日记账、银行存款日记账和明细分类账的余额同有关总分类账的余额核对相符。
（8）期末，根据总分类账和明细分类账的记录，编制会计报表。
以上记账程序如图 8-3 所示。

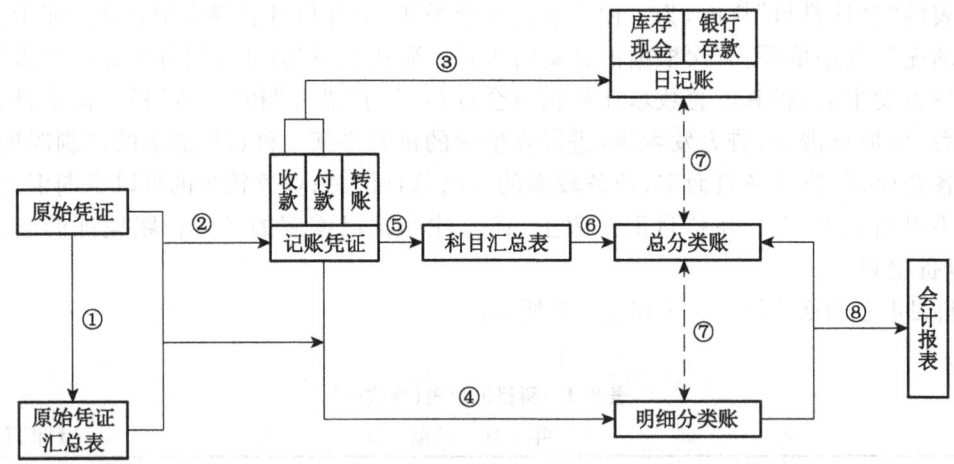

图 8-3　科目汇总表账务处理程序

三、科目汇总表账务处理程序的内容

（一）科目汇总表账务处理程序的特点

科目汇总表账务处理程序又称记账凭证汇总表账务处理程序，它是根据记账凭证定期编制科目汇总表,再根据科目汇总表登记总分类账的一种账务处理程序。这种账务处理程序是在记账凭证账务处理程序的基础上进行简化而形成的。

(二) 科目汇总表账务处理程序的优缺点

科目汇总表账务处理程序由于采取汇总登记总分类账的方式,减轻了登记总分类账的工作量,并可做到试算平衡,简明易懂,方便易学;缺点是科目汇总表不能反映账户对应关系,不便于核对账目。

(三) 科目汇总表账务处理程序的适用范围

该账务处理程序适用于经济业务较多的单位。

四、记账凭证账务处理程序示例

现举例说明,记账凭证账务处理程序下,各种记账凭证和科目汇总表的编制方法,以及库存现金日记账、银行存款日记账、总分类账和各相关明细账的登记。本节的记账凭证均采用通用记账凭证(也就是与计算机财务软件的账务处理环境相同),学生可以在以后的"会计信息化"课程学习中直接验证。

1. 南方公司 2×17 年 12 月 1 日有关账户余额(见表 8-3)

表 8-3 南方公司 2×17 年 12 月 1 日有关账户余额

单位:元

账户名称	借方金额	账户名称	贷方金额
库存现金	800	应付账款	85 800
银行存款	102 200	短期借款	30 000
应收账款	20 000	实收资本	3 060 000
其他应收款	1 000	盈余公积	137 500
原材料	97 000	利润分配	151 700
库存商品	90 000	累计折旧	696 000
固定资产	3 850 000		
合　计	4 161 000	合　计	4 161 000

2. 2×17 年 12 月,该公司发生下列经济业务(假设不考虑增值税)

(1) 1 日,企业行政部门小王暂借差旅费 300 元,财务科以现金付讫。

(2) 2 日,向东海厂购入 A 材料 80 000 元,货款先用银行存款支付一半,其余暂欠。

(3) 3 日,以现金支付 A 材料运杂费 400 元。

(4) 3 日,A 材料验收入库,结转采购成本。

(5) 4 日,从银行提取现金 40 700 元。

(6) 4 日,以现金 40 000 元发放职工工资。

(7) 8 日,领用 A 材料 136 400 元,其中甲产品用 81 000 元,乙产品用 43 500 元,车间修理用 6 400 元,工厂行政部门用 5 500 元。

(8) 11 日,售给名声厂甲产品 500 件,货款 90 000 元存入银行。

(9) 12日,以银行存款支付罚款1 000元。

(10) 13日,以银行存款支付本月产品广告费800元。

(11) 15日,以银行存款支付设备修理费100元,法律咨询费300元。

(12) 18日,售给金观厂乙产品500件,货款60 000元尚未收到。

(13) 19日,以银行存款支付本月销售产品包装费700元。

(14) 29日,分配本月应付供电公司电费7 000元,其中甲产品用3 000元,乙产品用2 500元,车间一般消耗1 000元,厂部用500元。

(15) 29日,分配结转本月职工工资40 000元,其中甲产品工人工资15 000元,乙产品工人工资20 000元,车间管理人员工资1 700元,厂部管理人员工资3 300元。

(16) 30日,计提本月固定资产折旧15 000元,其中车间10 000元,厂部5 000元。

(17) 31日,根据甲、乙产品生产工时比例分配本月发生的制造费用(甲产品6 000小时,乙产品4 000小时)。

(18) 31日,本月投产的甲产品1 000件和乙产品1 000件全部完工,验收入库。

(19) 31日,按销售收入的5%计算本月应交消费税。

(20) 31日,结转本月销售甲产品的生产成本60 000元,乙产品的生产成本40 000元。

(21) 31日,将各收支账户结转"本年利润"。

(22) 31日,按规定计交所得税(税率25%)。

(23) 31日,按税后利润的10%提取盈余公积。

(24) 31日,税后利润按投资比例应付给投资者利润计3 015元。

3. 记账凭证账务处理程序业务流程如下

(1) 原始凭证或原始凭证汇总表(具体表格略),以上述文字代替。

(2) 根据原始凭证编制记账凭证,如表8-4至表8-30所示。

(业务1) 12月1日,企业行政部门小王暂借差旅费300元,财务科以现金支付。

编制会计分录如下:

借:其他应收款——小王　　　　　　　　　　　　　　　　　　　　　　　300

　　贷:库存现金　　　　　　　　　　　　　　　　　　　　　　　　　　　　　300

填制如下通用记账凭证(见表8-4)。

表 8-4　记 账 凭 证　　　　　　凭证号:1
2×17年12月01日　　　　　　附件___张

摘　要	总账科目	明细账科目	借方金额	贷方金额
行政小王借差旅费	其他应收款	小王	300	
	库存现金			300

会计主管:　　　　　记账:　　　　　审核:　　　　　填制人:

(业务2) 12月2日,向东海厂购入A材料80 000元,货款先用银行存款支付一半,其他未付,材料尚未入库。

编制会计分录如下:

借:材料采购——A材料　　　　　　　　　　　　　　　　　　　80 000
　　贷:银行存款　　　　　　　　　　　　　　　　　　　　　　　　40 000
　　　　应付账款——东海厂　　　　　　　　　　　　　　　　　　40 000

填制如下通用记账凭证(见表8-5)。

表8-5　记账凭证　　　　　　　　　　　　　　　　　　　　　凭证号:2

2×17年12月02日　　　　　　　　　　　　　　　　　　　　　附件___张

摘　要	总账科目	明细账科目	借方金额	贷方金额
购买A材料	材料采购	A材料	80 000	
	银行存款			40 000
	应付账款	东海厂		40 000

会计主管:　　　　　记账:　　　　　审核:　　　　　填制人:

(业务3) 12月3日,以现金支付上述材料运杂费400元。

编制会计分录如下:

借:材料采购——A材料　　　　　　　　　　　　　　　　　　　　400
　　贷:库存现金　　　　　　　　　　　　　　　　　　　　　　　　　400

填制如下通用记账凭证(见表8-6)。

表8-6　记账凭证　　　　　　　　　　　　　　　　　　　　　凭证号:3

2×17年12月03日　　　　　　　　　　　　　　　　　　　　　附件___张

摘　要	总账科目	明细账科目	借方金额	贷方金额
付A材料运杂费	材料采购	A材料	400	
	库存现金			400

会计主管:　　　　　记账:　　　　　审核:　　　　　填制人:

(业务4) 12月4日,以上材料验收入库,结转采购成本。

编制会计分录如下:

借:原材料——A材料　　　　　　　　　　　　　　　　　　　　80 400
　　贷:材料采购——A材料　　　　　　　　　　　　　　　　　　80 400

填制如下通用记账凭证(见表8-7)。

表 8-7　记 账 凭 证　　　　　　　　　　　凭证号:4

2×17 年 12 月 04 日　　　　　　　　　附件___张

摘　要	总账科目	明细账科目	借方金额	贷方金额
A 材料入库	原材料	A 材料	80 400	
	材料采购	A 材料		80 400

会计主管：　　　　　记账：　　　　　审核：　　　　　填制人：

(业务 5) 12 月 4 日，从银行提取现金 40 700 元。

编制会计分录如下：

借：库存现金　　　　　　　　　　　　　　　　　　　　　　40 700
　　贷：银行存款　　　　　　　　　　　　　　　　　　　　　40 700

填制如下通用记账凭证(见表 8-8)。

表 8-8　记 账 凭 证　　　　　　　　　　　凭证号:5

2×17 年 12 月 04 日　　　　　　　　　附件___张

摘　要	总账科目	明细账科目	借方金额	贷方金额
提现	库存现金		40 700	
	银行存款			40 700

会计主管：　　　　　记账：　　　　　审核：　　　　　填制人：

(业务 6) 12 月 4 日，以现金 40 000 元发放职工工资。

编制会计分录如下：

借：应付职工薪酬　　　　　　　　　　　　　　　　　　　　40 000
　　贷：库存现金　　　　　　　　　　　　　　　　　　　　　40 000

填制如下通用记账凭证(见表 8-9)。

表 8-9　记 账 凭 证　　　　　　　　　　　凭证号:6

2×17 年 12 月 04 日　　　　　　　　　附件___张

摘　要	总账科目	明细账科目	借方金额	贷方金额
发工资	应付职工薪酬		40 000	
	库存现金			40 000

会计主管：　　　　　记账：　　　　　审核：　　　　　填制人：

(**业务 7**) 12 月 8 日,领用 A 材料 136 400 元,其中甲产品用 81 000 元,乙产品用 43 500 元,车间修理用 6 400 元,工厂行政部门用 5 500 元。

编制会计分录如下:

 借:生产成本——甲产品   81 000
     ——乙产品   43 500
  制造费用   6 400
  管理费用   5 500
  贷:原材料——A 材料   136 400

填制如下通用记账凭证(见表 8-10)。

表 8-10 记 账 凭 证   凭证号:7

2×17 年 12 月 08 日   附件____张

摘 要	总账科目	明细账科目	借方金额	贷方金额
领用 A 材料	生产成本	甲产品	81 000	
		乙产品	43 500	
		制造费用	6 400	
		管理费用	5 500	
	原材料	A 材料		136 400

会计主管: 记账: 审核: 填制人:

(**业务 8**) 12 月 11 日,售给名声厂甲产品 500 件,货款 90 000 元,存入银行。

编制会计分录如下:

 借:银行存款   90 000
  贷:主营业务收入   90 000

填制如下通用记账凭证(见表 8-11)。

表 8-11 记 账 凭 证   凭证号:8

2×17 年 12 月 11 日   附件____张

摘 要	总账科目	明细账科目	借方金额	贷方金额
销售甲产品	银行存款		90 000	
	主营业务收入			90 000

会计主管: 记账: 审核: 填制人:

(**业务 9**) 12 月 12 日,以银行存款支付罚款 1 000 元。

编制会计分录如下:

借：营业外支出　　　　　　　　　　　　　　　　　　　　　　　　1 000
　　贷：银行存款　　　　　　　　　　　　　　　　　　　　　　　　　　1 000

填制如下通用记账凭证(见表 8-12)。

表 8-12　记 账 凭 证　　　　　　　　　　凭证号:9
2×17 年 12 月 12 日　　　　　　　　　　附件___张

摘　要	总账科目	明细账科目	借方金额	贷方金额
支付罚款	营业外支出		1 000	
	银行存款			1 000

会计主管:　　　　　　记账:　　　　　　审核:　　　　　　填制人:

(业务 10)　12 月 13 日,以银行存款支付本月产品广告费 800 元。

编制会计分录如下：

借：销售费用　　　　　　　　　　　　　　　　　　　　　　　　　800
　　贷：银行存款　　　　　　　　　　　　　　　　　　　　　　　　　　800

填制如下通用记账凭证(见表 8-13)。

表 8-13　记 账 凭 证　　　　　　　　　　凭证号:10
2×17 年 12 月 04 日　　　　　　　　　　附件___张

摘　要	总账科目	明细账科目	借方金额	贷方金额
付广告费	销售费用		800	
	银行存款			800

会计主管:　　　　　　记账:　　　　　　审核:　　　　　　填制人:

(业务 11)　12 月 15 日,以银行存款支付设备修理费 100 元,法律咨询费用 300 元。

编制会计分录如下：

借：管理费用　　　　　　　　　　　　　　　　　　　　　　　　　400
　　贷：银行存款　　　　　　　　　　　　　　　　　　　　　　　　　　400

填制如下通用记账凭证(见表 8-14)。

表 8-14　记 账 凭 证　　　　　　　　　　　凭证号:11

2×17 年 12 月 15 日　　　　　　　　　　　附件____张

摘　要	总账科目	明细账科目	借方金额	贷方金额
支付修理费等	管理费用		400	
	银行存款			400

会计主管:　　　　　　记账:　　　　　　审核:　　　　　　填制人:

(业务 12)　12 月 18 日,售给金观厂乙产品 500 件,货款 60 000 元尚未收到。

编制会计分录如下:

借:应收账款——金观厂　　　　　　　　　　　　　　　60 000
　　贷:主营业务收入　　　　　　　　　　　　　　　　　　　60 000

填制如下通用记账凭证(见表 8-15)。

表 8-15　记 账 凭 证　　　　　　　　　　　凭证号:12

2×17 年 12 月 18 日　　　　　　　　　　　附件____张

摘　要	总账科目	明细账科目	借方金额	贷方金额
销售乙产品	应收账款	乙产品	60 000	
	主营业务收入			60 000

会计主管:　　　　　　记账:　　　　　　审核:　　　　　　填制人:

(业务 13)　12 月 19 日,以银行存款支付本月销售产品包装费 700 元。

编制会计分录如下:

借:销售费用　　　　　　　　　　　　　　　　　　　　700
　　贷:银行存款　　　　　　　　　　　　　　　　　　　　　700

填制如下通用记账凭证(见表 8-16)。

表 8-16　记 账 凭 证　　　　　　　　　　　凭证号:13

2×17 年 12 月 19 日　　　　　　　　　　　附件____张

摘　要	总账科目	明细账科目	借方金额	贷方金额
付包装费	销售费用		700	
	银行存款			700

会计主管:　　　　　　记账:　　　　　　审核:　　　　　　填制人:

(业务 14) 12 月 29 日,分配本月应付供电公司电费 7 000 元,其中甲产品用 3 000 元,乙产品用 2 500 元,车间一般消耗 1 000 元,厂部用 500 元。

编制会计分录如下:

借:生产成本——甲产品　　　　　　　　　　　　　　　　　　　　3 000
　　　　　——乙产品　　　　　　　　　　　　　　　　　　　　2 500
　　制造费用　　　　　　　　　　　　　　　　　　　　　　　　1 000
　　管理费用　　　　　　　　　　　　　　　　　　　　　　　　　500
　　贷:应付账款——供电公司　　　　　　　　　　　　　　　　　7 000

填制如下通用记账凭证(见表 8-17)。

表 8-17　记　账　凭　证　　　　　　　　　　凭证号:14
2×17 年 12 月 29 日　　　　　　　　　　　　　附件___张

摘　要	总账科目	明细账科目	借方金额	贷方金额
分配电费	生产成本	甲产品	3 000	
		乙产品	2 500	
	制造费用		1 000	
	管理费用		500	
	应付账款	供电公司		7 000

会计主管:　　　　　记账:　　　　　审核:　　　　　填制人:

(业务 15) 12 月 29 日,分配结转本月职工工资 40 000 元,其中甲产品工人工资 15 000 元,乙产品工人工资 20 000 元,车间管理人员工资 1 700 元,厂部管理人员工资 3 300 元。

编制会计分录如下:

借:生产成本——甲产品　　　　　　　　　　　　　　　　　　　15 000
　　　　　——乙产品　　　　　　　　　　　　　　　　　　　20 000
　　制造费用　　　　　　　　　　　　　　　　　　　　　　　1 700
　　管理费用　　　　　　　　　　　　　　　　　　　　　　　3 300
　　贷:应付职工薪酬　　　　　　　　　　　　　　　　　　　40 000

填制如下通用记账凭证(见表 8-18)。

表 8-18　记　账　凭　证　　　　　　　　　　凭证号:15
2×17 年 12 月 29 日　　　　　　　　　　　　　附件___张

摘　要	总账科目	明细账科目	借方金额	贷方金额
分配工资	生产成本	甲产品	15 000	
		乙产品	20 000	
	制造费用		1 700	
	管理费用		3 300	
	应付职工薪酬			40 000

会计主管:　　　　　记账:　　　　　审核:　　　　　填制人:

(业务 16) 12月30日,计提本月固定资产折旧15 000元,其中车间10 000元,厂部5 000元。

编制会计分录如下:

借:制造费用　　　　　　　　　　　　　　　　　　　　　　　　　10 000
　　管理费用　　　　　　　　　　　　　　　　　　　　　　　　　　5 000
　　贷:累计折旧　　　　　　　　　　　　　　　　　　　　　　　　15 000

填制如下通用记账凭证(见表8-19)。

表8-19　记 账 凭 证　　　　　　　　　　　　凭证号:16
2×17年12月30日　　　　　　　　　　　　附件___张

摘　　要	总账科目	明细账科目	借方金额	贷方金额
计提折旧	制造费用		10 000	
	管理费用		5 000	
	累计折旧			15 000

会计主管:　　　　　　记账:　　　　　　审核:　　　　　　填制人:

(业务 17) 12月31日,根据甲、乙产品生成工时比例分配本月发生的制造费用(其中甲产品6 000小时,乙产品4 000小时)。

编制会计分录如下:

借:生产成本——甲产品　　　　　　　　　　　　　　　　　　　　11 460
　　　　　　——乙产品　　　　　　　　　　　　　　　　　　　　 7 640
　　贷:制造费用　　　　　　　　　　　　　　　　　　　　　　　 19 100

填制如下通用记账凭证(见表8-20)。

表8-20　记 账 凭 证　　　　　　　　　　　　凭证号:17
2×17年12月31日　　　　　　　　　　　　附件___张

摘　　要	总账科目	明细账科目	借方金额	贷方金额
分配制造费用	生产成本	甲	11 460	
		乙	7 640	
	制造费用			19 100

会计主管:　　　　　　记账:　　　　　　审核:　　　　　　填制人:

注:制造费用=6 400(7)+1 000(14)+1 700(15)+10 000(16)=19 100(元)。

(业务 18) 本月投产的甲产品1 000件和乙产品1 000件全部完工,验收入库。

编制会计分录如下:

借：库存商品——甲产品 110 460
　　　　　　——乙产品 73 640
　　贷：生产成本——甲产品 110 460
　　　　　　　——乙产品 73 640

填制如下通用记账凭证（见表8-21）。

表8-21　记　账　凭　证　　　　　　　　　　凭证号：18
2×17年12月31日　　　　　　　　　　　　附件___张

摘　要	总账科目	明细账科目	借方金额	贷方金额
产品完工入库	库存商品	甲产品	110 460	
		乙产品	73 640	
	生产成本	甲产品		110 460
		乙产品		73 640

会计主管：　　　　　记账：　　　　　审核：　　　　　填制人：

注：库存商品(甲)=81 000(7)+3 000(14)+15 000(15)+11 460(17)=110 460(元)。
　　库存商品(乙)=43 500(7)+2 500(14)+20 000(15)+7 640(17)=73 640(元)。

（业务19） 12月31日，按照本月销售收入的5%计算本月应交消费税。

编制会计分录如下。

借：税金及附加 7 500
　　贷：应交税费——消费税 7 500

填制如下通用记账凭证（见表8-22）。

表8-22　记　账　凭　证　　　　　　　　　　凭证号：19
2×17年12月31日　　　　　　　　　　　　附件___张

摘　要	总账科目	明细账科目	借方金额	贷方金额
计算本月消费税	税金及附加		7 500	
	应交税费	消费税		7 500

会计主管：　　　　　记账：　　　　　审核：　　　　　填制人：

注：本月销售收入(主营业务收入)=90 000(8)+60 000(12)=150 000(元)。
　　应交税费=150 000×5%=7 500(元)。

（业务20） 12月31日，结转本月销售甲产品的生产成本60 000元，乙产品的生产成本40 000元。

编制会计分录如下：

借：主营业务成本——甲产品　　　　　　　　　　　　　　　　　60 000
　　　　　　　　——乙产品　　　　　　　　　　　　　　　　　40 000
　　贷：库存商品——甲产品　　　　　　　　　　　　　　　　　60 000
　　　　　　　　——乙产品　　　　　　　　　　　　　　　　　40 000

填制如下通用记账凭证（见表 8-23）。

表 8-23　记　账　凭　证　　　　　　　　　　　　　凭证号：20
2×17 年 12 月 31 日　　　　　　　　　　　　　　　　附件＿＿张

摘　要	总账科目	明细账科目	借方金额	贷方金额
结转销售成本	主营业务成本	甲产品	60 000	
		乙产品	40 000	
	库存商品	甲产品		60 000
		乙产品		40 000

会计主管：　　　　　记账：　　　　　审核：　　　　　填制人：

（业务 21） 12 月 31 日，将各收支账户结转"本年利润"。

编制会计分录如下：

借：主营业务收入　　　　　　　　　　　　　　　　　　　　　150 000
　　贷：本年利润　　　　　　　　　　　　　　　　　　　　　150 000

填制如下通用记账凭证（见表 8-24）。

表 8-24　记　账　凭　证　　　　　　　　　　　　　凭证号：21
2×17 年 12 月 31 日　　　　　　　　　　　　　　　　附件＿＿张

摘　要	总账科目	明细账科目	借方金额	贷方金额
结转本年利润	主营业务收入		150 000	
	本年利润			150 000

会计主管：　　　　　记账：　　　　　审核：　　　　　填制人：

编制会计分录如下：

借：本年利润　　　　　　　　　　　　　　　　　　　　　　　124 700
　　贷：主营业务成本　　　　　　　　　　　　　　　　　　　100 000
　　　　税金及附加　　　　　　　　　　　　　　　　　　　　　7 500
　　　　管理费用　　　　　　　　　　　　　　　　　　　　　 14 700
　　　　销售费用　　　　　　　　　　　　　　　　　　　　　　1 500
　　　　营业外支出　　　　　　　　　　　　　　　　　　　　　1 000

填制如下通用记账凭证（见表 8-25）。

表 8-25　记 账 凭 证　　　　　　　　　凭证号:22

2×17 年 12 月 31 日　　　　　　　　附件____张

摘　要	总账科目	明细账科目	借方金额	贷方金额
结转本年利润	本年利润		124 700	
	主营业务成本			100 000
	税金及附加			7 500
	管理费用			14 700
	销售费用			1 500
	营业外支出			1 000

会计主管:　　　　　记账:　　　　　审核:　　　　　填制人:

(业务 22)　12 月 31 日,按照 25% 税率计算所得税(假设没有纳税调整项目)。

编制会计分录如下:

　　借:所得税费用　　　　　　　　　　　　　　　　　　　　　　　6 325

　　　　贷:应交税费——所得税　　　　　　　　　　　　　　　　　　　　6 325

填制如下通用记账凭证(见表 8-26)。

表 8-26　记 账 凭 证　　　　　　　　　凭证号:23

2×17 年 12 月 31 日　　　　　　　　附件____张

摘　要	总账科目	明细账科目	借方金额	贷方金额
计算所得税费用	所得税费用		6 325	
	应交税费			6 325

会计主管:　　　　　记账:　　　　　审核:　　　　　填制人:

同时,将所得税费用结转入本年利润。

　　借:本年利润　　　　　　　　　　　　　　　　　　　　　　　　6 325

　　　　贷:所得税费用　　　　　　　　　　　　　　　　　　　　　　　6 325

填制如下通用记账凭证(见表 8-27)。

表 8-27　记 账 凭 证　　　　　　　　　凭证号:24

2×17 年 12 月 31 日　　　　　　　　附件____张

摘　要	总账科目	明细账科目	借方金额	贷方金额
结转所得税费用	本年利润		6 325	
	所得税费用			6 325

会计主管:　　　　　记账:　　　　　审核:　　　　　填制人:

(业务 23) 12月31日,按照税后利润的10%计提法定盈余公积。

编制会计分录如下:

借:利润分配　　　　　　　　　　　　　　　　　　　　　　　　1 897.50
　　贷:盈余公积　　　　　　　　　　　　　　　　　　　　　　　　1 897.50

填制如下通用记账凭证(见表8-28)。

表8-28　记　账　凭　证　　　　　　　　　　凭证号:25

2×17年12月31日　　　　　　　　　　　　　附件___张

摘　要	总账科目	明细账科目	借方金额	贷方金额
计提法定盈余公积	利润分配		1 897.50	
	盈余公积			1 897.50

会计主管:　　　　　　记账:　　　　　　审核:　　　　　　填制人:

(业务 24) 12月31日,税后利润按投资比例应付给投资者利润3 015元。

编制会计分录如下:

借:利润分配　　　　　　　　　　　　　　　　　　　　　　　　3 015
　　贷:应付股利　　　　　　　　　　　　　　　　　　　　　　　　3 015

填制如下通用记账凭证(见表8-29)。

表8-29　记　账　凭　证　　　　　　　　　　凭证号:26

2×17年12月31日　　　　　　　　　　　　　附件___张

摘　要	总账科目	明细账科目	借方金额	贷方金额
应付投资者利润	利润分配		3 015	
	应付股利			3 015

会计主管:　　　　　　记账:　　　　　　审核:　　　　　　填制人:

(3)根据通用记账凭证登记库存现金、银行存款日记账,如表8-30和表8-31所示。

表8-30　库存现金日记账

日期	凭证	摘　要	借方	贷方	余额
		期初余额			800
01/12	(1)	行政小王借差旅费		300	500
03/12	(3)	付A材料运杂费		400	100
04/12	(5)	提现	40 700		40 800
04/12	(6)	发工资		40 000	800
31/12		本月合计	40 700	40 700	800

表 8-31　银行存款日记账

日期	凭证	摘要	借方	贷方	余额
		期初余额			102 200
02/12	(2)	购买A材料		40 000	62 200
04/12	(5)	提现		40 700	21 500
11/12	(8)	销售甲产品	90 000		111 500
12/12	(9)	支付罚款		1 000	110 500
13/12	(10)	付广告费		800	109 700
15/12	(11)	支付修理费等		400	109 300
19/12	(13)	付包装费		700	108 600
31/12		本月合计	90 000	83 600	108 600

（4）根据通用记账凭证登记有关总分类账，如表 8-32 至表 8-58 所示。

表 8-32　总 分 类 账

科目名称：库存现金

日期	凭证	摘要	借方	贷方	余额
		期初余额			800
01/12	(1)	行政小王借差旅费		300	500
03/12	(3)	付A材料运杂费		400	100
04/12	(5)	提现	40 700		40 800
04/12	(6)	发工资		40 000	800
31/12		本月合计	40 700	40 700	800

表 8-33　总 分 类 账

科目名称：银行存款

日期	凭证	摘要	借方	贷方	余额
		期初余额			102 200
02/12	(2)	购买A材料		40 000	62 200
04/12	(5)	提现		40 700	21 500
11/12	(8)	销售甲产品	90 000		111 500
12/12	(9)	支付罚款		1 000	110 500
13/12	(10)	付广告费		800	109 700
15/12	(11)	支付修理费等		400	109 300
19/12	(13)	付包装费		700	108 600
31/12		本月合计	90 000	83 600	108 600

表 8-34 总 分 类 账

科目名称:应收账款

日期	凭证	摘 要	借方	贷方	余额
		期初余额			20 000
18/12	(12)	销售乙产品	60 000		80 000
31/12		本月合计	60 000		80 000

表 8-35 总 分 类 账

科目名称:其他应收款

日期	凭证	摘 要	借方	贷方	余额
		期初余额			1 000
01/12	(1)	行政小王借差旅费	300		1 300
31/12		本月合计	300		1 300

表 8-36 总 分 类 账

科目名称:材料采购

日期	凭证	摘 要	借方	贷方	余额
		期初余额			0
02/12	(2)	购入 A 材料	80 000		80 000
03/12	(3)	付 A 材料运杂费	400		80 400
04/12	(4)	A 材料入库		80 400	0
31/12		本月合计	80 400	80 400	0

表 8-37 总 分 类 账

科目名称:原材料

日期	凭证	摘 要	借方	贷方	余额
		期初余额			97 000
04/12	(4)	A 材料入库	80 400		177 400
08/12	(7)	领用 A 材料		136 400	41 000
31/12		本月合计	80 400	136 400	41 000

表 8-38 总 分 类 账

科目名称:库存商品

日期	凭证	摘 要	借方	贷方	余额
		期初余额			90 000
31/12	(18)	产品完工入库——甲产品	110 460		200 460
31/12	(18)	产品完工入库——乙产品	73 640		274 100
31/12	(21)	结转销售成本——甲产品		60 000	214 100
31/12	(21)	结转销售成本——乙产品		40 000	174 100
31/12		本月合计	184 100	100 000	174 100

表 8-39　总 分 类 账

科目名称：固定资产

日期	凭证	摘　要	借方	贷方	余额
		期初余额			3 850 000
31/12		本月合计			3 850 000

表 8-40　总 分 类 账

科目名称：累计折旧

日期	凭证	摘　要	借方	贷方	余额
		期初余额			696 000
30/12	(16)	计提折旧		15 000	711 000
31/12		本月合计		15 000	711 000

表 8-41　总 分 类 账

科目名称：应付账款

日期	凭证	摘　要	借方	贷方	余额
		期初余额			85 800
02/12	(2)	购买A材料		40 000	125 800
29/12	(14)	分配电费		7 000	132 800
31/12		本月合计		47 000	132 800

表 8-42　总 分 类 账

科目名称：短期借款

日期	凭证	摘　要	借方	贷方	余额
		期初余额			30 000
31/12		本月合计			30 000

表 8-43　总 分 类 账

科目名称：应交税费

日期	凭证	摘　要	借方	贷方	余额
		期初余额			0
31/12	(19)	计算本月消费税		7 500	7 500
31/12	(23)	计算所得税费用		6 325	13 825
31/12		本月合计		13 825	13 825

表 8-44 总 分 类 账

科目名称:应付职工薪酬

日期	凭证	摘 要	借方	贷方	余额
		期初余额			0
04/12	(6)	发工资	40 000		40 000
29/12	(15)	分配工资		40 000	0
31/12		本月合计	40 000	40 000	0

表 8-45 总 分 类 账

科目名称:应付股利

日期	凭证	摘 要	借方	贷方	余额
		期初余额			0
31/12	(26)	应付投资者利润		3 015	3 015
31/12		本月合计		3 015	3 015

表 8-46 总 分 类 账

科目名称:实收资本

日期	凭证	摘 要	借方	贷方	余额
		期初余额			3 060 000
31/12		本月合计			3 060 000

表 8-47 总 分 类 账

科目名称:盈余公积

日期	凭证	摘 要	借方	贷方	余额
		期初余额			137 500
31/12	(25)	计提法定盈余公积		1 897.50	139 397.50
31/12		本月合计		1 897.50	139 397.50

表 8-48 总 分 类 账

科目名称:利润分配

日期	凭证	摘 要	借方	贷方	余额
		期初余额			151 700
31/12	(25)	计提法定盈余公积	1 897.50		149 802.50
31/12	(26)	应付投资者利润	3 015		146 787.50
31/12		本月合计	4 912.50		146 787.50

表 8-49 总 分 类 账

科目名称:本年利润

日期	凭证	摘要	借方	贷方	余额
		期初余额			0
31/12	(21)	结转本年利润		150 000	150 000
31/12	(22)	结转本年利润	124 700		25 300
31/12	(24)	结转所得税费用	6 325		18 975
31/12		本月合计	131 025	150 000	18 975

表 8-50 总 分 类 账

科目名称:生产成本

日期	凭证	摘要	借方	贷方	余额
		期初余额			0
08/12	(7)	领用A材料——甲产品	81 000		81 000
08/12	(7)	领用A材料——乙产品	43 500		124 500
29/12	(14)	分配电费——甲产品	3 000		127 500
29/12	(14)	分配电费——乙产品	2 500		130 000
29/12	(15)	分配工资——甲产品	15 000		145 000
29/12	(15)	分配工资——乙产品	20 000		165 000
31/12	(17)	分配制造费用——甲产品	11 460		176 460
31/12	(17)	分配制造费用——乙产品	7 640		184 100
31/12	(18)	产品完工入库——甲产品		110 460	73 640
31/12	(18)	产品完工入库——乙产品		73 640	0
31/12		本月合计	184 100	184 100	0

表 8-51 总 分 类 账

科目名称:制造费用

日期	凭证	摘要	借方	贷方	余额
		期初余额			0
08/12	(7)	领用A材料	6 400		6 400
29/12	(14)	分配电费	1 000		7 400
29/12	(15)	分配工资	1 700		9 100
30/12	(16)	计提折旧	10 000		19 100
31/12	(17)	分配制造费用		19 100	0
31/12		本月合计	19 100	19 100	0

表 8-52　总 分 类 账

科目名称:管理费用

日期	凭证	摘　要	借方	贷方	余额
08/12	(7)	领用 A 材料	5 500		5 500
15/12	(11)	支付修理费	400		5 900
29/12	(14)	分配电费	500		6 400
29/12	(15)	分配工资	3 300		9 700
30/12	(16)	计提折旧	5 000		14 700
31/12	(22)	结转本年利润		14 700	0
31/12		本月合计	14 700	14 700	0

表 8-53　总 分 类 账

科目名称:销售费用

日期	凭证	摘　要	借方	贷方	余额
13/12	(10)	付广告费	800		800
19/12	(13)	付包装费	700		1 500
31/12	(22)	结转本年利润		1 500	0
31/12		本月合计	1 500	1 500	0

表 8-54　总 分 类 账

科目名称:税金及附加

日期	凭证	摘　要	借方	贷方	余额
31/12	(19)	计算本月消费税	7 500		7 500
31/12	(22)	结转本年利润		7 500	0
31/12		本月合计	7 500	7 500	0

表 8-55　总 分 类 账

科目名称:主营业务收入

日期	凭证	摘　要	借方	贷方	余额
11/12	(8)	销售甲产品		90 000	90 000
18/12	(12)	销售乙产品		60 000	150 000
31/12	(21)	结转本年利润	150 000		0
31/12		本月合计	150 000	150 000	0

表 8-56　总 分 类 账

科目名称：主营业务成本

日期	凭证	摘　要	借方	贷方	余额
31/12	(20)	结转销售成本——甲	60 000		60 000
31/12	(20)	结转销售成本——乙	40 000		100 000
31/12	(22)	结转本年利润		100 000	0
31/12		本月合计	100 000	100 000	0

表 8-57　总 分 类 账

科目名称：营业外支出

日期	凭证	摘　要	借方	贷方	余额
12/12	(9)	支付罚款	1 000		1 000
31/12	(22)	结转本年利润		1 000	0
31/12		本月合计	1 000	1 000	0

表 8-58　总 分 类 账

科目名称：所得税费用

日期	凭证	摘　要	借方	贷方	余额
31/12	(23)	计算所得税费用	6 325		6 325
31/12	(24)	结转所得税费用		6 325	0
31/12		本月合计	6 325	6 325	0

（5）根据通用记账凭证登记有关明细分类账。本书只列示"生产成本——甲产品"和"生产成本——乙产品"明细分类账的登记（多栏式），其他明细分类账虽然采用的账页格式不同（如三栏式、数量金额式等），但登记方法基本相同，本书从略，如表 8-59、表 8-60 所示。

表 8-59　生产成本明细账

产品名称：甲产品

日期	凭证	摘　要	借方			小计	转出
			直接材料	直接人工	制造费用		
		期初余额				0	
08/12	(7)	领用 A 材料——甲产品	81 000			81 000	
29/12	(14)	分配电费——甲产品	3 000			3 000	
29/12	(15)	分配工资——甲产品		15 000		15 000	
31/12	(17)	分配制造费用——甲产品			11 460	11 460	
31/12		本月合计	84 000	15 000	11 460	110 460	110 460
31/12	(18)	本月完工入库——甲产品	−84 000	−15 000	−11 460	−110 460	−110 460
31/12		期末余额				0	

表 8-60 生产成本明细账

科目名称：乙产品

日期	凭证	摘要	借方			小计	转出
			直接材料	直接人工	制造费用		
		期初余额				0	
08/12	(7)	领用 A 材料——乙产品	43 500			43 500	
29/12	(14)	分配电费——乙产品	2 500			2 500	
29/12	(15)	分配工资——乙产品		20 000		20 000	
31/12	(17)	分配制造费用——乙产品			7 640	7 640	
31/12		本月合计	46 000	20 000	7 640	73 640	73 640
31/12	(18)	本月完工入库——乙产品	−46 000	−20 000	−7 640	−73 640	−73 640
31/12		期末余额				0	

本章练习题

姓名_____
学号_____
分数_____

一、单项选择题

1. 根据记账凭证逐笔登记总账,这种账务处理程序是( )。
   A. 记账凭证账务处理程序　　　　B. 科目汇总表账务处理程序
   C. 日记总账账务处理程序　　　　D. 汇总记账凭证账务处理程序

2. 各种账务处理程序的主要区别是( )。
   A. 总账的格式不同　　　　　　　B. 登记明细账的依据不同
   C. 登记总账的依据和方法不同　　D. 编制会计报表的依据不同

3. 科目汇总表账务处理程序和汇总记账凭证账务处理程序的主要相同点是( )。
   A. 登记总账的依据相同　　　　　B. 记账凭证汇总的方法相同
   C. 记账凭证都需要汇总并且记账步骤相同　D. 汇总凭证格式相同

4. 会计核算中最基本的一种账务处理程序是( )。
   A. 记账凭证账务处理程序　　　　B. 科目汇总表账务处理程序
   C. 日记总账账务处理程序　　　　D. 汇总记账凭证账务处理程序

5. 一般地,科目汇总表账务处理程序适合于( )。
   A. 业务量较少的单位　　　　　　B. 业务量较多的单位
   C. 业务涉及金额较大的单位　　　D. A和B均正确

6. 汇总记账凭证账务处理程序是根据( )登记总账。
   A. 科目汇总表　　　　　　　　　B. 记账凭证
   C. 汇总记账凭证　　　　　　　　D. 日记账

7. 汇总记账凭证账务处理程序的优点:一是可以减少登记总账的工作量;二是( )。
   A. 简单明了,易于理解　　　　　B. 便于了解账户间的对应关系
   C. 简明易懂　　　　　　　　　　D. 可以做到试算平衡

8. 下列不属于科目汇总表账务处理程序优点的是( )。
   A. 减轻了总账的登记工作
   B. 可以对发生额进行试算平衡
   C. 简明易懂,方便易学
   D. 反映账户之间的对应关系,便于查对账目

9. 科目汇总表账务处理程序的特点是( )。
   A. 根据记账凭证直接登记总分类账　　B. 根据科目汇总表登记总分类账
   C. 根据汇总记账凭证登记总分类账　　D. 根据记账凭证逐笔登记日记总账

10. 记账凭证账务处理程序、科目汇总表账务处理程序、汇总记账凭证账务处理程序中的财务报表是根据( )资料编制的。

A. 日记账、总账和明细账　　　　　　　B. 日记账和明细分类账
C. 明细账和总分类账　　　　　　　　　D. 日记账和总分类账

11. 在各种不同账务处理程序中,不能作为登记总账依据的是( )。
A. 记账凭证　　　　　　　　　　　　　B. 汇总记账凭证
C. 汇总原始凭证　　　　　　　　　　　D. 科目汇总表

12. 汇总记账凭证账务处理程序与科目汇总表账务处理程序相同的优点是( )。
A. 登记总账的依据相同　　　　　　　　B. 记账凭证的汇总方法相同
C. 保持了账户间的对应关系　　　　　　D. 简化了登记总分类账的工作量

13. 关于记账凭证账务处理程序,下列说法中,不正确的是( )。
A. 根据记账凭证逐笔登记总分类账,是最基本的账务处理程序
B. 简单明了,易于理解,总分类账可以较详细地反映经济业务的发生情况
C. 登记总分类账的工作量较大
D. 适用于规模较大、经济业务量较多的单位

二、多项选择题

1. 在记账凭证账务处理程序中,登记总账的依据是( )。
A. 原始凭证　　　B. 转账凭证　　　C. 收款凭证　　　D. 付款凭证

2. 各种常用的账务处理程序的基本相同点是( )。
A. 填制记账凭证的依据相同　　　　　　B. 登记总账的依据和方法相同
C. 登记明细账的依据和方法相同　　　　D. 编制财务报表的依据和方法相同

3. 各种账务处理程序的一般程序均应包括( )。
A. 编制财务报表　　　　　　　　　　　B. 编制记账凭证
C. 登记日记账、明细账和总账　　　　　D. 进行账簿有关指标核对

4. 在采用汇总记账凭证账务处理程序的时候,编制记账凭证的要求是( )。
A. 收款凭证为一借多贷　　　　　　　　B. 收款凭证为一贷多借
C. 付款凭证为一贷多借　　　　　　　　D. 转账凭证为一贷多借

5. 汇总记账凭证账务处理程序与科目汇总表账务处理程序的共同点有( )。
A. 减少登记总账的工作量
B. 总账可以比较详细地反映经济业务的发生情况
C. 有利于查账
D. 均适用于经济业务较多的单位

6. 记账凭证账务处理程序与汇总记账凭证账务处理程序的相同之处在于( )。
A. 根据原始凭证或汇总原始凭证编制记账凭证
B. 根据收、付款凭证逐笔登记库存现金日记账和银行存款日记账
C. 根据各种记账凭证和有关原始凭证或原始凭证汇总表登记明细账
D. 根据记账凭证逐笔登记总分类账

7. 对于汇总记账凭证账务处理程序,下列说法中,错误的有( )。
A. 登记总账的工作量大
B. 不能体现账户之间的对应关系
C. 明细账与总账无法核对

D. 当转账凭证较多时,汇总转账凭证的编制工作量较大

8. 各种会计账务处理程序下,登记明细账的依据可能有(　　)。
   A. 原始凭证　　　　　　　　　B. 汇总原始凭证
   C. 记账凭证　　　　　　　　　D. 汇总记账凭证

9. 在我国,常用的账务处理程序主要有(　　)。
   A. 记账凭证账务处理程序　　　B. 汇总记账凭证账务处理程序
   C. 多栏式日记账账务处理程序　D. 科目汇总表账务处理程序

10. 在常见的账务处理程序中,共同的账务处理工作有(　　)。
    A. 均应填制和取得原始凭证　　B. 均应编制记账凭证
    C. 均应填制汇总记账凭证　　　D. 均应设置和登记总账

11. 以记账凭证为依据,按有关账户的贷方设置,按借方账户归类的有(　　)。
    A. 汇总收款凭证　　　　　　　B. 汇总转账凭证
    C. 汇总付款凭证　　　　　　　D. 科目汇总表

三、判断题

1. 不同的凭证、账簿组织以及与之相适应的记账程序和方法相结合,构成不同的账务处理程序。(　　)
2. 记账凭证账务处理程序一般适用于规模小、业务复杂、凭证较多的单位。(　　)
3. 汇总记账凭证账务处理程序就是将各种原始凭证汇总后填制记账凭证,据以登记总账的账务处理程序。(　　)
4. 科目汇总表可以减轻登记总账的工作量,而且科目汇总表还可以起到试算平衡的作用,从而保证总账登记的正确性。(　　)
5. 科目汇总表账务处理程序只适用于经济业务不太复杂的小型企业或单位。(　　)
6. 记账凭证账务处理程序的主要特点就是直接根据各种记账凭证登记总账。(　　)
7. 记账凭证账务处理程序、汇总记账凭证账务处理程序、科目汇总表账务处理程序的不同之处在于登记总账的依据和程序不同。(　　)
8. 记账凭证账务处理程序是最基本的账务处理程序,其特点就是登记账簿的工作量较小。(　　)
9. 科目汇总表账务处理程序的优点是能较好地反映账户的对应关系。(　　)
10. 编制财务报表是企业账务处理程序的组成部分。(　　)

第九章
财产清查

第一节 财产清查概述

一、财产清查的概念与意义

财产清查是指通过对货币资金、实物资产和往来款项等财产物资进行盘点或核对，确定其实存数和账存数，以查明账存数与实存数是否相符的一种专门方法。

财产清查不仅是会计核算的一种重要方法，而且也是财产物资管理的一项重要制度。通过财产清查，可以发现账实、账款是否相符，进而明确账实不符的原因，通过对财产清查结果的处理，可以做到账实、账账相符，明确经济责任，进一步建立健全财产物资的管理制度，确保单位财产的安全和完整。

1. 账实不符的原因

根据会计核算的要求，应当做到账实相符。但由于主观和客观方面的原因，往往会出现某些财产物资实存数与账存数不符的现象。归纳起来，造成账实不符的原因主要有以下几个方面。

（1）在财产的收、发过程中，由于工作人员疏忽或计量不准确使品种或数量发生差错。

（2）在会计凭证的填制、账簿的记录中，发生错记或漏记的现象。

（3）在财产物资的保管过程中发生自然升溢或自然损耗。如露天堆放的物资，由于风吹雨淋和日晒而造成数量的减少和质量的降低损坏。

（4）由于保管制度不健全、管理不善或工作人员失职而使财产物资发生损耗、变质、散失或短缺，如药品过期或受潮霉烂等。

（5）由于贪污、盗窃、舞弊等违纪行为而造成的财产物资损失。

（6）由于发生自然灾害和意外事故，如火灾、水灾、风灾和地震等造成财产物资的破坏或损失。

（7）未达账项引起的账账、账实不符等。

正是以上种种方面的原因，影响了账实的一致性。

2. 财产清查的意义

为了保证账实相符，确保会计资料的真实、完整，提高会计信息质量，就必须对各种财产物资进行定期或不定期清查。财产清查的意义主要有以下几个方面。

(1) 保证账实相符,提高会计资料的准确性。通过财产清查,可以查明各项财产物资的实有数,确定账存数与实存数的差异,及时调整账面记录,使账实相符,从而保证会计核算资料的真实可靠。同时通过分析差异的原因,采取相应措施进一步加强财产物资的管理。

(2) 切实保障各项财产物资的安全完整。通过财产清查,可以查明各项财产物资的实际保管情况,有无管理不善而造成的毁损、霉烂变质、短缺、盗窃等情况,以便及时采取相应措施,改善管理,加强经济责任制,保护财产物资的安全完整。

(3) 加速资金周转,提高资金使用效率。通过财产清查,可以查明财产物资的储备和利用情况,有无超储积压或储备不足,有无冷背呆滞等现象,充分挖掘物资潜力,加速资金周转,提高资金使用效率。

(4) 加强法制观念,维护财经纪律。通过财产清查,可以查明企业在财经纪律和有关制度方面的遵守情况。有无贪污、挪用、损失、浪费情况,有无故意拖欠税款、偷税、漏税情况,有无不合理的债权债务,是否遵守结算制度等。如果发现问题,应及时采取措施予以纠正或进行相应处理,从而加强人们的法制观念,以维护财经纪律。

二、财产清查的种类

财产清查可按下列不同标准进行分类。

(一) 按清查的范围分类

财产清查按其清查的范围大小,可分为全面清查和局部清查。

1. 全面清查

全面清查是指对单位或组织的所有财产进行全面的盘点和核对。全面清查的内容繁多。其清查内容主要包括以下几个方面。

(1) 库存现金、银行存款等各种货币资产。

(2) 存货、固定资产等各项实物资产。

(3) 应收款、应付款、预收款、预付款等各种往来结算款项。

单位或组织在编制年度财务会计报告前,应当全面清查财产、核实债务。各单位或组织应当定期将会计账簿记录与实物、款项及有关资料相互核对,保证会计账簿记录与实物及款项的实有数额相符。

2. 局部清查

局部清查是指根据需要只对部分财产进行盘点和核对。其清查的对象主要是流动性较大的财产,如库存现金、材料、在产品及产成品等。

局部清查范围较小,内容较少,涉及的人也较少,但专业性较强。如对于库存现金,每日由出纳员清点核对一次。对于银行存款要按银行对账单每月至少核对一次。对于流动性较大的实物资产,如原材料、产成品(商品)等,除了年度全面清查外,还应根据需要进行重点抽查和轮流盘点。对于各种贵重的物资每月至少盘点一次。

(二) 按清查的时间分类

财产清查按其清查时间的不同,可分为定期清查和不定期清查。

1. 定期清查

定期清查是指根据管理制度的规定和预先计划安排的时间对财产所进行的盘点和核对。这种清查的对象不确定，可以是全面清查，如年终决算前的清查，也可以是局部清查，如月末、季末对货币资金和贵重物资等进行的清查。其清查的目的在于保证财务会计资料的真实准确，一般是在年末、季末或月末结账时进行。

2. 不定期清查

不定期清查是指不规定清查日期，而是根据需要临时进行的盘点和核对，也称临时清查。不定期清查可以是全面清查，也可以是局部清查。一般是在出纳人员和实物的保管人员发生变动的情况下，单位发生撤销、合并，发生自然灾害和意外损失，发生贪污盗窃、营私舞弊等情况时进行清查。其目的在于查明情况，分清责任。

(三) 按清查的执行系统分类

财产清查按照清查的执行系统的不同，可分为内部清查和外部清查。

1. 内部清查

内部清查是指由本单位内部自行组织清查工作小组所进行的财产清查工作。大多数财产清查都是内部清查。

2. 外部清查

外部清查是指由上级主管部门、审计机关、司法部门和注册会计师根据国家有关规定或情况需要对本单位进行的财产清查。一般来讲，进行外部清查时应有本单位相关人员参加。

三、财产清查的一般程序

企业单位在进行财产清查时，一般应按如下程序进行。

(1) 建立财产清查组织。

(2) 组织清查人员学习有关政策规定，掌握有关法律、法规和相关业务知识，以提高财产清查工作的质量。

(3) 确定清查对象、范围，明确清查任务。

(4) 制定清查方案，安排具体清查内容、时间、步骤、方法，以及必要的清查前准备。

(5) 清查时应本着先清查数量、核对有关账簿记录等，后认定质量的原则进行。

(6) 填制盘存清单。

(7) 根据盘存清单填制实物、往来账项清查结果报告表。

第二节　财产清查的方法

财产清查是一项非常复杂细致的工作，其牵涉面广，工作量大，为确保财产清查工作保质保量地完成，在财产清查前，必须有领导、有组织、有步骤地做好以下几项准备工作。

(1) 制定财产清查计划，确定清查对象、范围，配备清查人员，明确清查任务。

(2) 会计部门应把有关账目登记齐全，正确对账和结账，保证账证相符、账账相符、账表相符。

(3) 实物保管部门应将备查的各项财产物资整理清楚，排放整齐，并悬挂标签注明实物的名称、规格和结存数，以便盘点、查对。

(4) 准备好计量器具和清查用的各种登记表格。

(5) 取得银行存款、银行借款和结算款项的对账单、合同等重要单据文件，以备清查核对。

由于货币资金、实物、往来款项的特点各有不同，在进行财产清查时，应采用与其特点和管理要求相适应的方法。

一、货币资金的清查方法

（一）库存现金的清查

库存现金的清查方法是实地盘点法，即对库存现金的盘点与核对，包括出纳人员每日终了前进行的现金账款核对和清查小组进行的定期或不定期的现金盘点核对。采用实地盘点法来确定库存现金的实存数，然后再与库存现金日记账的账面余额核对，以查明账实是否相符。

为了加强现金管理，平时出纳人员对现金的收、支、存应及时登记库存现金日记账，经常进行现金盘点并与账存数相核对，做到日清月结。清查小组清查前，出纳人员应将现金收、付款凭证全部登记入账，并结出账存数。盘点时，出纳人员必须在场，并配合清查人员逐一清点现金实存数。清查时应注意有无白条抵库、挪用现金和超限额库存现金等违纪情况。盘点结束后，应编制库存现金盘点报告表，由盘点人员、出纳人员及有关负责人签字盖章。此表既是证明现金实有数额的原始凭证，也是查明账实不符原因和据以调整账簿记录的重要依据。其格式如表 9-1 所示。

表 9-1　库存现金盘点报告表

单位名称：　　　　　　　　2×17 年×月×日

实存金额	账存金额	对比结果		备注
		盘盈	盘亏	

负责人：　　　　　盘点人：　　　　　出纳人员：

（二）银行存款的清查

银行存款的清查方法与库存现金、实物的清查方法不同，它是采取与开户银行核对账目的方法进行的。

凡有几个银行户头以及开设外币存款户头的单位，应分别按存款户头开设"银行存款日记账"。每月月底，应分别将各户头的"银行存款日记账"与各户头的"银行对账单"核对，并分别编制各户头的"银行存款余额调节表"。银行存款余额调节表的编制，是以双方账面余额为基础，各自分别加上对方已收款入账而己方尚未入账的数额，减去对方已付款入账而己方尚未入账的数额。其计算公式如下：

$$\begin{matrix} 企业银行存款 \\ 日记账余额 \end{matrix} + \begin{matrix} 银行已收 \\ 企业未收款 \end{matrix} - \begin{matrix} 银行已付 \\ 企业未付款 \end{matrix} = \begin{matrix} 银行对账单 \\ 存款余额 \end{matrix} + \begin{matrix} 企业已收 \\ 银行未收款 \end{matrix} - \begin{matrix} 企业已付 \\ 银行未付款 \end{matrix}$$

1. 银行存款日记账与银行对账单不一致的原因

将截止到清查日所有银行存款的收付业务都登记入账后，对发生的错账、漏账应及时查清更正，再与银行的对账单逐笔核对。如果两者余额相符，通常说明没有错误；如果两者余额不相符，则可能是企业或银行一方或双方记账过程有错误或者存在未达账项。

未达账项，即指企业和银行之间，由于结算凭证在传递和办理转账手续时间上的不一致而造成的一方由于收到结算凭证并且已经记账，而另一方尚未收到结算凭证而未能记账的款项。

未达账项具体有以下四种。

(1) 企业已收款记账，银行未收款未记账的款项。即企业存入银行的款项，企业已经作存款增加入账，但银行尚未办妥手续而未入账。

(2) 企业已付款记账，银行未付款未记账的款项。即企业已开出支票或其他付款凭证，企业已经作存款减少入账，但银行尚未支付或未办理转账手续而未入账。

(3) 银行已收款记账，企业未收款未记账的款项。即银行代企业收进的款项，银行已作企业存款的增加入账，但企业尚未收到收款通知而未入账。

(4) 银行已付款记账，企业未付款未记账的款项。即银行代企业支付的款项，银行已作企业存款的减少入账，但企业尚未收到付款通知而未入账。

下面举例说明银行存款余额调节表的编制方法。

【例 9-1】 假设 ABC 企业 2×17 年 9 月 30 日的银行存款日记账余额为 120 000 元，银行对账单余额为 124 000 元，经逐笔核对，发现未达账项有如下几项。

(1) 企业于月末将从某单位收到的一张转账支票 2 000 元存入银行，企业已入账，但银行尚未办理有关手续而未入账。

(2) 企业于月末开出一张 1 000 元的转账支票，持票人尚未向银行办理转账手续，企业已入账，但银行尚未收到支票而未入账。

(3) 企业委托银行代收销货款 8 000 元，银行已收入账，但企业尚未接到银行的收款通知。

(4) 企业委托银行代付水电费 3 000 元，银行已付入账，但企业尚未接到银行的付款通知。

根据以上资料，编制"银行存款余额调节表"，如表 9-2 所示。

表 9-2　银行存款余额调节表

2×17 年 9 月 30 日

项目	金额	项目	金额
企业银行存款日记账	120 000	银行对账单余额	124 000
加：银行已收入账 　　企业尚未入账	8 000	加：企业已收入账 　　银行尚未入账	2 000
减：银行已付入账 　　企业尚未入账	3 000	减：企业已付入账 　　银行尚未入账	1 000
调节后余额	125 000	调节后余额	125 000

表 9-2 所列双方余额调整后是相等的，表明双方的账簿记录是正确的，调整前之所以不相

符,完全是未达账项所致。另外,经过调整后重新求得的余额通常既不等于本单位账面余额,也不等于银行账面余额。同时,应当指出,银行存款余额调节表的编制只是为了检查账簿记录的正确性,并不是要更改账簿记录,所以不得按照银行存款余额调节表调整双方的账面数额。各项未达账项要等到双方收取转来的有关收款、付款结算凭证时才各自进行相应的账务处理。

2. 银行存款清查的步骤

银行存款的清查按以下四个步骤进行。

(1) 将本单位银行存款日记账与银行对账单,以结算凭证的种类、号码和金额为依据,逐日逐笔核对。凡双方都有记录的,用铅笔在金额旁打上记号"√"。

(2) 找出未达账项(即银行存款日记账和银行对账单中没有打"√"的款项)。

(3) 将日记账和对账单的月末余额及找出的未达账项填入"银行存款余额调节表",并计算出调整后的余额。

(4) 将调整平衡的银行存款余额调节表,经主管会计签章后,呈报开户银行。

3. 银行存款余额调节表的作用

银行存款余额调节表具有如下作用。

(1) 银行存款余额调节表是一种对账记录或对账工具,不能作为调整账面记录的依据,即不能根据银行存款余额调节表中的未达账项来调整银行存款账面记录,未达账项只有在收到有关凭证后才能进行有关的账务处理。

(2) 调节后的余额如果相等,通常说明企业和银行的账面记录一般没有错误,该余额通常为企业可以动用的银行存款实有数。

(3) 调节后的余额如果不相等,通常说明一方或双方记账有误,需进一步追查,查明原因后予以更正和处理。

二、实物资产的清查方法

财产清查中的一个重要环节是盘点财产物资的实存数量,以核实账实是否相符。为此,需要确定财产物资的账面结存数量。在会计上,确定财产物资账存数量的方法有两种,即永续盘存制和实地盘存制。

(一) 永续盘存制

永续盘存制亦称账面盘存制,是指在日常会计核算中,对各项财产物资的增加数和减少数,根据会计凭证在有关账簿记录中进行连续登记,并随时结出账面结存数的一种方法。即根据下面的"顺算"方法随时计算财产物资的账面数:

期初结存数＋本期增加数－本期减少数＝期末结存数

永续盘存制具有如下优点:可以在存货明细账上随时反映存货的收、发、存的动态情况,并从数量和金额两个方面进行管理控制;可以将账存数与实存数进行核对,以查明账实是否相符,如果账实不符,须进一步查明账实不符的原因,以便有效地对其进行管理。

因此,永续盘存制在企业实际工作中应用得较为普遍。其缺点是存货明细分类核算的工作量较大。

(二) 实地盘存制

实地盘存制又称定期盘存制,是指会计人员对各项财产物资平时根据有关会计凭证只

登记其增加数,不登记其减少数,期末根据实地盘点数倒挤出本期减少数的一种方法。其计算公式如下:

$$本期减少数＝期初结存数＋本期增加数－期末结存数$$

因此,这种盘存制度也称"以存计耗(销)制"。在这种盘存制度下,以期末盘点的财产物资的实际结存数作为期末账面结存数。

实地盘存制的优点主要是简化了财产物资的日常登记工作,工作量少,工作简单。但其缺点也是明显的,主要表现在:不能随时反映存货收入、发出和结存动态,不便于管理人员掌握情况;将非正常的人为损耗,如贪污盗窃等造成的损失也倒挤入发出存货的成本中,不利于保护企业财产物资的安全和完整;采用这种方法只能到期末盘点时结转耗用或销货成本,而不能随时结转成本。

所以,实地盘存制的应用范围受到限制,比较适用于那些自然损耗大、数量不稳定的鲜活商品及大堆单位价值较低的物资(如沙、石)的核算。

实物的清查主要包括对各种存货,以及固定资产等财产物资的清查。由于各种实物的形态、体积、重量和存放方式不同,所采用的清查方法也不尽相同,一般常用的有以下两种方法。

(1) 实地盘点法。实地盘点法是通过逐一清点或用计量器具来确定实物财产的实存数量。其适用范围较大,大多数财产物资的清查都可以采用这种方法。

(2) 技术推算法。采用这种方法,对于财产物资不是逐一清点计数,而是通过量方、计尺等技术手段来推算财产物资的实存数量。这种方法一般适用于大量成堆、无法逐一清点的财产物资的清查,如煤炭、沙石等。

另外,对实物财产的数量进行核实的同时,还要对实物的质量进行鉴定,可根据不同的情况采用不同的质量鉴定方法,如直接观察法、物理法、化学法等。

为了明确经济责任和便于查阅,进行财产物资的盘点时,有关实物保管人员与盘点人员必须同时在场清点。清查盘点的结果,应及时登记在盘存单上,由盘点人和实物保管人同时签章。盘存单的格式如表9-3所示。

表9-3 盘 存 单

单位名称:　　　　　　　　　　　　　　　　　　编　号:
财产类别:　　　　　　　　　盘点时间:　　　　　存放地点:

序号	名称	规格	计量单位	实存数量	单价	金额	备注

盘点人:　　　　　　　　　　实物保管人:

盘存单既是记录实物盘点结果的书面文件,也是反映资产实有数的原始凭证。为了进一步查明账存实存是否相符,确定盘盈或盘亏情况,还应根据盘存单和有关账簿记录,编制实存账存对比表(又称盘盈盘亏报告表)。该表是一个非常重要的原始凭证,既是经批示后调控账簿记录的依据,也是分析差异原因、明确经济责任的依据。实存账存对比表格式如表9-4所示。

表9-4 实存账存对比表

单位名称：　　　　　　　　　　　　　年　月　日　　　　　　　　　　　编号：

序号	名称	规格	计量单位	单价	实存		账存		实存与账存对比				备注
									盘盈		盘亏		
				数量	金额	数量	金额	数量	金额	数量	金额		

主管人员：　　　　　　　　　　　会计：　　　　　　　　　　　制表：

三、往来款项的清查方法

往来款项是指各种债权债务结算款项，主要包括各种应收款项、应付款项、预收款项和预付款项等。往来款项的清查一般是采用发函询证的方法。对方单位若核对相符，应在询证函上盖章后退回；若核对不符，应将不符项目在询证函上注明或者另抄对账单退回，作为进一步核对的依据。企业收到各有关单位退回的对账单后，应据以编制往来账项清查报告单，注明核对相符或不相符的款项。对不相符的款项按有争议、未达账项、无法收回等情况归类合并，针对具体情况及时采取措施予以解决，避免或减少坏账损失。往来账项清查报告单的格式如表9-5所示。

表9-5 往来账项清查报告单
年　月　日

明细账户名称	账面结存余额	清查结果		发生日期	核对不符原因分析					备注
		核对相符金额	核对不符金额		错误账项	未达账项	拒付账项	有争议账项	其他	

清查人：　　　　　　　　　　　会计：　　　　　　　　　　　经管人：

第三节　财产清查结果的处理

一、财产清查结果处理的要求

对于财产清查中发现的问题，如财产物资的盘盈、盘亏、毁损或其他各种损失，应核实情况，调查分析产生的原因，按照国家有关法律、法规的规定，进行相应的处理。

财产清查结果处理的具体要求有：分析产生差异的原因和性质，提出处理建议；积极处理多余积压财产，清理往来款项；总结经验教训，建立和健全各项管理制度；及时调整账簿记录，保证账实相符。

总之，财产清查以后，针对所发现的问题和缺点，应当认真总结经验教训，制订出相应的改进工作的具体措施和制度，明确资产管理责任，以进一步加强财产管理。

二、财产清查结果处理的步骤与方法

对于财产清查结果的处理可分为以下两种情况。

1. 审批之前的处理

根据清查结果报告表、盘点报告表等已经查实的数据资料,编制记账凭证,记入有关账簿,使账簿记录与实际盘存数相符,同时根据企业的管理权限,将处理建议报股东大会或董事会,或经理(厂长)会议或类似机构批准。

2. 审批之后的处理

企业清查的各种财产的损益,应于期末前查明原因,并根据企业的管理权限,经股东大会或董事会,或经理(厂长)会议或类似机构批准后,在期末结账前处理完毕。企业应严格按照有关部门对财产清查结果提出的处理意见进行账务处理,填制有关记账凭证,登记有关账簿,并追回由责任人造成的财产损失。

企业清查的各种财产的损益,如果在期末结账前尚未经批准,在对外提供财务报表时,先按上述规定进行处理,并在附注中作出说明;其后批准处理的金额与已处理金额不一致的,调整财务报表相关项目的年初数。

三、财产清查结果的账务处理

(一)设置"待处理财产损溢"账户

为了核算和监督在清查财产过程中查明的各项财产物资的盘盈、盘亏、毁损及其处理情况,应当设置和运用"待处理财产损溢"账户。

"待处理财产损溢"账户用来核算在清查财产过程中所查明的各项财产盘盈、盘亏和毁损的价值。该账户的借方登记发生的各种财产物资的盘亏金额和批准转销的盘盈金额;贷方登记发生的各种财产物资的盘盈金额和批准转销的盘亏金额。处理前的借方余额为尚未处理的各种财产物资的净损失;处理前的贷方余额为尚未处理的各种财产物资的净溢余。该账户下设置"待处理流动资产损溢"和"待处理非流动资产损溢"两个明细账户。

企业如有盘盈固定资产的,应作为前期差错记入"以前年度损益调整"账户。如有固定资产毁损,应通过"固定资产清理"账户核算。

(二)库存现金清查结果的账务处理

企业每日终了,结算现金收支或财产清查时发现的有待查明原因的现金短缺或溢余,在未查明原因前,应根据库存现金盘点报告表先记入"待处理财产损溢"账户,待查明原因后,再根据不同情况分别处理。

1. 库存现金盘盈的账务处理

库存现金盘盈时,应及时办理库存现金的入账手续,调整库存现金账簿记录,即按盘盈的金额,借记"库存现金"账户,贷记"待处理财产损溢——待处理流动资产损溢"账户。

对于盘盈的库存现金,应及时查明原因,按管理权限报经批准后,按盘盈的金额,借记"待处理财产损溢——待处理流动资产损溢"账户,按需要支付或退还他人的金额,贷记"其他应付款"账户,按无法查明原因的金额,贷记"营业外收入"账户。

2. 库存现金盘亏的账务处理

库存现金盘亏时,应及时办理盘亏的确认手续,调整库存现金账簿记录,即按盘亏的金额,借记"待处理财产损溢——待处理流动资产损溢"账户,贷记"库存现金"账户。

对于盘亏的库存现金,应及时查明原因,按管理权限报经批准后,按可收回的保险赔偿和过失人赔偿的金额,借记"其他应收款"账户,按管理不善等原因造成净损失的金额,借记"管理费用"账户,按自然灾害等原因造成净损失的金额,借记"营业外支出"账户,按原记入"待处理财产损溢——待处理流动资产损溢"账户借方的金额,贷记该账户。

【例9-2】 南方公司在财产清查中,发现现金短缺500元,经查明,属于应由出纳人员赔偿的为300元,应由保险公司赔偿的为50元,还有150元属于无法查明原因的,经领导批准,作为管理费用处理。

在查明原因前,编制会计分录如下:

借:待处理财产损溢——待处理流动资产损溢 500
　　贷:库存现金 500

在查明原因后,经领导批准,编制会计分录如下:

借:其他应收款——×× 300
　　　　　　——应收保险赔款 50
　　管理费用 150
　　贷:待处理财产损溢——待处理流动资产损溢 500

【例9-3】 南方公司在财产清查中,发现现金溢余300元;经查,其中200元应支付给某客户,还有100元属无法查明原因的,经领导批准,转为营业外收入处理。

在查明原因前,编制会计分录如下:

借:库存现金 300
　　贷:待处理财产损溢——待处理流动资产损溢 300

在查明原因后,经领导批准,编制会计分录如下:

借:待处理财产损溢——待处理流动资产损溢 300
　　贷:其他应付款——×× 200
　　　　营业外收入 100

(三)存货清查结果的财务处理

财产清查中发现的盘盈和盘亏的存货,未查明原因前,应根据存货盘点报告表先记入"待处理财产损溢"账户。查明原因后,经批准再根据不同情况分别进行处理。

1. 存货盘盈的账务处理

存货盘盈时,应及时办理存货入账手续,调整存货账簿的实存数。盘盈的存货应按其重置成本作为入账价值,借记"原材料""库存商品"等账户,贷记"待处理财产损溢——待处理流动资产损溢"账户。

对于盘盈的存货,应及时查明原因,按管理权限报经批准后,冲减管理费用,即按其入账价值,借记"待处理财产损溢——待处理流动资产损溢"账户,贷记"管理费用"账户。

存货盘亏时,应按盘亏的金额,借记"待处理财产损溢——待处理流动资产损溢"账户,贷记"原材料""库存商品"等账户。材料、产成品、商品采用计划成本(或售价)核算的,还应同时结转成本差异(或商品进销差价)。涉及增值税的,还应进行相应处理。

2. 存货盘亏的账务处理

对于盘亏的存货,应及时查明原因,按管理权限报经批准后,按可收回的保险赔偿和过失人赔偿的金额,借记"其他应收款"账户,按管理不善等原因造成净损失的金额,借记"管理费用"账户,按自然灾害等原因造成净损失的金额,借记"营业外支出"账户,按原记入"待处理财产损溢——待处理流动资产损溢"账户借方的金额,贷记该账户。

【例9-4】 南方公司盘盈甲材料500吨,价值5 000元。报经批准前,根据实存账存对比表的记录。

编制会计分录如下:

借:原材料——甲材料 5 000
　　贷:待处理财产损溢——待处理流动资产损溢 5 000

经查明这项盘盈材料,是属于收发计量的差错造成的,所以经批准冲减本月的管理费用。

编制会计分录如下:

借:待处理财产损溢——待处理流动资产损溢 5 000
　　贷:管理费用 5 000

(四) 固定资产清查结果的处理

企业在财产清查过程中盘盈的固定资产,经查明确属企业所有,按管理权限报经批准后,应根据盘存凭证填制固定资产交接凭证,经有关人员签字后送交企业会计部门,填写固定资产卡片账,并作为前期差错处理,通过"以前年度损益调整"账户核算。

1. 固定资产盘盈的账务处理

盘盈的固定资产通常按其重置成本作为入账价值,借记"固定资产"账户,贷记"以前年度损益调整"账户。涉及增值税、所得税和盈余公积的,还应按相关规定处理。

固定资产盘亏时,应及时办理固定资产注销手续,按盘亏固定资产的账面价值,借记"待处理财产损溢——待处理非流动资产损溢"账户,按已提折旧额,借记"累计折旧"账户,按其原价贷记"固定资产"账户。涉及增值税和递延所得税的,还应按相关规定处理。

2. 固定资产盘亏的账务处理

对于盘亏的固定资产,应及时查明原因,按管理权限报经批准后,按过失人及保险公司应赔偿额,借记"其他应收款"账户,按盘亏固定资产的原价扣除累计折旧和过失人及保险公司赔偿后的差额,借记"营业外支出"账户,按盘亏固定资产的账面价值,贷记"待处理财产损溢——待处理非流动资产损溢"账户。

【例9-5】 南方公司在财产清查中,发现盘亏设备一台,原值80 000元,已提折旧30 000元。

批准前,编制会计分录如下:

借:待处理财产损溢——待处理非流动资产损溢 50 000
　　累计折旧 30 000
　　贷:固定资产 80 000

批准后,编制会计分录如下:

借:营业外支出 50 000
　　贷:待处理财产损溢——待处理非流动资产损溢 50 000

(五)结算往来款项盘存的账务处理

在财产清查过程中发现的长期未结算的往来款项,应及时清查。对于经查明确实无法支付的应付款项可按规定程序报经批准后,转作营业外收入。

对于无法收回的应收款项则作为坏账损失冲减坏账准备。坏账是指企业无法收回或收回的可能性极小的应收款项。由于发生坏账而产生的损失,称为坏账损失。

企业通常应将符合下列条件之一的应收款项确认为坏账:①债务人死亡,以其遗产清偿后仍然无法收回;②债务人破产,以其破产财产清偿后仍然无法收回;③债务人较长时间内未履行其偿债义务,并有足够的证据表明无法收回或者收回的可能性极小。

企业对有确凿证据表明确实无法收回的应收款项,经批准后作为坏账损失。

对于已确认为坏账的应收款项,并不意味着企业放弃了追索权,一旦重新收回,应及时入账。

本章练习题

姓名_____
学号_____
分数_____

一、单项选择题

1. 实地存盘制的优点是(　　)。
   A. 有利于财产物资的管理　　　　B. 可以简化核算
   C. 能及时提供收、发、存信息　　D. 不必进行定期盘点

2. 单位撤销、合并或改变隶属关系时,对财产物资一般需要进行(　　)。
   A. 全面清查　　B. 局部清查　　C. 定期清查　　D. 不定期清查

3. 采用永续存盘制,平时财产物资的记录是(　　)。
   A. 只登记收入
   B. 只登记发出
   C. 既要登记收入,又要登记发出
   D. 既不登记收入,又不登记发出

4. 对现金清查采用的方法是(　　)。
   A. 实地盘点　　B. 估算法　　C. 推算　　D. 抽样盘点法

5. 财产物资的经管人员变动时,对这部分财产物资进行的清查属于(　　)。
   A. 全面清查　　B. 资产评估　　C. 定期清查　　D. 局部清查

6. 对清查中已查明的盘亏财产物资,属于定额的自然损耗,按规定应转作(　　)。
   A. 管理费用　　B. 营业外支出　　C. 生产成本　　D. 其他应收款

7. 使账簿上所反映的各项财产的结存数与其实存数额相一致,即做到账实相符,必须运用(　　)这一方法。
   A. 账表核对　　B. 财产清查　　C. 账账核对　　D. 其他方法

8. 采用明细记录逐笔或逐日登记各种材料、产成品、商品等财产物资的收、发数额,以便随时在账面上反映出其结存数,这是(　　)。
   A. 永续盘存制　　B. 实地盘存制　　C. 日清月结制　　D. 其他制度

9. 用实物清点的方法来确定材料、产品、商品等财产物资期末结存量,从而计算出其结存金额和发出部分金额,这是(　　)。
   A. 永续盘存制　　B. 实地盘存制　　C. 日清月结制　　D. 其他制度

10. 对一部分财产物资、往来款项进行的清查,属于(　　)。
    A. 局部清查　　B. 全面清查　　C. 个别抽查　　D. 定期清查

二、多项选择题

1. 未达账项是指企业和银行(　　)。
   A. 一方已登记入账,另一方未登记入账造成不一致的账项
   B. 双方均未入账的账项
   C. 一方账面错误而造成双方账面金额不一致
   D. 由于结算凭证传递的时间先后而造成双方账面金额不一致

2. 银行存款清查应根据( )。
   A. 银行存款日记账 B. 银行对账单
   C. 银行存款余额调节表 D. 银行存款总账
3. 下列属于不定期清查的有( )。
   A. 更换财产保管人员时 B. 发生非常损失
   C. 年终决算时 D. 企业负责人离任时
4. 财产清查的盘存制度有( )。
   A. 权责发生制 B. 实地盘存制 C. 永续存盘制 D. 收付实现制
5. 存货的清查可以采用的方法有( )。
   A. 实地盘点 B. 对账单 C. 估算 D. 查询
6. 在财产清查中,采用实地盘点方法清查的资产主要有( )。
   A. 产成品 B. 固定资产 C. 现金 D. 往来款项

三、判断题

1. 按照财产清查的时间,财产清查可分为全面清查和局部清查。 ( )
2. 无论采用哪种盘存制度,都应对财产物资进行定期或不定期的清查盘点。 ( )
3. 盘盈的存货经批准可以冲减管理费用。 ( )
4. 对往来结算的款项的清查可以采用采购法,并可采用对账单法。 ( )
5. 企业与开户银行核对账目,如果双方数字不一致,说明一定至少有一方记账出现错误。
   ( )
6. 财产清查,就是通过对实物、现金的实地盘点和对银行存款、往来款项的核对来确定各项财产物资和往来账款的实有数、查明账存数和实有数是否相符的一种专门方法。
   ( )
7. 财产物资的盘存制度只有永续盘存制一种。 ( )
8. 永续盘存制,就是用实物清点的方法,来确定材料、产品、商品等财产物资期末结存量,从而计算出其结存金额和发出部分金额的一种盘存方法。 ( )
9. 实地盘存制,就是采用明细记录逐笔或逐日登记各种材料、产品、商品等财产物资的收、发数额,以便随时在账面上反映出其结存数的一种盘存方法。 ( )
10. 财产清查按照所包括的范围,可以分为全面清查和个别清查。 ( )

四、会计分录及业务题

1.【资料】 某企业 2×17 年 9 月 30 日的银行存款日记账账面余额为 592 700 元,银行对账单上企业存款余额为 585 700 元,经逐笔核对,发现有以下未达账项。

(1) 9 月 26 日,企业送存购货单位签发的转账支票 14 000 元,企业已登记入账,银行尚未登记入账。

(2) 9 月 27 日,企业开出转账支票 2 000 元,持票人尚未到银行办理转账,银行尚未登记入账。

(3) 9 月 28 日,企业委托银行代收款项 5 500 元,银行已收款入账,但企业未接到银行的收款通知,因而未登记入账。

(4) 9 月 29 日,银行代企业支付差旅费 500 元,企业尚未接到银行的付款通知,故未登记入账。

【要求】 根据以上有关内容,编制银行存款余额调节表,并分析调节后是否需要编制有关会计分录。

2.【资料】

(1) 甲企业在2×17年年末的财产清查中,发现盘盈机器设备一台,估计原值为20万元,估计已计提折旧额为5万元。

【要求】 对甲企业盘盈的固定资产进行账务处理。

(2) 乙企业在2×17年年末的财产清查中,发现盘亏A材料200吨,每吨单价为100元。经查明,属于定额内合理损耗的共计2 000元;属于由过失责任人赔偿的共计7 500元;其余属于自然灾害造成的损失,由保险公司赔偿5 000元,增值税税率16%。

【要求】 对乙企业A材料盘亏进行批准前和批准后的账务处理。

(3) 丙企业在2×17年年末的财产清查中,发现盘亏机器设备一台,账面原值为18万元,已提折旧额为10万元。

【要求】 对丙企业盘亏的固定资产进行批准前和批准后的账务处理。

(4) 丁企业2×17年年末在财产清查中,发现盘盈B材料4 500吨,经查明是由于计量上的错误造成的,按计划成本每吨4元入账。

【要求】 对丁企业盘盈的B材料作出批准前和批准后的账务处理。

第十章
财务会计报告

第一节 财务会计报告概述

财务会计报告简称财务报告,是指单位或组织对外提供的反映其某一特定日期的财务状况和某一会计期间的经营成果、现金流量等会计信息的文件。财务报告包括财务报表和其他应当在财务报告中披露的相关信息和资料。在初级会计学课程中,我们重点介绍财务报表的相关内容。财务报表区别于现行法律、行政法规中使用的会计报表,财务报表除了包括会计报表(资产负债表、利润表、现金流量表和所有者权益变动表)外,还包括会计报表附注,而会计报表不包括附注。会计报表附注是财务报表的重要组成部分。

财务会计报告的目标是向财务报表使用者提供与单位或组织的财务状况、经营成果和现金流量等有关的会计信息,反映其管理层受托责任履行情况,有助于财务会计报告使用者作出经济决策。财务会计报告使用者包括投资者、债权人、政府及其有关部门和社会公众等。

财务报表是对企业财务状况、经营成果和现金流量的结构性表述。财务报表至少应当包括资产负债表、利润表、现金流量表和所有者权益变动表和会计报表附注。财务报表的各组成部分具有同等的重要程度。

一、财务报表的概念与分类

(一)财务报表的概念

资产负债表、利润表和现金流量表分别从不同角度反映单位或组织的财务状况、经营成果和现金流量。资产负债表反映单位或组织在某一特定日期所拥有的资产、须偿还的债务以及股东拥有的净资产情况;利润表反映单位或组织在一定会计期间的经营成果,即盈利或亏损的情况,表明该单位或组织运用所拥有的资产的获利能力;现金流量表反映单位或组织在一定会计期间现金和现金等价物流入和流出的情况。

所有者权益变动表反映构成所有者权益的各组成部分当期的增减变动情况。单位或组织的净利润及其分配情况在所有者权益变动表中反映。

附注是财务报表的组成部分,是对在资产负债表、利润表、现金流量表等报表中列示项目的文字描述或明细资料,以及对未能在这些报表中列示项目的说明等。

（二）财务报表的分类

财务报表按编制时间不同分为年度财务报表和中期财务报表。年度财务报表是指以完整的会计年度为基础编制的对外财务报表;中期财务报表是指以中期为基础编制的财务报表,中期是指短于一个完整的会计年度的报告期间。中期财务报表至少应当包括资产负债表、利润表、现金流量表和附注。其中,中期资产负债表、中期利润表和中期现金流量表应当是完整报表,其格式和内容应当与年度财务报表相一致。与年度财务报表相比,中期财务报表中的附注披露可适当简略。

财务报表按编制主体不同分为个别财务报表和合并财务报表。个别财务报表是指母公司或子公司编制的反映母公司自身或子公司自身的财务状况、经营成果和现金流量等情况的财务报表。合并财务报表是指母公司编制的综合反映整个企业集团(由母公司及其子公司组成)财务状况、经营成果和现金流量等情况的财务报表。合并财务报表的编制必须抵销集团内部交易或事项对个别财务报表的影响。

二、财务报表编制的基本要求

（一）以持续经营为基础编制

企业应当以持续经营为基础,根据实际发生的交易或事项,按照《企业会计准则——基本准则》和其他各项会计准则的规定进行确认和计量,在此基础上编制财务报表。以持续经营为基础编制财务报表如不再合理,企业应当采用其他基础编制财务报表,并在附注中声明财务报表未以持续经营为基础编制的事实、披露未以持续经营为基础编制的原因和财务报表的编制基础。

（二）采用正确的会计基础

除现金流量表按照收付实现制基础编制外,企业应当按照权责发生制基础编制财务报表。

（三）至少按年编制财务报表

企业至少应当按年编制财务报表。年度财务报表涵盖的期间短于1年的,应当披露年度财务报表的涵盖期间、短于1年的原因以及报表数据不具可比性的事实。

（四）项目列报遵守重要性原则

重要性是指在合理预期下,如果财务报表某项目的省略或错报会影响使用者据此作出的经济决策,则该项目具有重要性。

重要性应当根据企业所处的具体环境,从项目的性质和金额两方面予以判断,且各项目重要性的判断标准一经确定,不得随意变更。判断项目性质的重要性,应当考虑该项目在性质上是否属于企业日常活动,是否显著影响企业的财务状况、经营成果和现金流量等因素;判断项目金额大小的重要性,应当考虑该项目金额占资产总额、负债总额、所有者权益总额、营业收入总额、营业成本总额、净利润、综合收益总额等直接相关项目金额的比重或所属报表单列项目金额的比重。

性质或功能不同的项目,应当在财务报表中单独列报,但不具有重要性的项目除外。

性质或功能类似的项目,其所属类别具有重要性的,应当按其类别在财务报表中单独列报。

某些项目的重要性程度不足以在资产负债表、利润表、现金流量表或所有者权益变动表中单独列示,但对附注而言却具有重要性,则应当在附注中单独披露。

《企业会计准则第 30 号——财务报表列报》规定在财务报表中单独列报的项目,应当单独列报。其他会计准则规定单独列报的项目,应当增加单独列报项目。

（五）保持各个会计期间财务报表项目列报的一致性

财务报表项目的列报应当在各个会计期间保持一致,除会计准则要求改变财务报表项目的列报或企业经营业务的性质发生重大变化后,变更财务报表项目的列报能够提供更可靠、更相关的会计信息外,不得随意变更。

（六）各项目之间的金额不得相互抵销

财务报表中的资产项目和负债项目的金额、收入项目和费用项目的金额、直接计入当期利润的利得项目和损失项目的金额不得相互抵销,但其他会计准则另有规定的除外。

一组类似交易形成的利得和损失应当以净额列示,但具有重要性的除外。

资产或负债项目按扣除备抵项目后的净额列示,不属于抵销。

非日常活动产生的利得和损失,以同一交易形成的收益扣减相关费用后的净额列示更能反映交易实质的,不属于抵销。

（七）至少应当提供所有列报项目上一个可比会计期间的比较数据

当期财务报表的列报,至少应当提供所有列报项目上一个可比会计期间的比较数据,以及与理解当期财务报表相关的说明,但其他会计准则另有规定的除外。

财务报表的列报项目发生变更的,应当至少对可比期间的数据按照当期的列报要求进行调整,并在附注中披露调整的原因和性质,以及调整的各项目金额。对可比数据进行调整不切实可行的,应当在附注中披露不能调整的原因。

（八）应当在财务报表的显著位置披露编报企业的名称等重要信息

企业应当在财务报表的显著位置(如表首)至少披露下列各项:①编报企业的名称;②资产负债表日或财务报表涵盖的会计期间;③人民币金额单位;④财务报表是合并财务报表的,应当予以标明。

三、财务报表编制前的准备工作

在编制财务报表前,需要完成下列准备工作:①审核会计账簿的记录和有关资料;②进行全面财产清查、核实债务,并按规定程序报批,进行相应的会计处理;③按规定的结账日进行结账,结出有关会计账簿的余额和发生额,并核对各会计账簿之间的余额;④检查相关的会计核算是否按照国家统一的会计制度的规定进行;⑤检查是否存在因会计差错、会计政策变更等原因需要调整前期或本期相关项目的情况等。

第二节 资产负债表

一、资产负债表的概念与作用

资产负债表是指反映单位或组织在某一特定日期的财务状况的财务报表。它是根据"资产=负债+所有者权益"这一会计等式,依照一定的分类标准和顺序,将单位或组织在某一特定日期的全部资产、负债和所有者权益项目进行适当分类、汇总、排列后编制而成的。

资产负债表的作用主要有:①可以提供某一日期资产的总额及其结构,表明企业拥有或控制的资源及其分布情况;②可以提供某一日期的负债总额及其结构,表明企业未来需要用多少资产或劳务清偿债务以及清偿时间;③可以反映所有者所拥有的权益,据以判断资本保值、增值的情况以及对负债的保障程度。

二、资产负债表的列示要求

（一）资产负债表的列示要求

1. 分类别列报

资产负债表应当分别列报资产项目、负债项目和所有者权益项目三大类别。

2. 资产和负债按流动性列报

资产和负债应当按照流动性分别分为流动资产和非流动资产、流动负债和非流动负债列示。

3. 列报相关的合计、总计项目

资产负债表中的资产类至少应当列示流动资产和非流动资产的合计项目;负债类至少应当列示流动负债、非流动负债以及负债的合计项目;所有者权益类应当列示所有者权益的合计项目。

资产负债表应当分别列示资产总计项目、负债和所有者权益之和的总计项目,并且这两者的金额应当相等。

（二）资产的列报

资产负债表中资产类至少应当单独列示的项目有:①货币资金;②交易性金融资产;③应收票据及应收账款;④预付款项;⑤存货;⑥持有待售资产;⑦衍生金融资产;⑧持有至到期投资;⑨长期股权投资;⑩投资性房地产;⑪固定资产;⑫生物资产;⑬无形资产;⑭递延所得税资产。

（三）负债的列报

资产负债表中的负债类至少应当单独列示的项目有:①短期借款;②交易性金融负债;③应付票据及应付账款;④预收款项;⑤应付职工薪酬;⑥应交税费;⑦持有待售负债;⑧长期借款;⑨应付债券;⑩长期应付款;⑪预计负债;⑫递延所得税负债。

(四) 所有者权益的列报

资产负债表中的所有者权益类至少应当单独列示的项目有：①实收资本（或股本）；②资本公积；③盈余公积；④未分配利润。

三、我国企业资产负债表的一般格式

在我国，资产负债表采用账户式的格式，即左侧列示资产，右侧列示负债和所有者权益。资产负债表采用前后两期对比方式编列，表中各项目既列示期末余额，又列示年初余额，通过两者的比较，可以了解有关单位或组织财务状况的变动情况及其变化发展趋势。

资产负债表由表头和表体两部分组成。表头部分应列明报表名称、编表单位名称、资产负债表日和人民币金额单位；表体部分反映资产、负债和所有者权益的内容。其中，表体部分是资产负债表的主体和核心，各项资产、负债和所有者权益按流动性排列，所有者权益项目按稳定性排列。

根据财政部 2018 年 6 月 15 日发布的《财政部关于修订印发 2018 年度一般企业财务报表格式的通知》财会〔2108〕15 号（本章均以此为准），我国企业资产负债表的格式一般如表 10-1 所示。

表 10-1 资产负债表

会企 01 表

编制单位：　　　　　　　　　　　年　月　日　　　　　　　　　　　单位:元

资　产	期末余额	年初余额	负债和所有者权益	期末余额	年初余额
流动资产：			流动负债：		
货币资金			短期借款		
交易性金融资产			交易性金融负债		
衍生金融资产			衍生金融负债		
应收票据及应收账款			应付票据及应付账款		
预付款项			预收款项		
其他应收款			合同负债		
存货			应付职工薪酬		
合同资产			应交税费		
持有待售资产			其他应付款		
一年内到期的非流动资产			持有待售负债		
其他流动资产			一年内到期的非流动负债		
流动资产合计			其他流动负债		
非流动资产：			流动负债合计		
债权投资			非流动负债：		
其他债权投资			长期借款		
长期应收款			应付债券		
长期股权投资			其中:优先股		
其他权益工具投资			永续债		
其他非流动金融资产			长期应付款		

(续表)

资　产	期末余额	年初余额	负债和所有者权益	期末余额	年初余额
投资性房地产			预计负债		
固定资产			递延收益		
在建工程			递延所得税负债		
生产性生物资产			其他非流动负债		
油气资产			非流动负债合计		
无形资产			负债合计		
开发支出			所有者权益(或股东权益):		
商誉			实收资本(或股本)		
长期待摊费用			其他权益工具		
递延所得税资产			其中:优先股		
其他非流动资产			永续债		
非流动资产合计			资本公积		
			减:库存股		
			其他综合收益		
			盈余公积		
			未分配利润		
			所有者权益(或股东权益)合计		
资产总计			负债和所有者权益(或股东权益)总计		

四、资产负债表编制的基本方法

(一)"期末余额"栏的填列方法

"期末余额"可为月末、季末或年末的数字,由于报表项目与会计科目内容并不完全一致,"期末余额"各项目的填列方法如下。

1. 根据一个或几个总分类账户余额填列

资产负债表中的大多数报表项目可根据有关总账余额直接填列。如"应收票据及应收账款""短期借款""实收资本"等项目。

资产负债表中有些项目应根据几个总分类账户余额计算填列。例如,"货币资金"项目,应根据"库存现金""银行存款"两个总分类账户期末借方余额合计数填列;"存货"项目,应根据"材料采购""原材料""生产成本"和"库存商品"等账户的期末借方余额之和填列;"未分配利润"项目,1~11月份,应根据"本年利润"账户的余额和"利润分配"账户的余额计算填列,"本年利润"账户为贷方余额,"利润分配"账户为借方余额,则以两者的差额填入,贷方余额大于借方余额,填正数;反之,填负数;年末,则根据"利润分配"账户的年末贷方余额直接填列本项目,如为借方余额,则填负数。

2. 根据有关明细分类账户余额分析计算填列

资产负债表中有些项目需要根据明细分类账户余额来分析计算填列。例如,"应收票据及应收账款"项目,应根据"应收票据"和"应收账款"两个总账账户所属明细账户的期末借方余额之和填列;"预付账款"项目,应根据"应付账款"和"预付账款"两个总账账户所属明细账户的期末借方余额之和减去"坏账准备"账户中相关坏账准备期末余额后的金额填列;"应付票据及应付账款"项目,应根据"应付票据"账户的期末余额,以及"应付账款"和"预付账款"两个总账账户所属明细账户的期末贷方余额之和填列;"预收款项"项目,应根据"应收账款"和"预收账款"两个总账账户所属的明细账户的贷方余额之和填列。

3. 根据总账和明细账科目的余额分析计算填列

资产负债表中的"长期借款"项目,应根据"长期借款"总账账户余额扣除"长期借款"总账账户所属明细账户中将在1年内到期的长期借款部分分析计算填列。

4. 根据总账账户与其备抵账户抵销后的净额填列

资产负债表中的"固定资产"项目,根据"固定资产"账户的期末借方余额,减去"累计折旧"账户的期末贷方余额后的金额分析计算填列。

会计报表附注中的某些资料,需要根据备查登记簿中的记录编制。

另外,还可以综合运用上述填列方法分析填列。

(二)"年初余额"栏的填列方法

通常,资产负债表的各项目均应填列"期末余额"和"年初余额"两栏。其中,"年初余额"栏内各项数字,应根据上年年末资产负债表的"期末余额"栏内所列数字填列。如果上年度资产负债表规定的各项目的名称和内容与本年不一致,则应对上年年末资产负债表各项目的名称和内容按照本年度的规定进行调整,填入本表"年初余额"栏内。

五、资产负债表的编制实例

振华公司2×17年12月31日全部总分类账户和所属明细分类账户余额如表10-2所示。

表10-2 总分类账户和所属明细分类账户余额

单位:元

总分类账户	明细分类账户	借方余额	贷方余额	总分类账户	明细分类账户	借方余额	贷方余额
库存现金		20 000		短期借款			120 000
银行存款		3 400		应付账款			20 000
以公允价值计量且其变动计入当期损益的金融资产		28 000			A工厂		14 000
应收账款		46 000			B工厂	10 000	
	甲公司	20 000			C工厂		16 000
	乙公司		4 000	预收账款			2 000
	丙公司	30 000			A单位		8 000

(续表)

总分类账户	明细分类账户	借方余额	贷方余额	总分类账户	明细分类账户	借方余额	贷方余额
预付账款			9 400		B单位	6 000	
	甲单位	10 000		其他应付款			18 000
	乙单位		600	应付职工薪酬			69 400
其他应收款		2 000		应交税费			120 000
原材料		54 000		应付股利			46 000
生产成本		16 000		长期借款			60 000
库存商品		40 000		其中：一年内到期			20 000
持有至到期投资		400 000		实收资本			560 000
固定资产		800 000		盈余公积			44 160
累计折旧			120 000	利润分配	未分配利润		319 840
无形资产		60 000					
长期待摊费用		8 000					

根据表10-2所给出的资料编制振华公司2×17年12月的资产负债表，格式如表10-3所示。资产负债表的"年初余额"栏中的数字是根据该公司上年度资产负债表中的"期末余额"栏的数字直接填列。

表10-3　资　产　负　债　表　　　　　　　　会企01表

编制单位：振华公司　　　　　2×17年12月31日　　　　　　　　单位：元

资　产	期末余额	年初余额	负债和所有者权益（或股东权益）	期末余额	年初余额
流动资产：			流动负债：		
货币资金	36 000	204 000	短期借款	120 000	124 000
交易性金融资产	28 000	20 000	交易性金融负债		
衍生金融资产			衍生金融负债		
应收票据及应收账款	56 000	40 000	应付票据及应付账款	30 600	60 000
预付款项	20 000	10 000	预收款项	12 000	48 000
其他应收款	2 000	6 000	合同负债		
存货	110 000	128 000	应付职工薪酬	69 400	62 000
合同资产			应交税费	120 000	100 000
持有待售资产			其他应付款	64 000	103 600
一年内到期的非流动资产			持有待售负债		
其他流动资产			一年内到期的非流动负债		
流动资产合计	252 000	408 000	其他流动负债		
非流动资产：			流动负债合计	436 000	497 600

(续表)

资　产	期末余额	年初余额	负债和所有者权益(或股东权益)	期末余额	年初余额
债权投资	400 000	80 000	非流动负债：		
其他债权投资			长期借款	40 000	80 000
长期应收款			应付债券		
长期股权投资			其中：优先股		
其他权益工具投资			永续债		
其他非流动金融资产			长期应付款		
投资性房地产			预计负债		
固定资产	680 000	518 000	递延收益		
在建工程			递延所得税负债		
生产性生物资产			其他非流动负债		
油气资产			非流动负债合计	40 000	80 000
无形资产	60 000	190 000	负债合计	476 000	577 600
开发支出			所有者权益(或股东权益)：		
商誉			实收资本(或股本)	560 000	520 000
长期待摊费用	8 000	44 000	其他权益工具		
递延所得税资产			其中：优先股		
其他非流动资产			永续债		
非流动资产合计	1 148 000	832 000	资本公积		
			减：库存股		
			其他综合收益		
			盈余公积	44 160	52 000
			未分配利润	319 000	90 400
			所有者权益(或股东权益)合计	924 000	662 400
资产总计	1 400 000	124 000	负债和所有者权益(或股东权益)总计	1 400 000	124 000

第三节　利润表

一、利润表的概念与作用

利润表是反映单位或组织在一定会计期间的经营成果的财务报表。

利润表的作用主要有：①反映一定会计期间收入的实现情况；②反映一定会计期间的费用耗费情况；③反映单位或组织经济活动成果的实现情况，据以判断资本保值等情况。

二、利润表的列示要求

1. 对费用分类

单位或组织在利润表中应当对费用按照功能分类,分为从事经营业务发生的成本、管理费用、销售费用和财务费用等。

2. 单独列示的项目

利润表至少应当单独列示反映下列信息的项目,但其他会计准则另有规定的除外:①营业收入;②营业成本;③税金及附加;④管理费用;⑤销售费用;⑥财务费用;⑦投资收益;⑧公允价值变动收益;⑨资产处置收益;⑩所得税费用;⑪净利润;⑫其他综合收益各项目分别扣除所得税影响后的净额;⑬综合收益总额。金融企业可以根据其特殊性列示利润表项目。

3. 其他综合收益的税后净额项目的分类

其他综合收益税后净额项目应当根据其他相关会计准则的规定分为两类:①不能重分类进损益的其他综合收益项目;②将重分类进损益的其他综合收益项目。

三、我国企业利润表的一般格式

在我国,企业应当采用多步式利润表,将不同性质的收入和费用分别进行对比,以便得出一些中间性的利润数据,帮助使用者理解企业经营成果的不同来源。

利润表通常包括表头和表体两部分。表头应列明报表名称、编表单位名称、财务报表涵盖的会计期间和人民币金额单位等内容;利润表的表体,反映形成经营成果的各个项目和计算过程。

我国企业利润表的格式一般如表10-4所示。

表10-4 利 润 表　　　　　　　　　　　　　会企02表

编制单位:　　　　　　　　　　　年　月　　　　　　　　　　　　　单位:元

项　目	本期金额	上期金额
一、营业收入		
减:营业成本		
税金及附加		
销售费用		
管理费用		
研发费用		
财务费用		
其中:利息费用		
利息收入		
资产减值损失		
信用减值损失		

(续表)

项　　目	本期金额	上期金额
加：其他收益		
投资收益（损失以"－"号填列）		
其中：对联营企业和合营企业的投资收益		
净敞口套期收益（损失以"－"号填列）		
公允价值变动收益（损失以"－"号填列）		
资产处置收益（损失以"－"号填列）		
二、营业利润（亏损以"－"号填列）		
加：营业外收入		
减：营业外支出		
三、利润总额（亏损总额以"－"号填列）		
减：所得税费用		
四、净利润（净亏损以"－"号填列）		
（一）持续经营净利润（净亏损以"－"号填列）		
（二）终止经营净利润（净亏损以"－"号填列）		
五、其他综合收益的税后净额		
（一）不能重分类进损益的其他综合收益		
1. 重新计量设定受益计划变动额		
2. 权益法下不能转损益的其他综合收益		
3. 其他权益工具投资公允价值变动		
4. 企业自身信用风险公允价值变动		
……		
（二）将重分类进损益的其他综合收益		
1. 权益法下可转损益的其他综合收益		
2. 其他债权投资公允价值变动		
3. 金融资产重分类计入其他综合收益的金额		
4. 其他债权投资信用减值准备		
5. 现金流量套期储备		
6. 外币财务报表折算差额		
……		
六、综合收益总额		
七、每股收益：		
（一）基本每股收益		
（二）稀释每股收益		

四、利润表编制的基本方法

1. 利润表"本期金额"栏的填列方法

（1）根据账户本期发生额直接填列。期末结账前,损益类账户有贷方发生额,如"营业外收入"账户等；也有借方发生额,如"税金及附加""管理费用""销售费用""财务费用""所得税费用"账户等。编制利润表时,可将上述损益类账户的借方或贷方本期发生额直接对应填列于利润表相应项目中。

（2）根据账户本期的发生额计算分析填列。利润表中的"营业收入"项目,可根据"主营业务收入"和"其他业务收入"账户的本期贷方发生额之和填列；"营业成本"项目可根据"主营业务成本"和"其他业务成本"账户的本期借方发生额之和填列。

（3）根据利润表项目之间的关系计算填列。利润表中的某些项目需要根据项目之间的关系计算填列,如"营业利润""利润总额"和"净利润"项目。除这三个项目的其他项目填列完整后,通过利润表中的加项或减项计算填列。

2. 利润表"上期金额"栏的填列方法

利润表"上期金额"栏各项目,应根据上年同期利润表的"本期金额"栏的数字填列,如果上年度同期利润表与本年度同期利润表的项目名称和内容不一致,就应对上年度同期利润表项目的名称和内容按本期的规定进行调整,填入"上期金额"栏内。

五、利润表的编制实例

南江公司2×17年12月份有关收入和费用账户的发生额和上年1～12月累计发生额资料如表10-5所示,假设所得税税率为25%。

表10-5　2×17年度损益类账户12月份及上年累计发生额

单位:元

账户名称	12月份发生额	上年1～12月份累计发生额
主营业务收入	240 000	1 600 000
主营业务成本	114 000	920 000
税金及附加	5 600	48 000
其他业务收入		80 000
其他业务成本		50 000
销售费用	6 000	70 000
管理费用	9 600	100 000
财务费用	6 400	30 000
营业外收入	3 000	4 000
营业外支出	4 800	16 000
所得税费用	24 150	112 500

根据上述资料编制利润表,如表10-6所示。

表 10-6 利 润 表

编制单位:南江公司　　　　　　2×17年12月　　　　　　　　　　单位:元

项　　目	本期金额	上期金额
一、营业收入	240 000	1 680 000
减:营业成本	114 000	970 000
税金及附加	5 600	48 000
销售费用	6 000	70 000
管理费用	9 600	100 000
财务费用	6 400	30 000
资产减值损失		
加:公允价值变动收益(损失以"—"填列)		
投资收益(损失以"—"填列)		
其中:对联营企业和合营企业的投资收益		
二、营业利润	98 400	462 000
加:营业外收入	3 000	4 000
减:营业外支出	4 800	16 000
其中:非流动资产处置损失		
三、利润总额(亏损总额以"—"号填列)	96 600	450 000
减:所得税费用	24 150	112 500
四、净利润(净亏损以"—"号填列)	72 450	337 500
五、其他综合收益的税后净额		
六、综合收益总额		
七、每股收益		

本章练习题

姓名_____
学号_____
分数_____

一、单项选择题

1. 下列财务报表中,反映企业在某一特定日期财务状况的是（　　）。
   A. 现金流量表　　　　　　　　　　B. 利润表
   C. 资产负债表　　　　　　　　　　D. 所有者权益变动表

2. 资产负债表中资产是按（　　）排列的。
   A. 资产的收益性　　　　　　　　　B. 资产的重要性
   C. 资产的流动性　　　　　　　　　D. 资产的时间性

3. 在利润表中,从利润总额中减去（　　）,得出净利润。
   A. 应交所得税　　B. 利润分配数　　C. 销售费用　　D. 所得税费用

4. 下列财务报表中,属于静态报表的是（　　）。
   A. 利润表　　　　　　　　　　　　B. 资产负债表
   C. 现金流量表　　　　　　　　　　D. 所有者权益变动表

5. （　　）是会计核算的最终成果。
   A. 凭证　　　　B. 总分类账　　　C. 明细分类账　　　D. 财务报表

6. （　　）是反映企业经营成果的财务报表。
   A. 资产负债表　　B. 利润表　　C. 现金流量表　　D. 财务报表附注

7. 编制资产负债表所依据的会计等式是（　　）。
   A. 收入－费用＝利润
   B. 资产＝负债＋所有者权益
   C. 借方发生额＝贷方发生额
   D. 期初余额＋本期借方发生额－本期贷方发生额＝期末余额

8. 资产负债表中所有者权益的排列顺序是（　　）。
   A. 未分配利润、盈余公积、资本公积、实收资本
   B. 实收资本、资本公积、盈余公积、未分配利润
   C. 实收资本、盈余公积、资本公积、未分配利润
   D. 资本公积、盈余公积、未分配利润、实收资本

9. 能分析企业的获利能力及利润的未来发展趋势的报表是（　　）。
   A. 资产负债表　　　　　　　　　　B. 利润表
   C. 所有者权益变动表　　　　　　　D. 现金流量表

10. （　　）可以反映企业经营活动和财务收支的全貌。
    A. 日记账　　　　B. 总分类账　　C. 财务报表　　D. 明细分类账

11. 利润表是根据损益账户的（　　）填列的。

A. 总额 B. 净额 C. 发生额 D. 余额
12. "应收账款"总账账户所属的明细账的期末余额在贷方,应填列于财务报表的( )。
A. 应收账款项目 B. 应付账款项目 C. 预收账款项目 D. 预付账款项目
13. 我国资产负债表采用的格式是( )。
A. 报告式 B. 账户式 C. 报告式或账户式 D. 两种结构
14. 我国利润表采用的格式是( )。
A. 账户式 B. 报告式 C. 单步式 D. 多步式
15. 财务报表编制的依据是( )。
A. 会计账簿资料 B. 会计凭证 C. 记账凭证 D. 原始凭证

二、多项选择题

1. 下列各项中,属于财务报表编制要求的有( )。
A. 持续经营 B. 应计制 C. 按年度 D. 重要性原则
2. 下列资产负债表中的部分项目,属于所有者权益的有( )
A. 实收资本 B. 资本公积 C. 盈余公积 D. 未分配利润
3. 企业的年度财务报表应包括的内容有( )
A. 资产负债表 B. 会计报表附注
C. 招股说明书 D. 财务状况说明书
4. 财务报表可以提供企业的( )信息。
A. 财务状况 B. 经营成果 C. 劳动生产率 D. 现金流量
5. ( )属于财务报表。
A. 资产负债表 B. 利润表 C. 现金流量表 D. 会计报表附注
6. 利润表采用的格式有( )。
A. 账户式 B. 报告式 C. 单步式 D. 多步式
7. 财务报表包括( )。
A. 年度报告 B. 季度报告 C. 月度报告 D. 半年度报告
8. 资产负债表是( )。
A. 动态报表 B. 静态报表 C. 定期报表 D. 不定期报表
9. 附注的作用有( )。
A. 提高会计信息可比性 B. 增进可理解性
C. 促使会计信息充分披露 D. 提高会计信息质量
10. 资产负债表"货币资金"项目应根据( )账户期末借方余额汇总填列。
A. "库存现金" B. "银行存款" C. "固定资产" D. "应收账款"
11. 资产负债表"存货"项目应根据( )账户的期末借方余额之和填列。
A. "库存商品" B. "材料采购" C. "原材料" D. "生产成本"
12. 下列说法中,正确的有( )。
A. 资产负债表是动态报表
B. 利润表是动态报表
C. 会计报表附注就是会计报表
D. 会计报表附注是对会计报表项目的补充说明

13. （　　）项目属于流动资产项目。
    A. 固定资产　　　　B. 货币资金　　　　C. 应收账款　　　　D. 其他应收款

三、判断题

1. 资产负债表是反映某一企业特定日期的财务状况的报表。（　　）
2. 财务报表应当根据经过审核的会计账簿记录和有关资料编制。（　　）
3. 根据利润表，可以分析、评价企业的盈利状况并预测企业未来的盈利趋势及获利能力。（　　）
4. 资产负债表中的"流动资产"各项目是按照资产的流动性由弱到强排列的。（　　）
5. 按照《企业会计准则》的规定，我国企业的利润表列报格式采用单步式。（　　）
6. 财务报表是企业会计核算的最终成果。（　　）
7. 企业对重要的事项，应当按照要求在会计报表附注中进行说明。（　　）
8. 资产负债表、利润表和现金流量表属于向企业外部提供会计信息的报表。（　　）
9. 利润表的编制基础是会计恒等式。（　　）
10. 将于1年内到期偿还的长期负债，在资产负债表内应在流动负债下单独反映。（　　）
11. "生产成本"是利润表的组成项目。（　　）
12. 资产负债表的格式有多步式和单步式两种。（　　）
13. 资产负债表结构的理论依据是"资产＝负债＋所有者权益"会计等式。（　　）
14. 资产负债表中的"应收票据及应收账款"项目，应根据"应收账款"总账账户的期末余额填列。（　　）
15. 资产负债表中的"预付款项"项目，应根据"预付账款"总账账户的期末余额填列。（　　）

四、实务题

1.【资料】 远航公司2×17年12月31有关账户余额如表10-7所示。

表10-7　总账及所属明细分类账户余额

单位：元

总分类账户	借方	贷方	明细分类账户	借方	贷方
应收账款	19 000		甲公司	20 000	
			乙公司		1 000
预收账款		12 000	丙公司		18 000
			丁公司	6 000	
应付账款		26 000	A单位	7 000	
			B单位		35 000
			C单位	2 000	
预付账款	8 000		D单位	11 000	
			E单位		3 000
原材料	50 000				
生产成本	41 000				
库存商品	70 000				

【要求】　填列资产负债表有关项目。

2.【资料】 远翔公司2×17年12月有关损益类账户本月发生额如表10-8所示,假设所得税税率为25%。

表10-8 2×17年12月损益类账户本月发生额

单位:元

账户名称	借方发生额	贷方发生额
主营业务收入		500 000
主营业务成本	250 000	
税金及附加	2 500	
销售费用	20 000	
管理费用	35 000	
财务费用	15 000	
营业外收入		10 000
营业外支出	7 500	
所得税费用	45 000	

【要求】 编制当月利润表。

综合模拟试题(一)

姓名_____
学号_____
分数_____

一、**单项选择题**(本题共 20 小题,每小题 1 分,共 20 分。每小题只有一个正确答案,请将正确答案的大写字母填在题后的括号内,不选、错选、多选均不得分。)

1. 会计的基本职能是( )。
   A. 核算与监督   B. 分析与考核   C. 预测与决策   D. 反映与调节
2. 下列项目中,不属于资产要素的是( )。
   A. 应收账款   B. 预收账款   C. 应收票据   D. 专利权
3. 某大型企业资产总额为 500 万元,负债为 100 万元,以银行存款 50 万元偿还借款,并以银行存款 50 万元购买固定资产后,该企业的资产总额为( )万元。
   A. 400   B. 300   C. 450   D. 200
4. 总分类账户是指根据( )设置的,用于对会计要素具体内容进行总括分类核算的账户。
   A. 明细分类科目   B. 会计对象   C. 会计科目   D. 总分类科目
5. 下列项目中,属于流动负债的是( )。
   A. 短期借款   B. 预付账款   C. 银行账款   D. 应付债券
6. 下列项目中,与"管理费用"属于同一类会计科目的是( )。
   A. "固定资产"   B. "利润分配"
   C. "应付账款"   D. "公允价值变动损益"
7. 我国的法定记账方法是( )。
   A. 增减记账法   B. 收付记账法   C. 借贷记账法   D. 单式记账法
8. 下列错误中,能通过试算平衡查找的是( )。
   A. 某项经济业务未入账   B. 某项经济业务被重复记账
   C. 应借应贷账户中借贷方向颠倒   D. 应借应贷账户中借贷金额不等
9. 在借贷记账法中,账户的哪一方记增加数,哪一方记减少数是由( )决定的。
   A. 账户结构   B. 账户性质   C. 账户用途   D. 账户类型
10. 在借贷记账法下,"应收账款"账户的贷方发生额表示( )。
    A. 企业债权的产生   B. 企业债务的产生
    C. 企业债权的收回   D. 企业债务的偿还
11. 年末结转后,"利润分配"账户的贷方余额表示( )。
    A. 利润分配总额   B. 未弥补亏损
    C. 未分配利润   D. 实现的利润总额
12. 下列费用中,不应计入产品成本的有( )。
    A. 直接材料费   B. 直接人工费   C. 期间费用   D. 制造费用

13. "固定资产"账户按固定资产的( )反映其增减变动和结存情况。
    A. 原始价值　　　　B. 摊余价值　　　　C. 重置价值　　　　D. 市价
14. 会计凭证分为原始凭证和记账凭证的依据是( )。
    A. 填制方式　　　　　　　　　　　　B. 反映业务的方法
    C. 填制程序和用途　　　　　　　　　D. 取得的来源
15. 下列项目中,属于营业外支出的是( )。
    A. 无法收回的应收账款　　　　　　　B. 支付的广告费
    C. 固定资产盘亏和毁损　　　　　　　D. 销售多余材料的成本
16. 对于每一笔经济业务的发生,都要在登记总分类账的同时,以同等的金额,分别登记其所属的各明细分类账。这种方法会计上称为总分类账与明细分类账的( )。
    A. 先后登记　　　　B. 上下登记　　　　C. 同时登记　　　　D. 平行登记
17. 会计核算中最基本的一种账务处理程序是( )。
    A. 记账凭证账务处理程序　　　　　　B. 科目汇总表账务处理程序
    C. 日记总账账务处理程序　　　　　　D. 汇总记账凭证账务处理程序
18. 用实物清点的方法来确定材料、产品、商品等财产物资期末结存量,从而计算出其结存金额和发出部分金额,这是( )。
    A. 永续盘存制　　　B. 实地盘存制　　　C. 日清月结制　　　D. 其他制度
19. 下列财务报表中,属于静态报表的是( )。
    A. 利润表　　　　　B. 利润分配表　　　C. 现金流量表　　　D. 资产负债表
20. 我国利润表采用的格式是( )。
    A. 账户式　　　　　B. 报告式　　　　　C. 单步式　　　　　D. 多步式

二、**多项选择题**(本题共 10 小题,每小题 2 分,共 20 分。每小题至少有两个或两个以上正确答案,请将正确答案的大写字母填在题后的括号内,不选、错选、多选均不得分。)

1. 以下经济业务中,只引起会计恒等式左边会计要素金额变动的有( )。
    A. 购买材料 1 000 元,款未付
    B. 从银行提取现金 500 元
    C. 将资本公积转增资本
    D. 职工周讯借医药费 5 000 元,以现金支付
    E. 购买汽车,用银行存款支付 12 万元价款
2. 以下属于流动资产的有( )。
    A. 交易性金融资产　　　　　　　　　B. 存放在仓库中的材料
    C. 厂房和机器　　　　　　　　　　　D. 企业的办公楼
    E. 应收账款
3. 我国会计准则体系将会计科目分为( )等几类。
    A. 资产类　　　　　B. 负债类　　　　　C. 所有者权益类　　D. 共同类
    E. 成本类　　　　　F. 损益类
4. 下列账户中,期末结转后应无余额的账户有( )。
    A. "主营业务收入"　　　　　　　　　B. "主营业务成本"
    C. "实收资本"　　　　　　　　　　　D. "累计折旧"

5. 借贷记账法的试算平衡有( )。
   A. 发生额平衡   B. 余额平衡
   C. 会计要素平衡   D. 借贷平衡

6. 管理费用包括的内容有( )。
   A. 利息费用   B. 厂部办公费   C. 销售费用   D. 材料采购费用
   E. 厂部固定资产折旧费

7. 下列各项中,属于营业利润构成要素的项目有( )。
   A. 主营业务收入   B. 主营业务成本   C. 所得税费用   D. 其他业务收入
   E. 营业外收入

8. 下列属于各种原始凭证必须具备的基本内容的有( )。
   A. 凭证名称、填制日期和编号
   B. 应借、应贷会计科目名称和有关人员签章
   C. 经济业务内容
   D. 接受凭证的单位名称

9. 账簿按外表形式不同分类,可以分为( )。
   A. 订本式账簿   B. 活页式账簿
   C. 卡片式账簿   D. 联合式账簿

10. 下列说法中,正确的有( )。
    A. 资产负债表是动态报表
    B. 利润表是动态报表
    C. 会计报表附注就是会计报表
    D. 会计报表附注是对会计报表项目的补充说明

三、判断题(本题共 10 小题,每小题 1 分,共 10 分。请在每小题后面的括号内填入判断结果,表述正确的打"√",表述错误的打"×"。全部都打"√"或者全部打"×"的,本题均以零分处理。)

1. 将于 1 年内到期偿还的长期负债,在资产负债表内应在流动负债下单独反映。( )
2. 企业与开户银行核对账目,如果双方数字不一致,说明一定至少有一方记账出现错误。
 ( )
3. 科目汇总表可以减轻登记总账的工作量,而且科目汇总表还可以起到试算平衡的作用,从而保证总账登记的正确性。( )
4. 新的会计年度开始,必须更换全部账簿,不得只更换总账、库存现金日记账和银行存款日记账。( )
5. "应交税费"账户的余额必定在贷方,表示应交未交的税金。( )
6. 借贷记账法是世界上通用的记账方法,也是我国法定的记账方法。( )
7. 某会计主体一定时期内全部账户借方发生额合计与贷方发生额合计一定相等。( )
8. 某些经济业务会引起资产与所有者权益同时增加的变化。( )
9. 会计科目是由国家统一规定的,各单位必须严格执行,不能增设或减并。( )
10. 考虑直接计入当期利润的利得和损失,则利润总额=(收入-费用)+(利得-损失)。
 ( )

四、计算与实务题（本题共50分。共分三部分，第一部分10分，第二部分20分，第三部分20分。金额以元为单位，会计分录只要求列出一级会计科目。）

第一部分：计算题（本题共10分）

【资料】 某企业生产A产品80件，B产品300件。本月发生的直接材料费用分别为：A产品46 000元，B产品54 000元；直接人工费用分别为A产品2 400元，B产品3 200元；发生的制造费用共计6 800元（按A、B产品生产工时进行分配：A产品为1 600工时，B产品为1 600工时）。月末产品全部完工。

【要求】 分别计算A、B产品完工的生产总成本和单位成本（列出计算式）。

第二部分：经济业务核算题（假设某企业为一般纳税人，发生下列经济业务，要求编制下列各题会计分录，每项会计分录2分，共20分。）

1. 用现金购买办公用品100元。
2. 用银行存款交纳税金50 000元。
3. 购入需要安装的生产线一条，买价为200 000元，增值税额26 000元，发生包装费1 000元，运输途中的保险费及运费1 200元，全部款项以存款支付。在安装过程中耗用材料1 500元，人工费用800元。安装完毕，经验收合格交付使用。
4. 从大地工厂购入B材料50千克，单价120元，运费200元，增值税额为780元，企业开出并承兑3个月到期的商业汇票一张，材料尚未运达企业。
5. 分配本月工资费用64 000元，其中，生产工人工资54 000元（按生产工时比例分配：甲产品生产工时600小时，乙产品生产工时400小时）；车间行政管理人员工资10 000元。
6. 售给某公司A产品50件，单价320元，增值税税率13%，收到对方承兑的一张商业汇票。
7. 以银行存款800元支付报纸杂志费。
8. 计算应交城市维护建设税1 100元，教育费附加610元。

第三部分：会计报表编制（本题共20分）

【资料】 某企业2×16年12月31日有关损益类账户本月发生额如下表所示。其中，所得税税率按照25%计算，不考虑税前调整项目。

2×16年12月利润表账户本月发生额

单位：元

账户名称	借方发生额	贷方发生额
主营业务收入		2 000 000
主营业务成本	1 000 000	
税金及附加	10 000	
销售费用	80 000	
管理费用	140 000	
财务费用	60 000	
营业外收入		40 000
营业外支出	30 000	

【要求】 编制当月利润表。

综合模拟试题(二)

姓名＿＿＿＿
学号＿＿＿＿
分数＿＿＿＿

一、**单项选择题**(本题共20小题,每小题1分,共20分。每小题只有一个正确答案,请将正确答案的大写字母填在题后的括号内,不选、错选、多选均不得分。)

1. 划分企业各会计期间收入和费用的会计基础是(　　)。
   A. 权责发生制基础　　　　　　　　B. 配比基础
   C. 历史成本基础　　　　　　　　　D. 谨慎基础

2. 下列项目中,属于非流动资产项目的是(　　)。
   A. 交易性金融资产　　　　　　　　B. 存货
   C. 可供出售金融资产　　　　　　　D. 应收股利

3. 下列项目中,不属于所有者权益的来源的是(　　)。
   A. 所有者投入资本　　　　　　　　B. 直接计入所有者权益的利得和损失
   C. 留存收益　　　　　　　　　　　D. 交易性金融负债

4. 下列项目中,与"管理费用"属于同一类会计科目的是(　　)。
   A. "货币兑换"　　B. "预计负债"　　C. "资本公积"　　D. "投资收益"

5. 下列事项中,能够引起资产总额增加的是(　　)。
   A. 接受投资者投资　　　　　　　　B. 以银行存款偿还债务
   C. 从银行提取现金　　　　　　　　D. 将资本公积转增资本

6. 下列错误中,能够通过试算平衡发现的是(　　)。
   A. 重记经济业务　　　　　　　　　B. 漏记经济业务
   C. 借贷方向相反　　　　　　　　　D. 借贷金额不等

7. 下列费用中,不属于期间费用的是(　　)。
   A. 管理费用　　B. 财务费用　　C. 制造费用　　D. 销售费用

8. (　　)账户的贷方发生额,反映固定资产因磨损而减少的价值。
   A. "固定资产"　　B. "累计折旧"　　C. "制造费用"　　D. "管理费用"

9. "交易性金融资产"账户期末借方余额,反映企业持有的交易性金融资产的(　　)。
   A. 公允价值　　B. 原始价值　　C. 重置价值　　D. 市价

10. 如果企业取得的原始凭证出现金额错误,应采取(　　)的措施。
    A. 由本企业在错误处更改
    B. 由出具单位更正并加盖出具单位印章
    C. 必须由出具单位重开
    D. 由本企业在错误处更改,但必须盖章

11. 汇总记账凭证账务处理程序是根据(　　)登记总账的。
    A. 科目汇总表　　B. 记账凭证　　C. 汇总记账凭证　　D. 日记账

12. 下列经济业务中,应编制转账凭证的是( )。
    A. 用银行存款支付购买材料款　　　　B. 用现金支付材料运杂费
    C. 收回出售材料款存入银行　　　　　D. 车间领用材料
13. 记账后,发现记账凭证中应借、应贷会计科目有错误,应采用的更正方法是( )。
    A. 补充登记法　　B. 划线更正法　　C. 红字更正法　　D. 横线登记法
14. 备查账簿又称辅助登记簿,是对不属于序时账簿、分类账簿登记范围的某些经济业务进行( )以备查考的账簿。
    A. 更详尽的登记　　　　　　　　　　B. 总括的登记
    C. 补充登记　　　　　　　　　　　　D. 附带的登记
15. 银行存款日记账由出纳员根据审核后的有关银行存款收、付款凭证,逐日逐笔顺序登记,每日结出账面余额,便于定期同银行送来的( )逐笔核对。
    A. 银行存款余额表　　　　　　　　　B. 银行存款余额调节表
    C. 对账单　　　　　　　　　　　　　D. 其他资料
16. 科目汇总表账务处理程序和汇总记账凭证账务处理程序的主要相同点是( )。
    A. 登记总账的依据相同　　　　　　　B. 记账凭证汇总的方法相同
    C. 记账凭证都需要汇总并且记账步骤相同　D. 汇总凭证格式相同
17. 使账簿上所反映的各项财产的结存数与其实存数额相一致,做到账实相符,必须运用( )这一方法。
    A. 账表核对　　B. 财产清查　　C. 账账核对　　D. 其他方法
18. 用实物清点的方法来确定材料、产品、商品等财产物资期末结存量,从而计算出其结存金额和发出部分金额,这是( )。
    A. 永续盘存制　　B. 实地盘存制　　C. 日清月结制　　D. 其他制度
19. 我国资产负债表中资产项目是按( )排列的。
    A. 资产的收益性　　　　　　　　　　B. 资产的重要性
    C. 资产的流动性　　　　　　　　　　D. 资产的时间性
20. 财务报表编制的依据是( )。
    A. 会计账簿资料　　B. 会计凭证　　C. 记账凭证　　D. 原始凭证

二、**多项选择题**(本题共10小题,每小题2分,共20分。每小题至少有两个或两个以上正确答案,请将正确答案的大写字母填在题后的括号内,不选、错选、多选均不得分。)
1. 会计核算包括( )等基本环节。
    A. 确认　　B. 计量　　C. 记录　　D. 报告
2. 会计计量属性包括( )。
    A. 历史成本　　B. 重置成本　　C. 可变现净值　　D. 现值
    E. 公允价值
3. 以下属于首要会计信息质量要求的有( )。
    A. 可靠性　　B. 可理解性　　C. 相关性　　D. 可比性
4. 下列会计科目中,属于资产类会计科目的有( )。
    A. "交易性金融资产"　B. "应收账款"　C. "投资性房地产"　D. "商誉"
    E. "长期股权投资"

5. 在试算平衡表中,试算平衡的公式有(　　)。
   A. 借方科目金额＝贷方科目金额
   B. 借方期末余额＝借方期初余额＋本期借方发生额－本期贷方发生额
   C. 全部账户借方发生额合计＝全部账户贷方发生额合计
   D. 全部账户借方余额合计＝全部账户贷方余额合计

6. 下列错误中,不能通过试算平衡发现的有(　　)。
   A. 某项经济业务未登记入账
   B. 借贷双方同时多记了相等的金额
   C. 只登记了借方金额,未登记贷方金额
   D. 应借应贷的账户中错记了借贷方向

7. 下列表述中,正确的有(　　)。
   A. "本年利润"账户在年度中间有余额
   B. "本年利润"账户在年终结转后无余额
   C. "利润分配"账户在年度中间可能有借方余额
   D. "利润分配"账户在年终可能有借方余额,也可能有贷方余额

8. 收款凭证和付款凭证是(　　)。
   A. 登记库存现金、银行存款日记账的依据   B. 调整和结转有关账项的依据
   C. 出纳人员办理收、付款项的依据   D. 编制会计报表的直接依据

9. 各种常用的账务处理程序的基本相同点是(　　)。
   A. 填制记账凭证的依据相同   B. 登记总账的依据和方法相同
   C. 登记明细账的依据和方法相同   D. 编制会计报表的依据和方法相同
   E. 适用的业务范围和企业规模相同

10. 资产负债表"货币资金"项目应根据(　　)账户期末借方余额汇总填列。
    A. "库存现金"   B. "银行存款"
    C. "固定资产"   D. "其他货币资金"

三、判断题(本题共10小题,每小题1分,共10分。请在每小题后面的括号内填入判断结果,表述正确的打"√",表述错误的打"×"。全部都打"√"或者全部打"×"的,本题均以零分处理。)

1. 资产是一种经济资源,具体表现为只有各种实物形态的财产。　　　　　　　(　　)
2. 若某项资产不能为企业带来经济利益,即使是由企业拥有或控制的,也不能作为企业的资产在资产负债表中列示。　　　　　　　　　　　　　　　　　　　　(　　)
3. 会计科目与账户都是对会计对象具体内容的科学分类,两者口径一致,性质相同,具有相同的格式和结构。　　　　　　　　　　　　　　　　　　　　　　　(　　)
4. 复式记账法是以资产与权益平衡关系作为记账基础,对任何一笔经济业务,都以相等的金额,在两个或两个以上的账户中全面地、相互联系地进行登记的方法。(　　)
5. 通过试算平衡表查得借贷双方金额相等,则说明账户记录是正确的。　　　　(　　)
6. 固定资产在安装过程中,耗用的材料、人工等费用,属于在建工程支出,不应计入固定资产的原始价值。　　　　　　　　　　　　　　　　　　　　　　　(　　)
7. 各种原始凭证不得涂改、挖补,如填写错误,应采用划线更正法予以更正。　(　　)

8. 企业从银行提取现金的业务，由于只填制银行存款付款凭证，不填制现金收款凭证，因而库存现金收入数应根据银行存款付款凭证登记。（ ）
9. 记账凭证账务处理程序一般适用于规模小、业务复杂、凭证较多的单位。（ ）
10. 永续盘存制，就是用实物清点的方法，来确定材料、产品、商品等财产物资期末结存量，从而计算出其结存金额和发出部分金额的一种盘存方法。（ ）

四、计算与实务题（本题共 50 分。共分三部分，第一部分 20 分，第二部分 15 分，第三部分 25 分。金额以元为单位，涉及应收及预付款项科目的要求注明二级明细科目。）

第一部分：会计分录题（每题 2 分，共 20 分）

1. 6 月 2 日，购入 A 材料 2 500 千克，买价 50 000 元，增值税进项税额 6 500 元，款项通过银行付讫，材料已验收入库（材料采购成本采取逐笔结转）。
2. 6 月 7 日，收到投资者投资 100 000 元，存入银行。
3. 6 月 10 日，通过银行向天津 B 公司预付购料款 40 000 元。
4. 6 月 15 日，仓库发出材料，其中生产甲产品耗料 50 000 元；车间一般耗料 4 000 元；厂部行政管理部门耗料 6 000 元。
5. 6 月 16 日，某采购员预借差旅费 1 000 元，以现金付讫。
6. 6 月 17 日，从银行提取现金 40 000 元，备发工资。
7. 6 月 17 日，以现金 40 000 元发放本月工资。
8. 6 月 19 日，收到上海甲工厂预付购买产品款 50 000 元，存入银行。
9. 6 月 20 日，售给上海甲工厂甲产品 275 件，售价计 200 000 元，增值税销项税额 26 000 元，除上题预收款外，其余部分收到并存入银行。
10. 6 月 21 日，以存款支付本月水电费 4 000 元，其中车间水电费 3 000 元，厂部行政管理部门水电费 1 000 元。

【要求】 编制以上经济业务的会计分录。

第二部分：计算题（本题共 15 分）

【资料】 某企业 2×17 年 12 月月末有关损益类账户结账前的资料如下。

单位：万元

账户名称	本期发生额		账户名称	本期发生额	
	借方	贷方		借方	贷方
主营业务收入	2	54	主营业务成本	25	1
其他业务收入		13	销售费用	6	
营业外收入		2	税金及附加	4.2	
			其他业务成本	5	
			营业外支出	1.2	
			管理费用	9	0.4
			财务费用	2.5	0.5

该企业所得税税率为 25%，没有所得税调整项目。

【要求】 根据上述资料，计算本月营业利润、利润总额和净利润。

第三部分:财务报表(本题共15分)

远航集团公司2×17年12月31日有关账户余额如下。

单位:元

总分类账户	借方	贷方	明细分类账户	借方	贷方
应收账款	76 000		甲公司	80 000	
			乙公司		4 000
预收账款		48 000	丙公司		72 000
			丁公司	24 000	
应付账款		104 000	A单位	28 000	
			B单位		140 000
			C单位	8 000	
预付账款	32 000		D单位	44 000	
			E单位		12 000
原材料	200 000				
生产成本	164 000				
库存商品	280 000				

【要求】 计算资产负债表中"应收票据及应收账款""预付款项""应付票据及应付账款""预收款项""存货"项目的期末余额(假设应收票据、应付票据无余额)。

参 考 文 献

1. 许延明,吴宝宏,宋明. 基础会计实验教程[M]. 北京:清华大学出版社,2011.
2. 陈国辉,陈文铭,傅丹. 基础会计实训教程[M]. 大连:东北财经大学出版社,2009.
3. 陈敏,李敬,胡晓红. 新编会计实战[M]. 广州:广东经济出版社,2012.
4. 杨红岩. 会计新手真账模仿[M]. 广州:广东人民出版社,2012.
5. 陈圆,肖仁伟. 会计实务模拟[M]. 北京:中国人民大学出版社,2012.
6. 陈兰. 会计实战演练[M]. 北京:人民邮电出版社,2009.
7. 孙芳诚,等. 比较财务会计学[M]. 上海:立信会计出版社,2005.
8. 财政部. 企业会计准则[M]. 北京:经济科学出版社,2006.
9. 财政部. 企业会计准则2006——应用指南[M]. 北京:中国财政经济出版社,2006.
10. 财政部会计司. 企业会计准则讲解[M]. 北京:人民出版社,2010.
11. 财政部会计司. 小企业会计准则释义[M]. 北京:中国财政经济出版社,2012.
12. 会计从业资格考试辅导教材编写组. 会计基础[M]. 第4版. 北京:清华大学出版社,2013.
13. 会计从业资格考试研究组. 会计基础[M]. 北京:清华大学出版社,2015.
14. 李孝林,蔡咏. 会计原理的学与教[M]. 合肥:安徽人民出版社,1987.
15. 娄尔行,等. 基础会计[M]. 上海:上海三联书店,1993.
16. 周正云. 基础会计学[M]. 上海:上海社会科学院出版社,1994.
17. 李孝林,等. 比较会计史学[M]. 北京:中国财政经济出版社,2007.
18. 孙芳诚,等. 会计理论比较研究[M]. 上海:立信会计出版社,2011.
19. 财政部会计资格评价中心. 初级会计实务[M]. 北京:经济科学出版社,2017.
20. 朱水平,等. 初级会计学[M]. 第7版. 北京:中国人民大学出版社,2015.
21. 孔庆林,等. 会计基础[M]. 北京:清华大学出版社,2016.
22. 李海波,等. 新编会计学原理[M]. 第20版. 上海:立信会计出版社,2019.
23. 石本仁,等. 会计学原理[M]. 北京:中国人民大学出版社,2016.

教师反馈及课件申请表

立信会计出版社以"服务会计事业,繁荣会计文化"为目标,主要为广大高等院校师生服务。为更有针对性地为广大教师服务,提升教学质量,在您确认将本书作为指定教材后,请您填好以下表格并经系主任签字盖章后寄回,我们将免费向您提供相应教学课件。

书号/书名	
所需要的教学资料	教学课件、教学素材
您的姓名	
系	
院/校	
您所讲授的课程名称	
每学期学生人数	_____ _____ 年级　　　　学时 _____
您目前采用的教材	作者:_____　　出版社:_____ 书名:_____
您准备何时用此书授课	
您的联系地址	
邮政编码	联系电话(必填)
E-mail(必填)	
您对本书的建议:	系主任签字 盖章

我们的联系方式:

立信会计出版社高教编辑室
上海市徐汇区中山西路 2230 号 2 号楼 202 室
联 系 人:孙勇
Q　　Q:401426874
传　　真:021-64683248
电子邮件:pastwater11@163.com
网　　址:http://www.lixinaph.com